2022年版 開発協力白書

日本の国際協力

外務省

巻 頭 言

　2021年11月に外務大臣を拝命してから、1年3か月が過ぎました。2022年の2月には、ロシアがウクライナへ侵略を開始しました。多くの死傷者や避難民の発生に加えて、エネルギー・食料危機を含め、その影響は欧州にとどまらず、世界各地に拡大するなど、日本国民の生活や日本企業のビジネスにも深刻な影響を及ぼしています。

　このように、現在、国際社会は、ポスト冷戦時代の終焉とも言うべき秩序の動揺の中にあり、我々は歴史の岐路に立っています。これまで国際社会の平和と繁栄を支えてきた民主主義、法の支配といった普遍的価値や国際秩序が厳しい挑戦にさらされています。開発をめぐる国際ルールの普及・実践も引き続き課題であり、不透明で不公正な開発金融は一部の開発途上国の健全な持続可能な発展を妨げています。そして、日本を取り巻く安全保障環境も厳しさと不確実性を増しています。同時に、持続可能な開発目標（SDGs）達成、気候変動や感染症対策を含む国際保健といった地球規模課題への対応も立ち止まることは許されません。

　これらの複合的なリスクが各国や一人ひとりの人間の安全保障を脅かす中で、日本は、自らの平和と安定、普遍的価値を守り抜き、人類に貢献し国際社会を主導する覚悟を持って、外交課題に取り組んでいます。「自由で開かれたインド太平洋（FOIP）」を実現するための協力を進め、世界と日本が共に発展し、国際社会の強靭性を高めていくためには、最も重要な外交ツールの一つであるODAをより戦略的に活用し、外交力を抜本的に強化する必要があります。

　このような観点から、2022年6月に発表された「骨太の方針」において、ODAの拡充を通じた外交の強化が柱の一つに掲げられました。9月には、日本の開発協力政策の基本方針を示す「開発協力大綱」を8年ぶりに改定することを対外公表し、検討を進めています。12月には、有識者懇談会から、人間の安全保障の概念の下、普遍的な価値に基づく国際秩序の維持、世界と共に発展・繁栄する環境作り、地球規模課題に対する国際的取組の主導の3点を基本方針として掲げるべきとの提言が出されました。時代に即した開発協力を進めていくため、報告書の内容や幅広い関係者のご意見を踏まえつつ、本年前半を目処に新たな大綱を策定します。

　開発協力のインパクトを最大化し、戦略性を強化するためには、国内外のパートナーとの一層の連携強化も欠かせません。G7や日米豪印等の同志国や国際機関との協力は、多

国間主義や国際協調の推進、開発をめぐる国際ルールの普及・実践を図り、また、地球規模課題に関する日本の指導力を強化する上で重要な外交的意義を持ちます。民間セクターや市民社会と連携したオールジャパンによる取組は、日本の強みをいかした開発協力の魅力を向上させる上でも重要です。

　これまで日本は65年以上にわたって、途上国が自ら主導する開発、人に着目した取組など、日本企業や市民社会と手を携えながら、日本らしいアプローチで開発協力を進めてきました。このような日本の取組は、外交を進める上で、途上国、国際社会からの信頼につながっており、多くの国から感謝の声が寄せられています。日本外交の新しいフロンティアを切り開く力の源泉は、まさにこうした世界からの信頼なのだと考えています。

　2023年、日本は、G7議長国となり、また、国連安全保障理事会非常任理事国として2年の任期が始まりました。国際社会の多数を占める途上国の信頼に応え、日本自身の安全や成長も確保する。そして、気候変動や環境問題、国際保健を始め、世界が共通して直面する複合的危機に対し、日本らしいアプローチで国際社会をリードする。開発協力の推進は、平和で安定した社会を実現するという意味において、中長期的視点から国際社会と日本の未来への投資といえます。日本の開発協力には、これまで以上に大きな役割が求められています。国民の皆様のご理解、ご支援をいただきながら、日本としてさらなるリーダーシップを発揮してまいります。

2023年3月

外務大臣

林　芳正

はじめに：日本の国際協力の意義

　日本は、戦後、当時の先進国や国際機関からの援助を受けながら復興・経済成長を果たし、累計で190か国・地域に対して様々な支援を行ってきました。2021年の日本の政府開発援助（ODA：Official Development Assistance）実績は、米国、ドイツに次ぐ第3位であり、日本は、国際社会で責任のある国としての役割を果たしています。

　新型コロナウイルス感染症の拡大やウクライナ情勢を受けた影響からも分かるように、世界のどこかで起きた危機は、世界のいかなる国・地域にとっても決して「対岸の火事」ではありません。アジアと日本の経済は密接につながっており、アジアと日本が支え合うことはお互いの発展に不可欠であるといえます。世界の平和と経済社会の安定・繁栄は、エネルギーや食料の多くを海外からの輸入に依存する日本にとっても重要です。新型コロナの収束に向けて、また、今後のパンデミックに対する備えとして、開発途上国の医療体制強化を支援することは、日本国内の感染リスクの軽減や日本企業進出の環境整備にもつながります。

　65年以上にわたる開発協力は、途上国との良好な二国間関係の構築や、国際的な場における日本への信頼の向上にも大きく寄与してきました。日本の協力に対する謝意や信頼の表れとして、途上国は日本の協力を自国の紙幣や切手のデザインに採用したりしています。また、東日本大震災や近年の災害にあたっては、途上国を含め世界の国々より、多くのお見舞いや支援が届けられました。日本は、国連加盟国中最多の12回にわたり国連安全保障理事会非常任理事国に選出されていることを始め、国際選挙において、途上国を含む世界の国々から多大な支持を得ています。これらは、ODAの戦略的活用を含む外交努力の結実であり、国際社会の日本への信頼と期待の高さといえます。パワーバランスの変化により不確実性を増す国家間競争の時代において、法の支配に基づく国際秩序を守り抜くためにも、途上国を含む各国との関係強化は一層重要になっています。

　グローバル化に伴い日本企業の海外進出も増加しています。しかし、途上国においては、インフラの未整備や技術系人材の不足、税制・法制度の不透明さなど、ビジネス展開に課題があることも事実です。かかる課題の解決や、事業開始に向けた調査・実証事業、日本の技術の活用促進等にもODAは活用されており、これからも日本企業の途上国でのビジネス展開を下支えしていきます。

　国際社会の相互依存は深まり、一国の努力だけでは解決しえない地球規模課題は一層深刻化、複雑化しています。世界が抱えている課題を解決することが、日本の平和と安全、そして繁栄につながるものとなるよう、日本はこれからも、ODAを適切かつ透明性をもって活用し、世界の様々な主体と協力しながら、一層戦略的・効果的な開発協力を行っていきます。

日本の協力により建設されたカンボジアの2つのメコン架橋は、それぞれ「きずな橋」、「つばさ橋」と呼ばれ人々に親しまれており、紙幣のデザインに採用されている

火山噴火被害に対する緊急援助物資を載せてトンガの空港に到着した自衛隊機を出迎えるフアカヴァメイリク首相（中央）（2022年1月）

ケニア最大の地熱発電所建設事業を日本の円借款にて支援。発電を支えるタービンの大部分が日本製であり、その納入も日本企業が請け負った。（写真：丸紅（株））

開発協力大綱と日本の開発協力

　日本の開発協力は、開発協力大綱（2015年2月閣議決定）をその根幹としています。開発協力大綱は、国際協調主義に基づく積極的平和主義の立場から、国際社会の平和と安定および繁栄の確保に一層積極的に貢献すること、およびそのような取組を通じて日本の国益の確保を図るという日本の基本的方針を明記しています。外交政策上の最も重要な手段の一つとして、これまで以上に政府開発援助（ODA：Official Development Assistance）を戦略的かつ効果的に活用していくことが求められています。時代に即した開発協力を進めていくため、2023年前半を目処に、新たな大綱を策定予定です（開発協力大綱は外務省ホームページ 注1 に掲載、開発協力大綱の改定については、23ページの「開発協力トピックス」を参照）。

1　開発協力大綱が掲げる基本方針

　上述の目的のため、開発協力大綱では「非軍事的協力による平和と繁栄への貢献」、「人間の安全保障の推進」、「自助努力支援と日本の経験と知見を踏まえた対話・協働による自立的発展に向けた協力」の3つを開発協力の基本方針としています。

2　開発協力大綱が掲げる重点課題

　上記の基本方針にのっとり、「『質の高い成長』とそれを通じた貧困撲滅」、「普遍的価値の共有、平和で安全な社会の実現」、「地球規模課題への取組を通じた持続可能で強靱な国際社会の構築」の3つの重点課題に沿った協力を推進することとしています。

日本の政府開発援助（ODA）

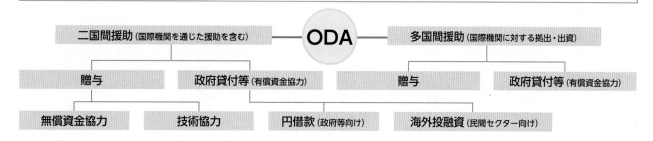

●ODAとは？

　開発協力とは、開発途上地域の開発を主たる目的とする政府および政府関係機関による国際協力活動（開発協力大綱）のことで、そのための公的資金をODAといいます。政府または政府の実施機関はODAによって、平和構築やガバナンス、基本的人権の推進、人道支援等を含む「開発」のため、開発途上地域、国際機関または民間セクターに対し、資金協力や技術の提供を行います。

　その対象は、経済協力開発機構（OECD：Organisation for Economic Co-operation and Development）の開発援助委員会（DAC：Development Assistance Committee）が作成するリスト（22ページの図表 I -10を参照）に掲載されています。

●ODAにはどのような種類があるか？

　ODAは、**贈与**と**政府貸付等**に分けることができます。また、開発途上地域を直接支援する**二国間援助**と、国際機関等に対して拠出・出資する**多国間援助**があります。

　二国間援助における贈与は、開発途上地域に対して無償で提供される協力のことで、日本が実施しているスキームとしては、返済義務を課さず、開発途上地域に社会・経済の開発のために必要な資金を贈与する**無償資金協力**と、日本の知識・技術・経験をいかし、開発途上地域の社会・経済の開発の担い手となる人材の育成を行う**技術協力**があります。なお、国際機関に対する拠出・出資のうち、対象国・事業を指定した拠出は、統計上、二国間援助の実績に含まれます（13ページの図表 I -1を参照）。

　また、日本が実施する二国間援助の**政府貸付等（有償資金協力）**には、低金利かつ返済期間の長い緩やかな貸付条件で開発途上地域に必要な資金を貸し付ける**円借款**と、開発途上地域での事業実施を担う民間セクターの法人等に対して融資・出資を行う**海外投融資**があります。

　多国間援助には、国連開発計画（UNDP）、国連児童基金（UNICEF）などの国連機関、国際機関および世界銀行などの国際金融機関等への拠出・出資などがあり、多くは贈与として実施していますが、国際金融機関向けでは近年は**政府貸付等（有償資金協力）**で実施することもあります。

（外務省ホームページ 注2 ではODAに関する様々な情報を掲載しています。）

注1　https://www.mofa.go.jp/mofaj/gaiko/oda/seisaku/taikou_201502.html　xvページのQRコードからもアクセスできます。
注2　https://www.mofa.go.jp/mofaj/gaiko/oda/index.html　xvページのQRコードからもアクセスできます。

シエラレオネ 「電気がきてる！今のうちだ！」
撮影者　特定非営利活動法人Alazi Dream
Project

東ティモール 「つなひき」
撮影者　赤池尚也

写真特集①
～国際協力の現場から～

グローバルフェスタJAPAN2022フォトコンテストの作品から紹介しています。（詳細は149ページをご覧下さい。）

マラウイ 「子どもたちの栄養を考えて一緒に料理」
撮影者　特定非営利活動法人ISAPH

フィリピン 「初めての歯磨き」
撮影者　NPO法人DAREDEMO HERO

トンガ 「日本からトンガへ　想いも載せて」
撮影者　特定非営利活動法人ピースウィンズ・ジャパン

マダガスカル 「明日への希望の木」
撮影者　特定非営利活動法人AMDA社会開発機構

ウガンダ 「日本とウガンダ、4000kmを越えてつながる笑顔」
撮影者　太田健司

コソボ 「初めての折り紙体験」
撮影者　黒澤啓

ボリビア 「井戸、復活！！」
撮影者　RaaX

パラグアイ 「レパトリアシオン道路整備計画」
（草の根・人間の安全保障無償資金協力）
引渡式で地元関係者が日本に感謝の意を表している様子。道路が整備されたことで、天候に左右されることなく住民が安全に道路を使用できるようになった。

ジブチ 「タジュラ湾海上輸送能力向上計画」
（無償資金協力）
新フェリーが供与されたことで、北部地域タジュラと首都ジブチを結ぶ運輸網の安定・効率化が図られた。

写真特集②
～国際協力の現場から～

日本は、開発途上国に暮らす人々の生活や経済活動を支え、国の発展の基盤となる、質の高いインフラ整備に取り組んでいます。

インド 「チェンナイ地下鉄建設計画」
（円借款）
高架路線を走るチェンナイメトロ。地下鉄の建設・整備により、都市のモビリティ向上と交通渋滞の緩和が促進されている。（写真：チェンナイ交通公社）

チュニジア 「ラデス-ラグレット橋建設事業」
（円借款）
TICAD 8に合わせてライトアップされたラデス-ラグレット橋。チュニス湖運河の北側に位置するラグレットと南側のラデスが結ばれたことで、チュニス市街に集中する交通が分散された。（写真：JICA）

ネパール 「ナグドゥンガ・トンネル建設計画」
（円借款）

カトマンズ首都圏への玄関口となるナグドゥンガ峠におけるトンネル建設。急増する交通需要への対応、移動時間の短縮、通行の安全性向上が期待される。（写真：JICA）

ベトナム 「ニャッタン橋（日越友好橋）建設計画」
（円借款）

ニャッタン橋が新設されたことで、物流の効率化と交通渋滞の緩和が図られた。（写真：JICA）

ラオス 「ナムグム第一水力発電所拡張事業」（円借款）

ナムグムダム拡張工事における発電機導入の様子。これにより、ビエンチャン首都圏への安定的、持続的かつ効率的な電力供給が拡大された。（写真：JICA）

フィリピン 「フィリピンにおける新ボホール空港建設及び
持続可能型環境保全事業」（円借款）

空港に併設されたコントロールタワー、管理棟、発電所。空港施設の整備・拡張を行うことで、増加する航空需要への対応が可能となった。（写真：JICA）

イラク 「クルド地域上水道整備事業」
（円借款）

老朽化が進んでいた送配水施設の整備や浄水場の新設・拡張により、安定した水供給サービスの確保が期待されている。（写真：JICA）

第I部

ウクライナ情勢を受けた日本の取組 ···································· 1

1 ウクライナ情勢を受けた日本の取組 ···································· 2

   （1）ウクライナおよび周辺国に対する緊急・人道支援 ···································· 3

   （2）ウクライナの安定と復興のための支援 ···································· 6

   （3）多大な影響を受けるいわゆる「グローバル・サウス」への支援 ···································· 7

   世界の現場で活躍する国際機関日本人職員 ···································· 9

   ウクライナおよび周辺国での日本の取組 ···································· 10

2 実績から見た日本の政府開発援助と主要ドナーの援助動向 ···································· 12

   （1）実績から見た日本の政府開発援助 ···································· 12

   （2）実績から見た主要ドナーの開発協力概要 ···································· 17

3 新興ドナーや民間主体による「途上国支援」の増加 ···································· 21

   座談会 ODAの仕事について聞いてみました！ ···································· 24

第II部

課題別の取組 ···································· 27

1 「質の高い成長」の実現に向けた協力 ···································· 28

   （1）産業基盤整備・産業育成、経済政策 ···································· 28

   （2）債務問題への取組 ···································· 33

   （3）情報通信技術（ICT）、科学技術・イノベーション促進、研究開発 ···································· 37

   （4）職業訓練・産業人材育成・雇用創出 ···································· 40

2 普遍的価値の共有、平和で安全な社会の実現 ···································· 43

   2-1 公正で包摂的な社会の実現のための支援 ···································· 43

   （1）法制度整備支援・経済制度整備支援 ···································· 43

   （2）不正腐敗対策などのガバナンス支援 ···································· 45

   （3）民主化支援 ···································· 46

   2-2 平和と安定、安全の確保のための支援 ···································· 46

   （1）平和構築と難民・避難民支援 ···································· 46

   （2）自然災害時の人道支援 ···································· 50

   （3）安定・安全のための支援 ···································· 51

3 地球規模課題への取組と人間の安全保障の推進 ···································· 56

   （1）保健・医療 ···································· 56

   新型コロナウイルス感染症対策支援 ···································· 57

   （2）水・衛生 ···································· 64

   （3）万人のための質の高い教育 ···································· 66

   （4）ジェンダー・包摂的な社会 ···································· 69

  （5）文化・スポーツ ･･････････････････････････････････････ 73

  （6）環境・気候変動対策 ･･････････････････････････････････ 74

  （7）防災の主流化と防災対策・災害復旧対応、および持続可能な都市の実現 ･････ 81

  （8）食料安全保障および栄養 ･････････････････････････････ 83

  （9）資源・エネルギーへのアクセス確保 ･･････････････････ 87

  （10）SDGs達成のための科学技術イノベーション ････････････ 88

第III部

地域別の取組 ･･･････････････････････････ 91

1 東アジア地域 ･････････････････････････････････ 92

2 南西アジア地域 ･･･････････････････････････････ 98

3 大洋州地域 ･･･････････････････････････････････ 103

4 中南米地域 ･･･････････････････････････････････ 106

5 欧州地域 ･････････････････････････････････････ 111

6 中央アジア・コーカサス地域 ･･････････････････ 114

7 中東・北アフリカ地域 ･･･････････････････････ 118

8 アフリカ地域 ･･･････････････････････････････ 122

第IV部

多様なアクターとの連携促進および開発協力の発信取組 ･･･ 133

1 多様なアクターとの連携強化のための取組 ･･･････････････ 134

  （1）民間企業との連携 ･･･････････････････････････････････ 134

  （2）JICA海外協力隊（JICAボランティア事業） ･････････････ 139

  （3）日本のNGOとの連携 ････････････････････････････････ 140

  （4）地方公共団体との連携 ･･･････････････････････････････ 144

  （5）大学・教育機関との連携 ･････････････････････････････ 144

  （6）諸外国・国際機関との連携 ･･･････････････････････････ 145

2 開発協力の発信に向けた取組 ･････････････････････････ 148

  （1）情報公開、国民の理解と支持の促進に向けた取組 ･･･････ 148

  （2）開発協力人材・知的基盤の強化 ･･･････････････････････ 150

3 開発協力の適正性確保のための取組 ･･･････････････････ 153

  （1）不正行為の防止 ･････････････････････････････････････ 153

  （2）国際協力事業関係者の安全対策 ･･･････････････････････ 153

  （3）ODAの管理改善と説明責任 ･･････････････････････････ 154

  （4）開発協力における性的搾取・虐待などに関する取組 ･････ 155

国際協力の現場から

1 自由と平和の象徴「フリーダム・ブリッジ」
〜南スーダン初の大型インフラ建設事業〜 　30

2 故郷を追われたシリア難民の命と尊厳を守る [一般公募]
〜レバノンでのUNHCRの支援〜 　44

3 日本の教育システムをいかした科学技術大学をエジプトに設立
〜優秀な研究者を育成・輩出し、中東・アフリカ地域の発展に貢献〜 　68

4 アフリカのコメ増産のためのプラットフォーム
〜国際機関との橋渡しをするCARDの活動〜 　84

5 インドの聖地に文化・人的交流の拠点となる国際会議場を建設 　102

6 タイと日本の「学び合い」による高齢化対策 [一般公募]
〜湯河原町、野毛坂グローカル（NGO）など多団体連携により地域主導の高齢者ケアを普及〜 　143

7 国際機関で活躍する日本人職員の声
〜ベトナムの社会的弱者の支援〜 　152

匠の技術、世界へ

1 日本の先端的研究がエルサルバドルの地熱開発を促進 　76

2 東日本大震災の教訓と日本の技術を伝える
〜メキシコとの共同研究で、巨大地震への備えを構築〜 　82

3 日本の有機肥料技術指導で農業振興に貢献
〜キルギス農業大学土壌作物分析センターを通じて技術普及・確立を目指す〜 　117

4 フィリピンで増加中の腎臓病対策に貢献
〜日本企業の低たんぱく米製造の技術を供与〜 　138

開発協力トピックス

1 開発協力大綱の改定 　23

2 「自由で開かれたインド太平洋（FOIP）」の実現に向けた取組の推進 　34

3 人間の安全保障の実現に向けた取組の推進 　63

4 第4回アジア・太平洋水サミットの開催 　65

5 アフリカと「共に成長するパートナー」として〜TICAD 8〜 　127

6 ODA広報 〜ODAをもっと身近に感じてもらうために〜 　149

[一般公募] のコラムは、外務省のTwitter・Facebook・ODAメールマガジンなどで募集を呼びかけ、応募いただいた題材の中から選出し、作成したものです。

日本の技術を活用し、タイのインフラ整備を促進　39
タイ　電子基準点に係る国家データセンター能力強化及び利活用促進プロジェクト

地域コミュニティ主体の観光開発　42
ドミニカ共和国　北部地域における持続的なコミュニティを基礎とした観光開発のためのメカニズム強化プロジェクト

南シナ海の海上安全の確保に向けて　53
フィリピン　フィリピン沿岸警備隊海上安全対応能力強化事業（フェーズ2）

国際機関と日本企業の連携による感染症対策 ［一般公募］　61
アフリカ6か国、アジア4か国　開発途上国の感染症予防に向けたSTePP技術の実証・移転による海外日本企業支援事業

障害者と企業をつなぐ「ジョブコーチ」の育成　72
モンゴル　障害者就労支援制度構築プロジェクト

継続支援による太平洋島嶼国地域の環境保全　77
太平洋島嶼国9か国　大洋州地域廃棄物管理改善支援プロジェクト（JPRISM）フェーズ2

県と農家の協働による地域の農業活性化　85
ラオス　サワンナケート県における参加型農業振興プロジェクト

長年の支援でエネルギーの安定供給に貢献　89
ルワンダ　第三次変電及び配電網整備計画

マレーシア政府と協力したカイゼン普及　94
マレーシア　アフリカ諸国向けカイゼンを通じた生産性・競争力強化

こどもの学びを止めないために　99
ネパール　教育の質の向上支援プロジェクト

災害情報伝達で命を守る　104
トンガ　全国早期警報システム導入及び防災通信能力強化計画

母子の命を守る日本のNGOの支援活動 ［一般公募］　107
ホンジュラス　テウパセンティ市における妊産婦ケア改善支援事業

日本によるウクライナの公共放送局設立が災害時・非常時の報道体制構築に寄与　112
ウクライナ　公共放送組織体制強化プロジェクト

安全な水を、安定供給　115
タジキスタン　ピアンジ県・ハマドニ県上下水道公社給水事業運営能力強化プロジェクト

チュニジアをゲートウェイとした対アフリカ三角協力　119
チュニジア　（1）品質／生産性向上プロジェクト、（2）社会経済発展の要因としての人間の安全保障

日本のNGOによるきめ細やかな難民居住地区への支援 ［一般公募］　124
ウガンダ　ウガンダ西部におけるコンゴ民主共和国難民・ホストコミュニティへの給水衛生環境改善支援事業

廃棄物を製品化し貧困削減 135

ザンビア　　（1）東部州ムフエ郡バナナペーパー製造事業拡大計画、（2）バナナの茎を活用した持続可能なパルプ事業基礎調査

日系企業のアフリカ進出を後押し 一般公募 139

タンザニア、ケニア、コートジボワール、ガーナ、ナイジェリア　　アフリカ地域先進農業技術の導入を通じた機械化振興等にかかる情報収集・確認調査

幸せの架け橋になる！ 140

ベリーズ　　JICA海外協力隊（現職参加）　職種：音楽

都市を綺麗に、土地を緑に、生活を豊かに 141

ニジェール　　ニジェール国ニアメ首都圏における有機性ゴミによる緑化活動

一般公募 のコラムは、外務省のTwitter・Facebook・ODAメールマガジンなどで募集を呼びかけ、応募いただいた題材の中から選出し、作成したものです。

図表

第Ⅰ部　ウクライナ情勢を受けた日本の取組

図表Ⅰ-1　2021年の日本の政府開発援助実績 ……………………………………………………… 13

図表Ⅰ-2　日本の二国間政府開発援助実績の地域別配分の推移 …………………………………… 14

図表Ⅰ-3　主要DAC諸国の政府開発援助実績の推移 ……………………………………………… 15

図表Ⅰ-4　DAC諸国における政府開発援助実績の国民1人当たりの負担額（2021年）………… 16

図表Ⅰ-5　DAC諸国における政府開発援助実績の対国民総所得（GNI）比（2021年）………… 16

図表Ⅰ-6　日本の政府開発援助実績の対国民総所得（GNI）比の推移 ………………………… 17

図表Ⅰ-7　主要DAC諸国の二国間ODAの分野別配分（2021年）……………………………… 18

図表Ⅰ-8　地域別実績における主要DAC諸国（2021年）………………………………………… 19

図表Ⅰ-9　DAC諸国の援助形態別実績（2021年）………………………………………………… 20

図表Ⅰ-10　ODA対象国・地域に関するDACリスト ……………………………………………… 22

第Ⅲ部　地域別の取組

図表Ⅲ　二国間政府開発援助の地域別実績（2021年）…………………………………………… 128

資料編 ·· 157
参考統計

1 2022年度政府開発援助予算（当初予算）··············· 158

  （1）政府開発援助予算の内訳 ························ 158

  （2）政府開発援助一般会計予算（政府全体）··········· 158

  （3）政府開発援助事業予算（区分ごと）内訳（政府全体）··· 159

  （4）政府開発援助事業予算の財源と援助形態別歳出項目 ··· 160

  （5）省庁別政府開発援助予算推移（一般会計予算）······ 161

  （6）省庁別政府開発援助予算推移（事業予算）········· 161

2 2021年の日本の政府開発援助実績 ················ 162

  （1）政府開発援助の援助形態別・通貨別実績（2021年）··· 162

  （2）二国間政府開発援助分野別配分（2021年）········· 163

巻末資料

日本のウクライナ関連支援一覧：2022年3月〜12月 ······· 164

用語集 ······································· 166

索引 ··· 170

開発協力大綱はこちら。

https://www.mofa.go.jp/mofaj/gaiko/oda/
seisaku/taikou_201502.html

2022年版開発協力白書および過去の白書は外務省ホームページでもご覧頂けます。

https://www.mofa.go.jp/mofaj/gaiko/oda/
shiryo/hakusyo.html

ODA（政府開発援助）に関する情報はこちら。

https://www.mofa.go.jp/mofaj/gaiko/oda/
index.html

ODAに関する統計や諸外国の経済協力の概要はこちら（開発協力参考資料集）。

https://www.mofa.go.jp/mofaj/gaiko/oda/
shiryo/hakusyo.html#section4

ODAの受取国別の情報はこちら
（政府開発援助（ODA）国別データ集）。

https://www.mofa.go.jp/mofaj/gaiko/oda/
shiryo/kuni.html

ODAメールマガジンの詳細はこちら。

https://www.mofa.go.jp/mofaj/gaiko/oda/
mail/index.html

【表紙写真説明】

ルワンダのコーヒー農家の農民と欠陥豆を取り除く作業を行うJICA海外協力隊員（写真：JICA）

【裏表紙写真説明】

ラオス・カムアン県において、不発弾（UXO）除去のため、現地調査に臨むJICA専門家と調査団（写真：JICA）

「ODAマン」について、詳しくは148ページを参照。

本書は、原則として、2022年1月1日から12月31日までに日本が実施した開発協力の内容を記録するものです。ただし、一部の事項については2023年2月までの動きも記載しています。なお、本文中に登場する人物の肩書は全て当時のものです。

第I部

ウクライナ情勢を受けた
日本の取組

1 ウクライナ情勢を受けた日本の取組 ………………… 2

2 実績から見た日本の政府開発援助と主要ドナーの援助動向 … 12

3 新興ドナーや民間主体による「途上国支援」の増加 … 21

米国、英国、ドイツ、イタリア、カナダ、ポーランド、ルーマニアの首脳およびNATO事務総長とのウクライナ情勢に関するテレビ会議において、エネルギー・食料の安定供給の確保に向けた取組について説明する岸田総理大臣（2022年9月8日）（写真：内閣広報室）

第 I 部　ウクライナ情勢を受けた日本の取組

1　ウクライナ情勢を受けた日本の取組

2022年は、新型コロナウイルス感染症がいまだ収束しない中、ロシアのウクライナに対する侵略が、ウクライナおよびその周辺国のみならず、世界全体に大きな影響をもたらした1年になりました。

2022年2月の侵略開始以来、ウクライナの人々の約3分の1が自宅を追われたとされ、こどもや民間人を含む654万人 注1 が国内で、また、1,600万人近く 注2 が国外へ、安全を求め避難を強いられています。国内外の避難民の多くが仕事を失い、厳しい状況に晒されています。ウクライナ国内に加えて、多くのウクライナの人々が避難する周辺各国においても、一時的避難施設、食料、生活必需品、保健・医療といった支援ニーズが増大しています。また、継続する攻撃により、ウクライナ各地のインフラ施設やエネルギー施設が被害を受けています。保健・医療や教育など必要な社会サービスの提供力が低下しているのみならず、必要なサービスへのアクセスや支援物資の供給を行うにも、がれき除去や地雷・不発弾処理が必要になっているなど、市民生活への影響は続いています。さらに、戦闘の長期化により、越冬のための支援ニーズも高まっています。

世界有数の穀物の輸出国だった両国の間の事態の長期化に伴い、特に両国産穀物に多くを依存するアフリカ、中東、アジアの開発途上国を中心に安定的な穀物の供給に深刻な影響が生じています。さらに、世界各地で穀物の取引価格が上昇し、食料価格の高騰も生じています。新型コロナからの経済回復に伴ってエネルギー需要が拡大する一方で、ロシアのウクライナ侵略により生じている地政学的緊張や世界的な天候不順等の複合的な要因によってエネルギー供給は世界的に拡大せず、エネルギー価格も高騰しています。

このように、ロシアによるウクライナ侵略は、ウクライナおよび周辺国における人道状況の悪化や、ウクライナの経済・社会の不安定化をもたらしています。また、世界的にグローバル・サプライチェーンの混乱をもたらし、人々が尊厳を持って生きるための基盤をなす食料およびエネルギー安全保障、自由で開かれた貿易体制の維持強化といった、国際社会全体に関わる新たな課題を浮き彫りにしています。

このような複合的な危機による影響は、日本にとって決して対岸の火事ではなく、日本国民の生活や日本企業のビジネスにも深刻な影響を及ぼしています。また、力による現状変更に断固として対応しなければ、それはウクライナだけの問題にとどまらず、アジアを含む他地域においても、同様の動きを認めてしまうことにつながります。日本が戦後最も厳しく複雑な安全保障環境に置かれる中、法の支配に基づく自由で開かれた国際秩序を維持・強化し、自由、民主主義、人権、法の支配といった普遍的価値を守り抜くことの重要性がより一層高まっており、日本は、ロシアのウク

G7外相会合（オンライン形式）に出席する林外務大臣（2022年2月）

ヴィンニツァ州ヤンピリにて、毛布、ビニールシート、スリーピングマットなどの日本からの支援物資を受け取るウクライナ国内の避難民（写真：UNHCR）

注1　国際移住機関（IOM）避難民動向モニタリングシステム、2022年10月付統計。
注2　国連難民高等弁務官事務所（UNHCR）オペレーショナル・データ・ポータル、2022年11月29日付統計。

ウクライナ避難民向けにルーマニアで一時避難施設を運営（写真：IOM）

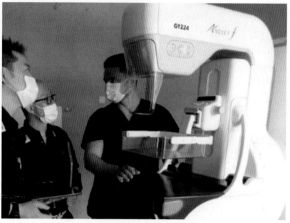

モルドバに派遣されたJICA調査団による活動の様子（写真：JICA）

ライナ侵略という暴挙を断固として認めることなく、ウクライナおよびその周辺国に対する支援を進めていくことが必要との一貫した立場に立ち、ロシアによるウクライナ侵略の開始直後から、G7を始めとする国際社会と連携した取組を行っています。

3月、4月に開催されたG7外相会合および首脳会合で、日本は、総額2億ドルの緊急人道支援を表明し、ウクライナおよびウクライナの人々に寄り添い、G7を始めとする国際社会と連携してこの危機を乗り越え、国際社会の平和と安定および繁栄を確保する姿勢を明確に示しました。

その後も、日本は、G7、G20、アフリカ開発会議（TICAD）、国連総会など国際的な議論の場において、人道危機対応にとどまらず、ウクライナの包括的な復興・再建に向けた取組や、ウクライナ情勢の影響を受けた世界的な食料不安やエネルギー危機に直面し特に脆弱性を増しているいわゆる「グローバル・サウス」への支援についても、国際社会と連携しつつ、議論を積極的にリードし、取り組んでいく姿勢を示しています。

日本は、これら人道状況への対応、ウクライナの復興・再建を見据えた中長期的な支援、世界的な食料・エネルギー安全保障の危機に直面する国々への支援を進めています。

12月には外務省の補正予算に、ウクライナおよび周辺国向け600億円、アジア、島嶼国、中東、アフリカ等の途上国向け1,022億円の支援が計上されました。G7の役割がかつてなく高まる中、日本は2023年のG7議長国として、ウクライナ情勢を含む国際社会が直面する諸課題に対する取組を主導してい

きます。

（1）ウクライナおよび周辺国に対する緊急・人道支援

ア　国際機関を通じた緊急・人道支援

ロシアによるウクライナ侵略開始を受けて、日本は2月24日に外務大臣談話を発表し、ウクライナおよびウクライナの人々に寄り添い、事態の改善に向けてG7を始めとする国際社会と連携して取り組んでいく旨を表明しました。その3日後にオンラインで開催されたG7外相会合において、林外務大臣は、1億ドル規模のウクライナ緊急人道支援を発表し、G7各国から、日本の決定に強い歓迎の意が示されました。3月にベルギー・ブリュッセルで行われたG7首脳会合では、岸田総理大臣が、ウクライナおよび周辺国における人道状況についての深刻な懸念をG7首脳と共有するとともに、会合に出席したゼレンスキー・ウクライナ大統領からのさらなる支援の呼びかけに応えて、追加で1億ドルの緊急人道支援を行うことを表明しました。

日本は、G7会合での支援表明を受けて、3月に総額1億ドル、4月に追加で総額1億ドルの緊急人道支援 注3 の実施を決めました。総額2億ドルの支援は、ウクライナおよび周辺国のモルドバ、ポーランド、ハンガリー、ルーマニア、スロバキア、チェコに対して、国連難民高等弁務官事務所（UNHCR）、国連世界食糧計画（WFP）、赤十字国際委員会（ICRC）、国連児童基金（UNICEF）、国際移住機関（IOM）ほか10の国際機関などを通じて、保健・医療、水・衛生、食料・食料安全保障、避難民やこどもの保護といった

注3　6ページ「（2）ウクライナの安定と復興のための支援」に記載のFAO経由支援300万ドル、UNDP経由支援450万ドルを含む。

ウクライナにおける食料配布支援（写真：特定非営利活動法人グッドネーバーズ・ジャパン）

キーウ州ブチャ地区の仮設住宅に設置された日本が供与した発電機（写真：UNHCR）

緊急性の高い分野における人道支援として、困難に直面するウクライナの人々に届けられました。

イ　二国間の支援

　日本は、これまでに培ってきた各国および国際機関とのネットワークを活用し、JICAを通じた取組も実施しています。3月から5月の3回にわたり、JICAは、ウクライナからの避難民受入れに伴う保健医療・緊急人道支援分野の協力ニーズを把握するために、1990年代から医療保健分野において協力実績のあるモルドバに調査団を派遣しました。長年にわたり協力関係のあるモルドバ保健省および世界保健機関（WHO）等と連携し、日本がこれまでの災害緊急援助で蓄積してきたノウハウをいかしながら、各国からの緊急医療チーム間の活動調整を行いました。支援ニーズを具体化し、緊急性の高い医療機材の選定、情勢悪化に備えた緊急医療チームの配置計画の策定、医療データ管理等の支援を行いました。また、5月と9月には簡易超音波診断装置の供与を行いました。

　その後7月には、医療機材維持管理能力を強化するため、モルドバへの専門家派遣を開始しました。8月には、ウクライナからの避難民を受け入れている首都キシナウの5つの医療機関に対して、10億円相当の医療機材の無償供与を決定しました。

　10月、ドイツ政府および欧州委員会共催の「ウクライナ復興・再建・近代化に関する国際専門家会議」にビデオメッセージを送る形で参加した岸田総理大臣は、これまでに行ってきた避難民保護・支援などの協力に加え、これから厳しい冬を迎えるウクライナ国内において越冬支援も実施することを発表するとともに、2023年のG7議長国として、ウクライナにおける一刻も早い平和の回復および復興の実現に向け、国際社会の議論を積極的にリードしていく考えを示しました。これを受けて11月、日本は、約257万ドルの緊急無償資金協力の実施を発表しました。停電により暖房設備や照明器具を使用できない人々に対する越冬支援として、UNHCRを通じて発電機およびソーラー・ランタンを供与します。また、12月、パリにおいて開催されたフランス政府およびウクライナ政府共催の「ウクライナ市民の強靱性を支援するための国際会議」に出席した吉川外務大臣政務官は、ウクライナおよび周辺国向けの予算を含む、補正予算の成立について紹介した上で、発電機等エネルギー関連部分とともに喫緊の人道支援やウクライナの人々の生活再建に重点を置きつつ、必要な人道支援に加え、復旧、復興支援を実施していく旨を表明しました。

ウ　日本のNGOによる取組

　日本のNGOもまた、ODA資金を活用して、多岐にわたる人道支援を行っています。ジャパン・プラットフォーム（JPF）注4 は、ロシアの軍事行動開始の翌日に、加盟NGOによる初動調査を決定し、ウクライナ国内と周辺国における支援ニーズや物資調達に関する調査を開始しました。急速に拡大する避難民の数や調査の内容を踏まえて、3月7日に出動を決定しました。日本政府による前述の総額2億ドルの緊急人道支援のうち、約35億円（3,260万ドル）がJPFに対して拠出され、これまでに民間資金と合わせて総額40

注4　145ページの用語解説を参照。

こども用の防寒用品に交換できるバウチャーをルーマニアのウクライナ避難民に配布（写真：公益財団法人プラン・インターナショナル・ジャパン）

デシチーツァ駐ポーランド・ウクライナ大使に支援物資の目録書を手渡す武部農林水産副大臣（当時）（写真：農林水産省）

億円規模の支援プログラムが組まれ、12のJPF加盟NGOにより支援事業が実施されています。食料や生活物資（越冬用品を含む）の配布、水・衛生や医療分野の支援に加え、避難民に寄り添う心理・社会的支援活動のほか、危険地域にいる住民を退避させる事業など、NGOの特性をいかした支援が展開されています。

さらに日本政府は、現地のニーズや国際的な潮流を踏まえJPFのウクライナ緊急・人道支援案件における現金給付支援要件の緩和や使途の拡大を10月に決めました。これを受けて、2023年2月には、現金給付を含む支援活動が開始されています。

エ　関係省庁間の連携

ウクライナおよび周辺国の喫緊のニーズに応えるべく、日本政府は、関連する省庁間の密な連携を通じて、迅速な支援に取り組んでいます。

3月に開催されたG7臨時農業大臣会合において、ウクライナの農業・食料分野での支援に協力していくことが合意されました。また、同月、コルスンスキー駐日ウクライナ大使から金子農林水産大臣（当時）に対し、直接、食料支援の要請があったことを踏まえ、農林水産省は、支援物資としてパックご飯、魚の缶詰、全粉乳および缶詰パンの合計15トンの日本の食料品を確保しました。5月、これらの食料は、日本の製薬会社や医療機器会社から駐日ウクライナ大使館に寄贈された医薬品、医療機器等の物資とともにポーランドに輸送されました。これに合わせて武部農林水産副大臣（当時）がポーランドのワルシャワを訪問し、支援物資をウクライナ政府に引き渡しました。

4月、モナスティルスキー・ウクライナ内務大臣

（当時）から金子総務大臣（当時）への要請を受けて、現地で使用可能な消防・救助関連資機材、通信機器25品目30トンを、国内消防本部、民間団体・企業からの協力を受けて確保しました。日本政府はこれら支援物資を現地に輸送するため、5月に国連プロジェクト・サービス機関（UNOPS）へ約166万ドルの緊急無償資金協力を実施することを決定しました。これら支援物資は、民間企業により駐日ウクライナ大使館に寄贈された医薬品、医療用品等の支援物資と併せて、ポーランドにあるウクライナ支援物資の集積地に届けられました。

オ　ODA以外の予算による取組

日本政府は、ODA以外による支援も行っています。4月、UNHCRからの要請を受けて、国際平和協力法に基づく物資協力として、毛布5,000枚、ビニールシート4,500枚、スリーピングマット8,500枚をUNHCRに無償で譲渡しました。また、ドバイ（アラブ首長国連邦）にあるUNHCRの倉庫に備蓄された人道救援物資約103トンについて、自衛隊機によりポーランドおよびルーマニアまで輸送しました。輸送され

UNHCRの人道救援物資を輸送する自衛隊機。輸送された物資は、UNHCR経由で避難民に届けられた。（写真：防衛省）

自衛隊機により輸送された人道救援物資がルーマニアに到着。協力を確認するドジェアヌ・ルーマニア内務省緊急事態局次長、トデレアン・ルーマニア外務省地球規模課題局長、植田駐ルーマニア日本国大使、ザパタUNHCRルーマニア事務所代表（左から）（写真：UNHCR）

た物資は、UNHCRを通じてウクライナ避難民に届けられています。

また、自衛隊法第116条の三に基づき、防弾チョッキ・鉄帽（ヘルメット）・防寒服・天幕・カメラのほか、衛生資材・非常用食糧・発電機等といった自衛隊の装備品および物品を、移転後の適正な管理を確保しつつ、ウクライナ政府に贈与しています。

（2）ウクライナの安定と復興のための支援
ア　これまでのウクライナ支援

日本は、ウクライナと1992年に外交関係を樹立し、1997年に経済協力を開始しました。以降、ウクライナの自立的・持続的成長を後押しすべく、民主主義の定着と社会の安定、市場経済化への移行に向けた支援を継続的に実施してきました。

基幹インフラの支援としては、2005年には円借款第一号案件となる「キエフ・ボリスポリ国際空港拡張計画」を実施し、新たな国際線旅客ターミナルビルと諸関連施設の整備を行い、旅客の処理能力と利便性向上に貢献しました。

独立後のウクライナが政治的に不安定な状況に陥った際も、日本は、日本人選挙監視要員の派遣や、紛争予防・平和構築無償資金協力「ドネツク州及びルハンスク州における社会サービスの早期復旧及び平和構築計画」を通じて民生の向上や地域の復興促進に貢献したほか、「経済改革開発政策借款」の供与を通じて財政の安定化を後押ししました。

その後も、マクロ経済、エネルギー、民間セクターといった分野での課題にウクライナの人々が対処できるよう、日本・EBRD（欧州復興開発銀行）協力基金を活用した技術協力やJICAによる研修などの技術協力の支援、ウクライナ財務大臣アドバイザーとして日本人財務専門家の派遣などを行ってきました。また、草の根・人間の安全保障無償資金協力を通じて、保健・衛生、教育分野を中心に地域住民に直接裨益する支援も継続実施してきました。2020年、新型コロナの拡大に際しても、MRIシステム等の保健・医療関連機材を供与する供与限度額2億円の支援を行いました（公共放送に関する支援について、112ページの「案件紹介」を参照）。

このような長年にわたる両国間の友好関係を基盤に、ロシアによるウクライナ侵略を受けて、日本政府は緊急・人道支援に加え、早い段階からウクライナの安定と今後を見据えた支援を開始しました。

イ　ウクライナの安定と今後の復興・再建を見据えた支援

岸田総理大臣は、3月にベルギー・ブリュッセルで開催されたG7首脳会合において、緊急・人道支援のみならず、ウクライナの経済を下支えするため、世界銀行と協調した1億ドルの借款を速やかに供与することを表明しました。さらに岸田総理大臣は、4月に行われたウクライナ情勢に関する首脳テレビ会議において財政支援の1億ドルから3億ドルへの増額、5月20日にはさらに総額6億ドルに倍増する旨を表明しました。

経済危機に直面するウクライナの緊急かつ短期的な資金需要に対応するため、迅速に手続が進むよう調整を進めた結果、最初に表明した1億ドル（130億円）については4月28日に東京にて、林外務大臣とコルスンスキー駐日ウクライナ大使との間で、有償資金協力「緊急経済復興開発政策借款」に関する書簡の交換を行いました。また6月7日には、鈴木外務副大臣（当時）とコルスンスキー大使との間で、5億ドル（650

緊急経済復興開発政策借款に関する書簡の交換を行う林外務大臣とコルスンスキー駐日ウクライナ大使（2022年4月）

緊急経済復興開発政策借款に対する追加の資金供与に関する書簡の交換を行うコルスンスキー駐日ウクライナ大使と鈴木外務副大臣（当時）（2022年6月）

ウクライナの穀物貯蔵能力を拡大する支援として、FAO経由で支援物資がウクライナ西部リヴィウ州に届いたときの様子（写真：FAO）

億円）の追加供与に関する書簡の交換が行われました。

財政支援のほか、日本は、ウクライナの作付け時期である4月に、国連食糧農業機関（FAO）経由で、農地への作付けなど農業生産の回復のため、300万ドル 注5 の協力を行いました。また、7月には、秋以降の収穫期に向けて、FAO経由で1,700万ドル 注6 を供与し、穀物の貯蔵能力を拡大するとともに、穀物輸出の代替輸送ルートの実用化を踏まえ、検疫所の検査能力向上に係る協力を実施し、ウクライナ国内からの穀物輸出を支援しました。

このほかにも、ウクライナ国内の被災コミュニティの民間人の安全確保と必要な救援物資の配給ルートを確保するために、4月には国連開発計画（UNDP）経由で、緊急的がれき除去や地雷・不発弾の処理・対応等のため、450万ドルの協力 注7 を行いました。さらに日本は、JICAを通じて、2011年の東日本大震災の際に経験したがれきの分別や、再利用の技術など日本の災害廃棄物の処理に関する知見・経験を共有するオンラインセミナーを開催しています。

また、地雷・不発弾対策分野では、日本が長年地雷除去を支援してきたカンボジアと協力し、ウクライナにおける地雷除去の活動を支援しています。

(3) 多大な影響を受けるいわゆる「グローバル・サウス」への支援

ロシアによるウクライナ侵略という国際秩序の根幹を揺るがす事態の影響は世界的に広がっており、とりわけ、既に多くの困難に直面している開発途上国の経済・社会に新たな打撃を与えています。

3月、G7首脳会合に参加した岸田総理大臣は、ロシアの侵略がエネルギーや食料の価格高騰に拍車をかけていることに懸念を表し、影響を受けている国々への支援の必要性と、エネルギー安全保障や食料安全保障の確保に向け行動することの重要性に言及しました。5月には、ドイツ・ベルリンで開催され、鈴木外務副大臣（当時）が出席したG7開発大臣会合において、「ロシアのウクライナに対する侵略戦争の世界的影響及びウクライナ、影響を受けた周辺国とグローバル・サウス諸国に対するG7の包括的支援に関するG7開発大臣声明」が発出されました。

ウクライナ情勢の影響を受けたグローバルな食料安全保障への対応として、6月、ドイツ主催の「グローバルな食料安全保障に向けた結束のためのベルリン閣僚会合」に出席した林外務大臣は、G7を含む主要ドナー国、食料危機の影響を受ける国、国際機関等の出席者を前に、ロシアのウクライナ侵略により食料危機が一層深刻化するイエメンやスリランカに対して、WFPを通じた緊急人道支援を行っていること、FAOを通じてウクライナ農業支援を行っていることを紹介しました。そして、さらなる支援を検討していることを述べ、日本が、影響を受ける国に寄り添った支援を行っていく旨を述べました。

6月、ドイツで開催されたG7エルマウ・サミットにおいて、岸田総理大臣は、現実に食料危機に直面している国々がある中、具体的な支援を通じて連帯を示すことが重要である旨を強調し、グローバルな食料危機への対応として、主にアフリカ・中東向けの食料支

注5 4月に発表した1億ドルの追加緊急人道支援のうちの一つ。
注6 7月に発表した2億ドルの食料安全保障分野支援のうちの一つ。
注7 4月に発表した1億ドルの追加緊急人道支援のうちの一つ。

ウクライナ産小麦がWFPを通じて食料危機にあるソマリアに向けて
輸送される様子（写真：Ukrainian Sea Ports Authority）

ウクライナ産小麦がソマリアに到着し、日章旗等マークの付いた袋に
詰められている様子（写真：© WFP/Jamal Ali）

援等に、計約2億ドルの支援 注8 を新たに表明しました。7月にはこれを具現化するものとして、食料不足に直面する国々への食料支援および生産能力強化支援、中東・アフリカ諸国に対する緊急食料支援およびウクライナからの穀物輸出促進支援を、二国間支援や国連機関および日本のNGOを通じて実施することを決定しました。

さらに8月、チュニジアで開催されたTICAD 8において、岸田総理大臣は、アフリカにおいて食料危機がこれまで以上に深刻になっていることを指摘しました。そして日本が、アフリカにおける中長期的な食料生産能力の強化に向け、アフリカ開発銀行の緊急食糧生産ファシリティとの約3億ドルの協調融資を行うことを表明しました。また、「アフリカ稲作振興のための共同体（CARD）」（84ページ、「国際協力の現場から」を参照）や、「小規模農家向け市場志向型農業振興（SHEP）」などの取組を通じた、アフリカ自身の穀物生産能力の強化や小規模農家の所得向上を目指す支援を継続し、今後さらに、計20万人の農業分野の人材を育成することを表明しました。

11月にインドネシアで開催されたG20バリ・サ

ミットにおいても、岸田総理大臣は、食料・エネルギー安全保障を確保するために、緊急の対応が必要であることを強調しました。そして、これまでに実施してきているロシアによるウクライナ侵略に起因するグローバルな食料危機への日本の取組を説明するとともに、食料・エネルギー価格の高騰等により深刻な影響を受けるアジア、アフリカ、中東等の国々への食料支援を含む緊急支援を一段と強化する考えである旨を述べました。また、その一例として、日本は、9月の国連総会でゼレンスキー・ウクライナ大統領がエチオピアとソマリアに対するウクライナ産小麦の無償提供を表明したことを受け、1,400万ドルの緊急無償資金協力を決定し、WFPを通じて、ウクライナ政府から無償で提供されたウクライナ産の小麦をオデーサ港からソマリアへ輸送し、現場での配布を行っています。

ロシア・ウクライナ情勢が長期化する中、その影響は拡大し、支援ニーズも拡大しています。日本は、平和で安定した国際秩序を維持・強化するための施策として、ウクライナおよび周辺国支援のみならず、アジア、太平洋島嶼国、中東、アフリカなどの途上国向け支援等の取組を進めています。

G7エルマウ・サミットのウクライナ情勢を議題としたセッションに
参加する岸田総理大臣（2022年6月27日）（写真：内閣広報室）

TICAD 8で共同議長を務める林外務大臣（2022年8月27日）

注8　6ページ「（2）ウクライナの安定と復興のための支援」に記載のFAO経由1,700万ドルの支援を含む。

世界の現場で活躍する国際機関日本人職員^{注1}

根本巳欧（みおう）
国連児童基金（UNICEF）東京事務所　副代表^{注2}（元JPO^{注3}）

　2022年夏、ウクライナ緊急人道支援のため、UNICEFブルガリア事務所に緊急支援調整官として3か月間派遣されました。

　当時、ブルガリアには70万人近くのウクライナ人がルーマニアなどを経由して到着。そのほとんどがこどもや女性でした。現地では、政府、NGO、コミュニティと連携し、難民のこどもたちに教育や心のケアを提供する支援プログラムの計画と実施、物資調達、人材確保、資金管理を含め、UNICEFの緊急支援活動全般を指揮しました。また、ウクライナ大使館や日本大使館、EUなどとも連絡を取りつつ、日々刻々と変化するウクライナ難民の動きに対しての柔軟な対応を心がけました。

　ウクライナ周辺国支援の核となったのが、「ブルー・ドット」と呼ばれる支援拠点です。UNICEFは国連難民高等弁務官事務所（UNHCR）と協力し、こうした支援拠点を周辺国に40か所設置。こどもたちと家族に対し、避難生活に必要な情報や支援物資、心のケアや学びと遊びの場を提供しました。「ブルー・ドット」の運営には、日本政府からの拠出金や日本の個人、団体、企業の皆様からの募金も活用されています。日本からの支援が、誰一人取り残さずウクライナ難民のこどもたちの日常を取り戻す、大きな手助けとなっています。

前原真澄
UNICEFタジキスタン事務所　栄養専門官（元JPO）

　私は、UNICEFタジキスタン事務所で母子栄養プログラムを担当しています。国の経済成長に伴わず、国民特に女性とこどもの栄養状態は望ましいものではありません。発育阻害や重度の消耗症、微量栄養素欠乏症に加え、近年では過体重や非感染性疾患が増加傾向にあります。新型コロナウイルス感染症による社会経済へのダメージからの回復の最中に、ウクライナ紛争による物価高騰が追い討ちをかけ、栄養のある食料の入手や医療サービスへのアクセスが困難になっています。

　栄養不良の予防のために、母子の食生活の向上、母乳育児と健康的な離乳食の促進、医療機関やコミュニティでの栄養サービス提供のサポートをしています。また重度の急性消耗症に陥ってしまったこどもの治療とケアを提供するため、医療従事者の能力強化や物資の支援をしています。

　栄養支援に加え、日本政府の支援の下、ワクチンや水と衛生の分野など包括的なサポートを提供することを目指し、妊産婦やこどもたちの命と健康を守っています。

金田尚子（かねだたかこ）
国連世界食糧計画（WFP）　ローマ本部　サプライチェーン部局
物流担当官（元JPO）

　2022年2月にウクライナでの武力紛争が激化したことを受け、WFPは、戦争から逃れ、家も仕事も失い、自活できなくなった人々に食料を提供するため、ウクライナ国内および周辺国での支援活動を開始しました。WFPは、2018年以降ウクライナでの事業が無く、提携する倉庫も運送業者もありませんでした。ゼロから物流拠点と欧州からウクライナへの運送網を構築するため、私は緊急派遣一次隊として、ポーランドへ3月から3カ月間派遣されました。

　現地の物流規則、国境の混雑状況や燃油価格などに応じ、急速に事態が変化する中での活動は緊張感を伴いましたが、民間物流・調達業者、WFP主導の物流クラスターや人道支援パートナーと協働し、支援を必要としている人々に物資が行き届くように注力しました。活動展開初期からの日本政府の協力の下、WFPは食料支援、現金支給そして物流支援を通じて、戦争が始まって1カ月後には紛争の影響を受けたウクライナ国内および周辺国の100万人、年内までに300万人以上に支援を届けることができました。

注1　国際機関職員の方からの寄稿。人物の肩書きは執筆時点のものです。
注2　2023年2月よりUNICEFシリア事務所　副代表に就任予定。
注3　ジュニア・プロフェッショナル・オフィサー（JPO）。JPO派遣制度については、151ページの図表Ⅳ-3を参照。

ウクライナおよび周辺国での日本の取組

廃棄物管理

ウクライナ

技術協力「廃棄物管理向上」

　がれき問題に直面するウクライナに、日本の廃棄物処理の知見・経験を共有するオンラインセミナーをJICAが開催。120名超が参加。

越冬支援

ウクライナ

緊急無償資金協力「ウクライナにおける越冬支援のための緊急無償資金協力」

　ロシアによる攻撃により多くのエネルギー・インフラ施設が破壊されたことにより、ウクライナ各地において大規模な停電が発生。発電機およびソーラー・ランタンの供与を通じ、暖房設備や照明器具を使用できない人々に対する越冬支援を実施。

財政支援

ウクライナ

有償資金協力「緊急経済復興開発政策借款」

　世界銀行と協調したウクライナ政府に対する財政支援。経済分野における各種制度改革の促進を支援。

医療分野での支援

モルドバ

JICAの調査団派遣「ウクライナ避難民に係る緊急人道支援・保健医療分野協力ニーズ調査団のモルドバへの派遣」

　モルドバ保健省などとの連携により、避難民を受け入れているシェルターや現地医療機関などの視察や意見交換を通じて、今後の保健医療・緊急人道支援分野などの協力についてのニーズを確認。また、WHOが運営する緊急医療調整本部にて国際医療支援の総合調整および医療情報管理に貢献。

ポーランド

チェコ

スロバキア

ハンガリー

緊急人道支援

ウクライナ	モルドバ
ルーマニア	スロバキア

国連世界食糧計画（WFP）「ウクライナおよび周辺国における緊急人道支援／追加的緊急人道支援」

　ウクライナ国内における約37万人に対する食料の提供、モルドバの避難施設における約9,600人に対する温かい食事の提供。ウクライナおよび周辺国において援助関係者、援助物資の輸送を支援。

（写真：WFP）

（写真：UNHCR）

国際平和協力法に基づく支援[注1]

ウクライナ	モルドバ	ルーマニア	スロバキア
ポーランド	ハンガリー		

UNHCR「ウクライナ被災民救援国際平和協力業務／ウクライナ被災民に係る物資協力」

　毛布5,000枚、ビニールシート4,500枚およびスリーピングマット8,500枚を無償でUNHCRに譲渡。また、自衛隊機による輸送協力を行い、毛布17,280枚、ビニールシート12,000枚、ソーラーランプおよびキッチンセットの4品目、計約103トンを輸送。

注1　ODA以外の予算による取組。

日本は、ロシアによるウクライナ侵略の影響を受けているウクライナおよび周辺国などで様々な支援を実施しています。ここでは、日本の取組の一部を紹介します。

日本のNGOによる顔の見える支援

生活必需品の配布および教育支援

ウクライナ　　　ポーランド

シャンティ国際ボランティア会（SVA）
「ウクライナ人道危機の影響を受けた被災者を対象とした食料・生活必需品の配布および教育支援事業」

ポーランドおよびウクライナの避難施設に滞在する避難民に食料、生活必需品の配布を実施することで避難生活の負担を軽減。また、避難施設に滞在しているこどもたちへの教育物資の配布および学習環境を整備することでこどもたちの教育へのアクセスを改善。

（写真：SVA）

（写真：IVY）

医療機材等の支援

ウクライナ

IVY「ウクライナ国内での応急手当対応者育成と医療機材等の支援」

ウクライナ国内の応急手当対応者育成や心のケアに対応するための心理的応急処置研修を実施。また、医療物資等の支援を通じて負傷者の救命と心的外傷を負った人々の心の回復に貢献。

退避および避難生活支援

ウクライナ

ピースウィンズ・ジャパン（PWJ）
「ウクライナの人道危機下の地域の脆弱層住民の退避および避難生活支援事業」

ウクライナの東部、北部、南部地域から、高齢者、障害者、女性やこどもを中心に脆弱な立場に置かれた住民を安全な地域へ退避させ、また一時退避先において避難所を整備し、食料および日用品を配付。

こどもたちの交流の場を支援

モルドバ

難民を助ける会（AAR）
「モルドバ共和国の都市部および地方における保護メカニズムの強化」

首都キシナウにコミュニティセンターを設置し、個別のアセスメントを基に、避難生活を送る人々やコミュニティ住民を対象に必要なサービスを提供。また、チャイルド・フレンドリー・スペースでは避難民とホストコミュニティのこどもが一緒に参加するスポーツ、絵画、工作、映画鑑賞などのグループ活動を提供。

ウクライナ

モルドバ

ルーマニア

（写真：PWJ）

（写真：AAR）

緊急人道支援

ウクライナ	モルドバ	ルーマニア
スロバキア	ポーランド	ハンガリー

国連難民高等弁務官事務所（UNHCR）
「ウクライナおよび周辺国における緊急人道支援/追加的緊急人道支援」

ウクライナ国内における避難民29万人、スロバキア、ハンガリー、ポーランド、モルドバ、ルーマニアにおける避難民51万人に対するシェルター・生活必需品支援（毛布、給水容器、衛生用品等の提供）および保護（避難民登録、法的支援）。

（写真：UNHCR）

第Ⅰ部

1 ウクライナ情勢を受けた日本の取組

(1) 実績から見た日本の政府開発援助

2021年の日本の政府開発援助（ODA）の実績 注9 は、2018年から導入された贈与相当額計上方式（Grant Equivalent System：GE方式）注10 では、約176億3,414万ドル（約1兆9,356億円）となりました。この結果、経済協力開発機構（OECD）の開発援助委員会（DAC）諸国における日本の順位は米国、ドイツに次ぎ第3位 注11 となりました。

内訳は、二国間ODAが全体の約77.8%、国際機関等に対するODAが約22.2%です。二国間ODAは、日本と被援助国との関係強化に貢献することが期待されます。また、国際機関等に対するODAでは、専門性や政治的中立性を持った国際機関等を通じて、直接日本政府が二国間で行う援助が届きにくい国・地域への支援も可能になります。日本は、これらの支援を柔軟に使い分けるとともに相互の連携を図りつつ、「日本の顔」が見える支援を積極的に行っていきます。

二国間ODAを援助手法別に見ると、GE方式では、無償で供与された資金の実績は約32億5,721万ドル（約3,575億円）で、ODA実績全体の約18.5%となっています。うち、国際機関等を通じた贈与は、約20億9,570万ドル（約2,300億円）でODA全体の約11.9%です。技術協力は約24億2,312万ドル（約2,660億円）で、ODA全体の約13.7%を占めています。政府貸付等については、貸付実行額は約121億2,628万ドル（約1兆3,310億円）、政府貸付等の贈与相当額は約80億3,591万ドル（約8,821億円）で、ODA全体の約45.6%を占めています。

地域別の二国間ODAの実績値（「開発途上地域」指定国 注12 向け援助を含む）を構成比（支出の総額）順に記載すると次のとおりです 注13（詳細は14ページの図表Ⅰ-2および128ページの図表Ⅲを参照）。

◆アジア：59.1%（約105億1,946万ドル）

◆中東・北アフリカ：11.0%（約19億5,144万ドル）

◆サブサハラ・アフリカ：9.5%（約16億9,170万ドル）

◆中南米：4.0%（約7億786万ドル）

◆大洋州：3.5%（約6億1,848万ドル）

◆欧州：0.5%（約9,666万ドル）

◆複数地域にまたがる援助：12.5%（約22億2,096万ドル）

注9 2022年DACメンバーのODA実績確定値は2023年末以降に公表される予定。

注10 政府貸付等について、贈与に相当する額をODA実績に計上するもの。贈与相当額は、支出額、利率、償還期間などの供与条件を定式にあてはめて算出され、供与条件が緩やかであるほど額が大きくなる。2017年までDACの標準であった純額方式（供与額を全額計上する一方、返済された額はマイナス計上）に比べ、日本の政府貸付等の実態がより正確に評価される計上方式といえる。

注11 OECDデータベース（OECD.Stat）（2022年12月）。

注12 「開発途上地域」指定国とは、JICA法第3条（機構の目的）を踏まえ、ODA対象国・地域に関するDACリストから卒業した国に対して、「開発途上地域」に当たると整理を行い、継続支援している国。2021年のODA実績においては、アラブ首長国連邦、ウルグアイ、オマーン、クウェート、クック諸島、サウジアラビア、セーシェル、セントクリストファー・ネービス、チリ、トリニダード・トバゴ、バハマ、バルバドス、バーレーン、ブルネイが該当する。

注13 支出総額ベース。

図表Ⅰ-1　2021年の日本の政府開発援助実績

2021年（暦年） 援助形態	ドル・ベース（百万ドル）			円ベース（億円）		
	実績	前年実績	増減率(%)	実績	前年実績	増減率(%)
無償資金協力	1,161.51	1,274.90	-8.9	1,274.93	1,361.12	-6.3
債務救済	―	―	―	―	―	―
国際機関等経由	2,095.70	1,793.46	16.9	2,300.35	1,914.74	20.1
技術協力	2,423.12	2,401.35	0.9	2,659.75	2,563.74	3.7
贈与計（A）	5,680.33	5,469.71	3.9	6,235.03	5,839.60	6.8
政府貸付等（貸付実行額：総額）（B）	12,126.28	11,417.36	6.2	13,310.45	12,189.44	9.2
（回収額）（C）	6,186.02	6,643.84	-6.9	6,790.10	7,093.12	-4.3
（純額）（D）=（B）－（C）	5,940.26	4,773.52	24.4	6,520.34	5,096.32	27.9
（贈与相当額）（E）	8,035.91	7,711.63	4.2	8,820.64	8,233.12	7.1
二国間政府開発援助計（総額ベース）（A）+（B）	17,806.61	16,887.07	5.4	19,545.48	18,029.04	8.4
二国間政府開発援助計（純額ベース）（A）+（D）	11,620.59	10,243.23	13.4	12,755.37	10,935.92	16.6
二国間政府開発援助計（贈与相当額ベース）（A）+（E）	13,716.24	13,181.34	4.1	15,055.68	14,072.72	7.0
国際機関向け贈与（F）	3,474.15	2,503.71	38.8	3,813.41	2,673.03	42.7
国際機関向け政府貸付等（貸付実行額）（G）	670.53	913.24	-26.6	736.01	975.00	-24.5
国際機関向け政府貸付等（贈与相当額）（H）	443.74	575.19	-22.9	487.08	614.09	-20.7
国際機関向け拠出・出資等計（総額・純額ベース）(I)=（F）+（G）	4,144.68	3,416.96	21.3	4,549.42	3,648.03	24.7
国際機関向け拠出・出資等計（贈与相当額ベース）（J)=（F）+（H）	3,917.90	3,078.91	27.2	4,300.49	3,287.11	30.8
政府開発援助計（支出総額）（A）+（B）+(I)	21,951.29	20,304.03	8.1	24,094.90	21,677.07	11.2
政府開発援助計（支出純額）（A）+（D）+(I)	15,765.27	13,660.18	15.4	17,304.80	14,583.94	18.7
政府開発援助計（贈与相当額）（A）+（E）+（J)	17,634.14	16,260.25	8.4	19,356.17	17,359.83	11.5
名目GNI値（単位：10億ドル、10億円）	5,127.65	5,223.48	-1.8	562,838.40	557,671.60	0.9
対GNI比（%）（純額ベース）	0.31	0.26		0.31	0.26	
対GNI比（%）（贈与相当額ベース）	0.34	0.31		0.34	0.31	

（注）
・四捨五入の関係上、合計が一致しないことがある。
・[－]は、実績が全くないことを示す。
・換算率：2020年＝106.7624円/ドル、2021年＝109.7653円/ドル（OECD-DAC指定レート）
・ここでいう「無償資金協力」は、日本が実施している援助形態としての無償資金協力ではない。

・「開発途上地域」指定国向け援助を除く（「開発途上地域」指定国向け援助を含めた実績については162ページの「参考統計2（1）政府開発援助の援助形態別・通貨別実績（2021年）」を参照）。
・「開発途上地域」指定国とは、JICA法第3条（機構の目的）を踏まえ、ODA対象国・地域に関するDACリストから卒業した国に対して、「開発途上地域」に当たると整理を行い、継続支援している国。2021年のODA実績においては、アラブ首長国連邦、ウルグアイ、オマーン、クウェート、クック諸島、サウジアラビア、セーシェル、セントクリストファー・ネービス、チリ、トリニダード・トバゴ、バハマ、バルバドス、バーレーン、ブルネイが該当する。

第Ⅰ部

2 実績から見た日本の政府開発援助と主要ドナーの援助動向

図表 I -2　　日本の二国間政府開発援助実績の地域別配分の推移

支出総額ベース

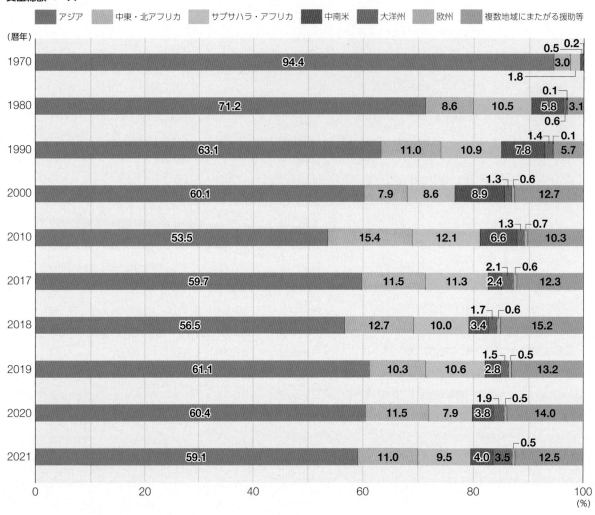

凡例：アジア ／ 中東・北アフリカ ／ サブサハラ・アフリカ ／ 中南米 ／ 大洋州 ／ 欧州 ／ 複数地域にまたがる援助等

出典：OECDデータベース（OECD.Stat）（2022年12月）
（注）
・複数地域にまたがる援助等には、複数地域にまたがる調査団の派遣等、地域分類が不可能なものを含む。
・四捨五入の関係で合計が100％とならないことがある。

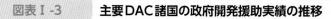

図表 I -3　　主要DAC諸国の政府開発援助実績の推移

OECD［支出純額ベース（2017年まで）／贈与相当額ベース（2018年から）］

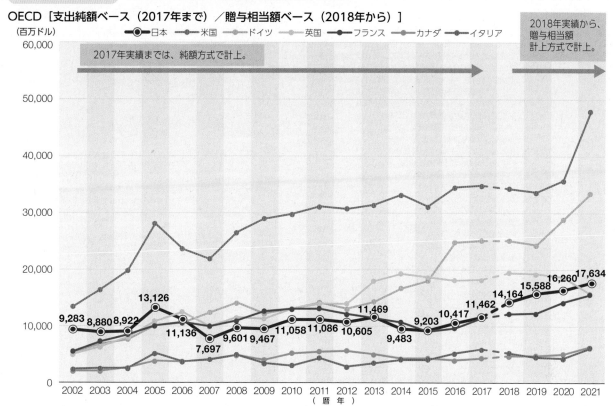

出典：OECDデータベース（OECD.Stat）（2022年12月）

支出総額ベース

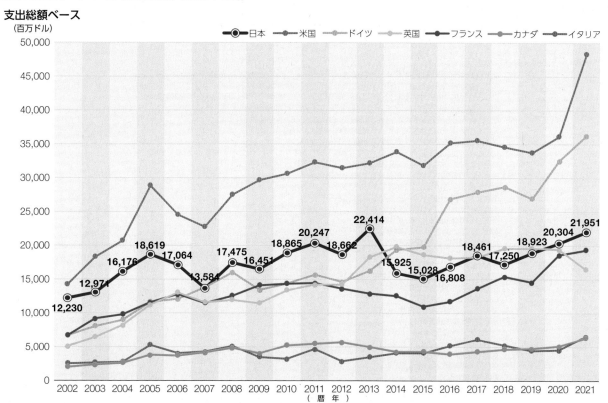

出典：OECDデータベース（OECD.Stat）（2022年12月）

図表Ⅰ-4　DAC諸国における政府開発援助実績の国民1人当たりの負担額（2021年）

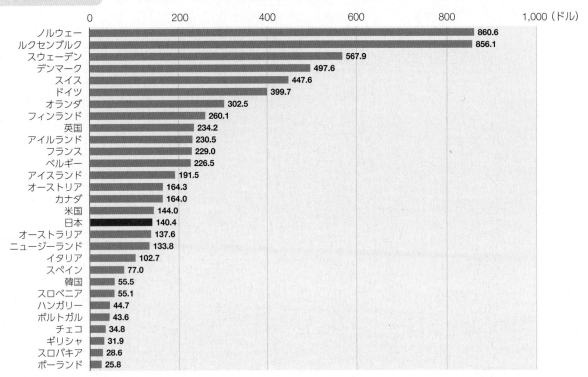

（単位：ドル）

ノルウェー	860.6
ルクセンブルク	856.1
スウェーデン	567.9
デンマーク	497.6
スイス	447.6
ドイツ	399.7
オランダ	302.5
フィンランド	260.1
英国	234.2
アイルランド	230.5
フランス	229.0
ベルギー	226.5
アイスランド	191.5
オーストリア	164.3
カナダ	164.0
米国	144.0
日本	140.4
オーストラリア	137.6
ニュージーランド	133.8
イタリア	102.7
スペイン	77.0
韓国	55.5
スロベニア	55.1
ハンガリー	44.7
ポルトガル	43.6
チェコ	34.8
ギリシャ	31.9
スロバキア	28.6
ポーランド	25.8

出典：OECDデータベース（OECD.Stat）（2022年12月）
（注）
・贈与相当額ベース。
・ポルトガルの実績については、暫定値を使用。

図表Ⅰ-5　DAC諸国における政府開発援助実績の対国民総所得（GNI）比（2021年）

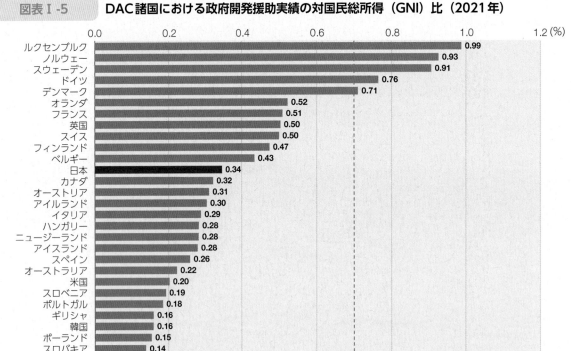

（単位：％）

国	比率
ルクセンブルク	0.99
ノルウェー	0.93
スウェーデン	0.91
ドイツ	0.76
デンマーク	0.71
オランダ	0.52
フランス	0.51
英国	0.50
スイス	0.50
フィンランド	0.47
ベルギー	0.43
日本	0.34
カナダ	0.32
オーストリア	0.31
アイルランド	0.30
イタリア	0.29
ハンガリー	0.28
ニュージーランド	0.28
アイスランド	0.28
スペイン	0.26
オーストラリア	0.22
米国	0.20
スロベニア	0.19
ポルトガル	0.18
ギリシャ	0.16
韓国	0.16
ポーランド	0.15
スロバキア	0.14
チェコ	0.13

0.7

出典：OECDデータベース（OECD.Stat）（2022年12月）
（注）
・贈与相当額ベース。
・1970年、国連総会は政府開発援助の目標を国民総生産（GNP）（現在は国民総所得（GNI））の0.7パーセントと定めた。
・ポルトガルの実績については、暫定値を使用。

図表 I -6　日本の政府開発援助実績の対国民総所得（GNI）比の推移

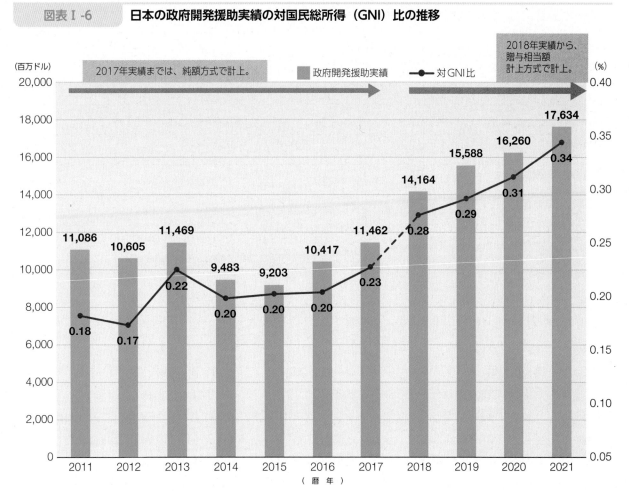

出典：OECDデータベース（OECD.Stat）（2022年12月）
（注）
・2017年実績までは支出純額ベース。2018年実績からは贈与相当額ベース。

（2）実績から見た主要ドナーの開発協力概要

　いかなる協力がODAに該当するのか、それをどのように報告するかについては、OECD開発援助委員会（DAC）が国際的なルールを定めています。DACが定めるルールでは、ODAは、（ⅰ）公的機関またはその実施機関によって供与される、（ⅱ）開発途上国の経済開発や福祉の向上を主目的とする、（ⅲ）譲許的性格を有する（政府貸付等の場合、貸付条件（金利、償還期間等）が受取国にとって有利に設定されている）、の3要件を満たすものとされています。

　このように、DAC諸国はDACが定めるルールに基づいて開発協力を行っていますが、主要ドナーが実施するODAの内容は国によって異なっています。ここでは、主にG7諸国を中心としたDACドナーの援助概要について2021年の実績を参考に概説します。

■主要ドナーの支援実績

　2021年のDAC諸国のODA供与額（贈与相当額計上方式（GE方式））は、約1,859億3,000万ドルでした。国別実績（GE方式、DAC諸国における構成比）では、1位が米国（約478億500ドル、25.7%）、2位がドイツ（約332億7,200万ドル、17.9%）、3位が日本（約176億3,400万ドル、9.5%）、4位が英国（約157億1,200万ドル、8.5%）、5位がフランス（約155億600万ドル、8.3%）、6位がカナダ（約63億300万ドル、3.4%）7位がイタリア（約60億8,500万ドル、3.3%）、8位スウェーデン（約59億3,400万ドル、3.2%）、9位オランダ（約52億8,800万ドル、2.8%）とG7諸国が上位を占めています [注14] 。

[注14] OECDデータベース（OECD.Stat）（2022年12月）。

主要DAC諸国の二国間ODAの分野別配分（2021年）

(単位：％)

分野 ＼ 国名	日本	米国	英国	フランス	ドイツ	イタリア	カナダ	DAC平均
社会インフラ（教育、保健、上下水道等）	27.8	39.5	34.3	34.6	43.0	28.5	54.4	40.3
経済インフラ（輸送、通信、電力等）	35.8	3.1	11.7	23.1	15.7	4.4	5.0	13.0
農林水産分野（農業、林業、漁業等）	2.6	2.1	2.7	3.5	5.1	2.8	5.5	3.6
工業等その他生産分野（鉱業、環境等）	14.2	2.5	15.3	22.9	12.4	6.6	4.8	10.4
緊急援助（人道支援等）、食糧援助	6.6	38.2	10.6	1.0	10.9	10.2	15.7	17.3
プログラム援助等（債務救済、行政経費等）	13.0	14.5	25.5	14.9	12.9	47.5	14.6	15.3
合計	100.0	100.0	100.0	100.0	100.0	100.0	100.0	100.0

出典：OECDデータベース（OECD.Stat）（2022年12月）
（注）
・約束額ベース。
・四捨五入の関係上、各分野の合計が100％とならないことがある。

■主要ドナーの支援分野

2021年の実績では、米国、英国、フランス、ドイツ、カナダは、教育、保健、上下水道等の社会インフラ分野への支援を重点的に行っています。また、米国は社会インフラ分野への支援と同程度（ODA全体の40%弱）を人道支援等の緊急援助・食糧援助に充てています。一方で、道路や橋、鉄道、通信、電力等の経済インフラ分野については、日本が最も多く35.8%を、次いでフランスが23.1%をそれぞれ配分しています。日本の協力に占める経済インフラ分野での支援が大きいのは、自らの戦後の復興経験からも、開発途上国の持続的な経済成長を通じた貧困削減等の達成のためには、まず経済インフラを整え、自助努力を後押しすることが不可欠と考えているからです（図表 I-7）。

■主要ドナーの支援地域

日本はアジア地域を中心に支援している（2021年の支出総額（以下同）の約59.1%）のに対し（図表 I-2）、米国、カナダ、フランス、英国、ドイツおよびイタリアはサブサハラ・アフリカ向け支援が1位（それぞれ34.9%、42.4%、26.6%、23.4%、19.8%、40.5%）となっています 注15 。また、地域別で見た主要DAC諸国からの支援実績の割合では、米国は中

東・北アフリカ（30.5%）、サブサハラ・アフリカ（37.2%）、および中南米地域（28.7%）で1位となっています。大洋州ではオーストラリアが総供与額の45.3%を支援しているほか、旧ユーゴスラビア諸国やウクライナなどの欧州地域ではドイツが31.0%を占めています。このように、各国による支援重点地域は、地理的近接性や歴史的経緯等による影響も受けています（図表 I-8）。

■援助形態別の実績（2021年）

援助形態別に見ると、2021年のDAC諸国全体のODA実績のうち、贈与が約85.4%（二国間無償 注16 ：約49.3%、二国間技術協力：約9.3%、国際機関向け贈与：約26.8%）、政府貸付等が約14.7%（二国間：約13.5%、国際機関向け：約1.2%）となっており、日本とフランスを除く主要DAC諸国実績上位10か国は、そのほとんどを贈与（二国間無償、二国間技術協力、国際機関向け贈与）の形態で実施しています（図表 I-9）。

日本のODAに占める有償資金協力（円借款等）の割合が多いのは、開発を与えられたものとしてではなく、開発途上国自身の事業として取り組む意識を高めることが、効果的な開発協力のために重要との考えに基づき、途上国の人々自らによる経済成長への努力を

注15 OECDデータベース（OECD.Stat）（2022年12月）。
注16 二国間無償は、13ページ図表 I-1無償資金協力、債務救済、国際機関等経由を指す。

| 図表 I -8 | 地域別実績における主要DAC諸国（2021年） |

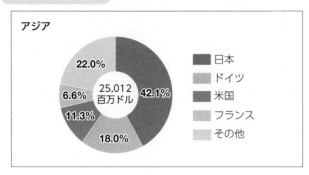

アジア
25,012百万ドル
42.1% 日本
18.0% ドイツ
11.3% 米国
6.6% フランス
22.0% その他

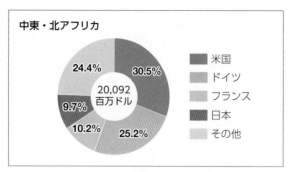

中東・北アフリカ
20,092百万ドル
30.5% 米国
25.2% ドイツ
10.2% フランス
9.7% 日本
24.4% その他

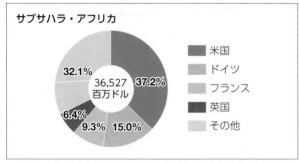

サブサハラ・アフリカ
36,527百万ドル
37.2% 米国
15.0% ドイツ
9.3% フランス
6.4% 英国
32.1% その他

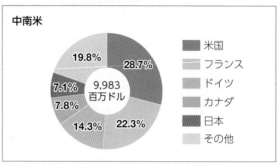

中南米
9,983百万ドル
28.7% 米国
22.3% フランス
14.3% ドイツ
7.8% カナダ
7.1% 日本
19.8% その他

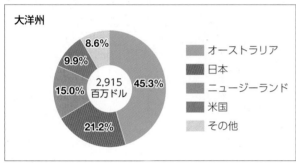

大洋州
2,915百万ドル
45.3% オーストラリア
21.2% 日本
15.0% ニュージーランド
9.9% 米国
8.6% その他

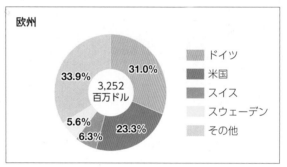

欧州
3,252百万ドル
31.0% ドイツ
23.3% 米国
6.3% スイス
5.6% スウェーデン
33.9% その他

出典：OECDデータベース（OECD.Stat）（2022年12月）
（注）
・支出総額ベース。
・地域分類は128ページの図表IIIに同じ。
・グラフ内数値はDAC諸国の援助実績の合計。

支援することを目的としているためです。途上国側から見れば、自らが借りたお金で国の社会や経済の発展を目指した事業を行うことになり、それだけに一生懸命に事業に取り組むことにつながります。円借款事業が終了した後も、途上国の人々が自らによって事業を持続・発展的に行えるようになることを目指した協力を行っている点は、自助努力を重視する日本ならではの支援といえます。

1位. 米国

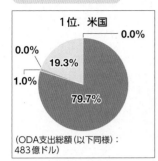

0.0%
0.0%
19.3%
1.0%
79.7%

（ODA支出総額（以下同様）：483億ドル）

2位. ドイツ

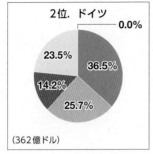

0.0%
23.5%
36.5%
14.2%
25.7%

（362億ドル）

3位. 日本

3.1%
15.8%
18.3%
7.6%
55.2%

（220億ドル）

4位. フランス

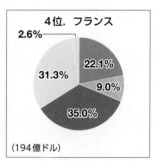

2.6%
31.3%
22.1%
9.0%
35.0%

（194億ドル）

5位. 英国

5.5%
34.0%
50.3%
2.0%
8.3%

（165億ドル）

6位. イタリア

0.0%
33.5%
59.0%
2.2%
5.3%

（66億ドル）

7位. カナダ

0.0%
21.6%
58.3%
9.9%
10.2%

（64億ドル）

8位. スウェーデン

0.0%
33.7%
58.5%
2.0%
5.8%

（60億ドル）

9位. オランダ

0.0%
28.2%
62.4%
9.5%
0.0%

（53億ドル）

10位. ノルウェー

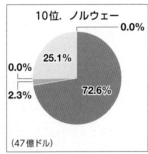

0.0%
25.1%
72.6%
0.0%
2.3%

（47億ドル）

DAC諸国合計

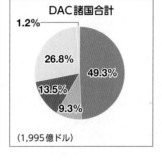

1.2%
26.8%
49.3%
13.5%
9.3%

（1,995億ドル）

- 二国間無償
- 二国間技協
- 二国間政府貸付等
- 国際機関向け贈与
- 国際機関向け政府貸付等

出典：OECDデータベース（OECD.Stat）（2022年12月）
（注）
・2021年DAC実績上位10か国、支出総額ベース。
・四捨五入の関係で合計が100％とならないことがある。

3 新興ドナーや民間主体による「途上国支援」の増加

近年、DACメンバーに加え、DACに参加していない中国、インド、インドネシア、サウジアラビア、ブラジル、アルゼンチン、メキシコ、トルコ、南アフリカ等の新興ドナーや民間の財団などによる開発途上国支援が増加しています。DACに実績報告を行っている非DAC諸国は少ないですが、DACの統計で集計されているだけでも、2021年では、非DAC諸国による支援は計190億ドル以上、DAC諸国および非DAC諸国からの民間資金は計2,700億ドル以上、NGOによる支援は計約120億ドルに達しています 注17 。

G20バリ・サミットで採択された首脳宣言において、「持続可能な開発目標（SDGs）の達成を支援するため、民間投資の促進を含め、より多様な革新的資金源及び手段を通じ、低・中所得国及びその他の開発途上国への更なる投資を引き出す。」と言及されているように、SDGsの達成に向けて、様々な主体による資金が途上国に向けられることが求められています。

途上国への資金の流れが多様化する中、その流れを正確に把握し、限りある開発資金を効果的に活用することは国際社会が連携して開発協力を推進するためには不可欠ですが、非DAC諸国などが実施する途上国支援の内容は、DACが作成・公表する統計では全てが明らかにならないのが現状です。また、国際ルール・スタンダードに合致しない不透明かつ不公正な貸付慣行の存在も指摘されています。

こうした情況下、2022年にはG7、G20やTICAD 8、OECD等の様々な国際フォーラムにおいて、開発金融の透明性等について議論が行われました。例えば、3月に開催されたTICAD閣僚会合では、林外務大臣から、透明で公正な開発金融の重要性について発言するとともに、8月に開催されたTICAD 8では、岸田総理大臣からのビデオメッセージで、透明で公正な開発金融の確保が重要であることが訴えられました。また、9月に開催されたG20開発大臣会合では、武井外務副大臣から、質の高いインフラ投資に関するG20原則に規定される透明性、開放性、経済性、債務持続可能性、環境・社会への配慮といった要素を確実に実施していくことの重要性について述べ、G20各国にも同様の取組や知見の共有を呼びかけ、さらに、開発資金の透明性・公平性の確保や開発金融に関する国際ルール・スタンダードの遵守の重要性を訴えました。

また、2022年6月のOECD閣僚理事会において採択された閣僚声明では、新興ドナーによるOECDの基準および規範への挑戦を認識し、OECDの役割を強化することにより、また、OECDの基準をグローバルに推進することにより、我々のグローバルな関与を強化する旨が表明されました。これは、2021年10月に、OECDの今後10年間の基本方針を示す文書である「OECD設立60周年ビジョン・ステートメント」にて、「全ての関係者」に対し、透明性および説明責任を向上させるようOECDの基準および慣行の遵守を促進する旨が表明されたことに続くものです。また、10月に開催されたOECD開発センター 注18 理事会第8回ハイレベル会合にて採択された「開発センターの将来展望に関する政策声明」においては、債務、財政の持続可能性などの分野における問題を、透明性と説明責任を持って是正する必要がある旨が表明されました。

日本としては、中国等、新興ドナーの途上国支援が国際的な基準や取組と整合的な形で透明性を持って行われるように、引き続き国際社会と連携しながら働きかけていきます（33ページの債務問題への取組および145ページの諸外国・国際機関との連携も参照）。

2022年6月のOECD閣僚理事会に出席し、コーマンOECD事務総長と立ち話をする三宅外務大臣政務官（当時）

注17 OECDデータベース（OECD.Stat）（2022年12月）。

注18 様々な開発課題・経済政策に関する調査・研究等を行うOECDの一機関。OECD加盟国だけでなく、中国を始めとするOECD非加盟の新興ドナーや途上国もメンバーとなっている。

図表 I-10　ODA対象国・地域に関するDACリスト

(2021年実績に適用)

	政府開発援助（ODA）対象国		
後発開発途上国 (LDCs) (46カ国)	低所得国 (LICs) 一人当たりGNI 1,005ドル以下	低中所得国 (LMICs) 一人当たりGNI 1,006-3,955ドル以下	高中所得国 (UMICs) 一人当たりGNI 3,956-12,235ドル以下
アフガニスタン	[北朝鮮]	アルメニア	アゼルバイジャン
アンゴラ	ジンバブエ	インド	アルジェリア
イエメン		インドネシア	アルバニア
ウガンダ		ウクライナ	アンティグア・バーブーダ
エチオピア		ウズベキスタン	イラク
エリトリア		エジプト	イラン
ガンビア		エスワティニ	エクアドル
カンボジア		エルサルバドル	ガイアナ
ギニア		ガーナ	カザフスタン
ギニアビサウ		カーボベルデ	ガボン
キリバス		カメルーン	北マケドニア
コモロ		キルギス	キューバ
コンゴ民主共和国		グアテマラ	グレナダ
サントメ・プリンシペ		ケニア	コスタリカ
ザンビア		コートジボワール	コロンビア
シエラレオネ		コンゴ共和国	サモア
ジブチ		ジョージア	ジャマイカ
スーダン		シリア	スリナム
セネガル		スリランカ	赤道ギニア
ソマリア		タジキスタン	セルビア
ソロモン諸島		チュニジア	セントビンセント
タンザニア		[トケラウ]	[セントヘレナ]
チャド		ナイジェリア	セントルシア
中央アフリカ		ニカラグア	タイ
ツバル		パキスタン	中国
トーゴ		バヌアツ	ドミニカ共和国
ニジェール		パプアニューギニア	ドミニカ国
ネパール		[パレスチナ]	トルクメニスタン
ハイチ		フィリピン	トルコ
バングラデシュ		ベトナム	トンガ
東ティモール		ボリビア	ナウル
ブータン		ホンジュラス	ナミビア
ブルキナファソ		ミクロネシア連邦	ニウエ
ブルンジ		モルドバ	パナマ
ベナン		モンゴル	パラオ
マダガスカル		ヨルダン	パラグアイ
マラウイ			フィジー
マリ			ブラジル
南スーダン			ベネズエラ
ミャンマー			ベラルーシ
モーリタニア			ベリーズ
モザンビーク			ペルー
ラオス			ボスニア・ヘルツェゴビナ
リベリア			ボツワナ
ルワンダ			マーシャル諸島
レソト			マレーシア
			南アフリカ
			メキシコ
			モーリシャス
			モルディブ
			[モンセラット]
			モンテネグロ
			リビア
			レバノン
			[ワリス・フテュナ]

出典：OECDホームページ
（注）
・GNI値は2016年の数値
・[　]は地域名を示す

開発協力トピックス ① 開発協力大綱の改定

1 2015年以降の情勢の変化

開発協力大綱を改定した2015年以降、持続可能な開発目標（SDGs）の採択や気候変動に関するパリ協定の発効など、国際的な協力を通じて地球規模課題に取り組む動きが進展しました。その一方で、ロシアによる不当かつ不法なウクライナ侵略など、普遍的価値に基づく国際秩序は厳しい挑戦を受けており、「自由で開かれたインド太平洋（FOIP）」の理念の具現化がますます緊要となっています。また、新型コロナウイルス感染症の拡大が世界の経済・社会に深刻な影響を与える中、国際情勢の急激な変動によるサプライチェーンの分断や、新型コロナの拡大とともに急加速したデジタル化の進展によるサイバーセキュリティの問題など、経済と安全保障が直結して各国に影響を及ぼしています。

世界がこうした不確実性に晒される中、開発途上国は安定的な発展を見通すことが困難になっています。貧困削減は遠のき、食料危機やエネルギー危機が人道状況の悪化に拍車をかけるなど、人間の安全保障の理念に沿った対応が急務となっています。同時に、SDGsや気候変動等への取組における民間セクターや市民社会等の取組の増加など、開発協力をめぐる官民の役割分担も変化しています。

2 開発協力大綱の改定

第2回有識者懇談会の様子

このように国際情勢が大きく変化する中、日本が引き続き国際社会の期待と信頼に応えるとともに、自由、民主主義、人権、法の支配といった普遍的価値を守り抜き、日本自身の平和と繁栄といった国益を確保していくためには、日本の「外交力」のさらなる強化が不可欠です。そのためには、外交の最も重要なツールの一つであるODAのさらなる活用を図ることが必要です。これを受け、2022年9月、外務省は、開発協力大綱の改定を行うことを発表し、林外務大臣の下、中西 寛(ひろし) 京都大学大学院法学研究科教授を座長とする「開発協力大綱の改定に関する有識者懇談会」を立ち上げることとしました注1。

林外務大臣

3 有識者懇談会の開催

2022年9月から11月にかけて、林大臣の下で4回の有識者懇談会が開催され、今後約10年の開発協力の方向性、ODAの戦略性の強化、実施上の原則、実施基盤等について精力的な議論が行われました。12月には懇談会の議論を取りまとめた報告書注2が、林大臣に提出されました。

「開発協力大綱の改定に関する有識者懇談会」報告書の林大臣への提出

この報告書では、現行の大綱の策定以降の国際情勢の変化を踏まえ、時代に即したODAの一層の戦略的活用の観点から提言がなされました。今後の開発協力の方向性とし

武井外務副大臣

ては、人間の安全保障を基本理念として、「普遍的価値に基づく国際秩序の維持」、「世界と共に発展・繁栄する環境作り」、「地球規模課題に対する国際的取組の主導」の3点を掲げることが提案されています。

その上で、(1) 同志国、民間セクター、市民社会など国内外のパートナーとの連携強化、(2) ODAの支援手法の柔軟化、(3) オファー型支援の強化による日本の強みをいかした開発協力の魅力向上などについても提案されました。また、こうした取組を裏打ちするものとして、今後10年間で国際目標であるODA実績対GNI比0.7%を達成するなど、国際目標の達成に向け具体的な道筋を示すべきとの点について提言がありました。

今後、報告書の内容も踏まえ、幅広い国民の意見を聞きながら、2023年前半を目処に新たな開発協力大綱を策定する予定です。

吉川外務大臣政務官

注1 https://www.mofa.go.jp/mofaj/press/release/press6_001245.html
注2 https://www.mofa.go.jp/mofaj/files/100432142.pdf

ODAの仕事について聞いてみました！

外務省は、外交の最前線として世界195か国に大使館を設置し、相手国政府との交渉や連絡、政治・経済その他の情報の収集・分析、日本を正しく理解してもらうための広報文化活動などを行っています。開発途上国では、政府開発援助（ODA）を通じた開発協力業務も重要な仕事の一つです。大使館での実務経験を有する外務省職員から話を聞きました。

岡田：大使館における開発協力業務の経験について、日本の支援が役立っている様子や、やりがいや苦労を交えて教えてください。

青山：モンゴルでは、各地にある学校や保育園など老朽化した施設を補修する場面で、草の根・人間の安全保障無償資金協力[注1]を通じた支援が盛んに行われてきました。地域コミュニティに根ざした支援なら日本の「草の根無償」というイメージを持っている方も多く、モンゴルの日本への大きな信頼につながっていると感じました。国民性の違いを感じる場面も少なからずありましたが、広い国土のどの地域を訪問しても、「ありがとう」の言葉や、「日本が支援してくれた学校に自分のこどもが通っている」というような感謝の声が聞かれて、日本の存在が広く知られていることを、肌で感じました。

　日本の支援が長年の月日を経て、二国間関係の強化につながった例も経験しました。2019年、即位礼正殿の儀へ参列のため来日したモンゴルのフレルスフ首相（当時）が、「1990年代にJICAの研修で来日した際に、温かく迎えてくれた青森県のホームステイ先のホストファミリーを探してほしい、モンゴルに招待した当時の約束を果たしたい」と熱望されました。名前も分からない中、その頃の手がかりがないか国会図書館で調べたり、報道関係者の方々に聞いたりして、なんとかホストファミリーを見つけました。2022年の夏にその招待が実現し、大統領となられたフレルスフ氏はホストファミリーご一家とモンゴルで再会されました。日本が行っている開発協力は様々な所で人と人をつなぎ、国と国の関係を築いていることを実感しました。

野口：在セネガル日本国大使館勤務時に担当していたギニアビサウ[注2]は、政権交代時にクーデターが起きるなど政情が不安定でした。そんな中、安定した国造りを目指して議会選挙を行おうとの機運が高まりましたが、議会選挙の経験が多くないギニアビサウにおいては、選挙に関するノウハウがありません。そこで、議会選挙を実現させたいという思いから、日本ができる支援を検討し、国連開発計画（UNDP）との連携を通じた支援を実現できました。選挙は、主導権をめぐる指導者たちの争いが顕在化する機会でもあり、様々な理由で延期されましたが、日本を含む各国の支援を受けて、最終的に成功裏に終了しました。この経験を通じて、民主主義が根付くということはどういうことか、その意義と大変さを身に染みて感じました。EU各国やアフリカ諸国、日本の支援が奏功し、ようやく選挙が実現した時、その選挙関連のポスターに日本の国旗が他国と並んで掲げられているのを見て、この国の大きな変革に、日本も日本らしい形で支援を行うことができたという喜びを感じました。

稲葉：私が赴任していたアンゴラでは、新興国を含む多くの国による開発協力が行われていました。その中には、途上国の持続可能性を十分に考慮せず、開発をめぐる国際ルール・スタンダードに合致しない形で多額の援助が行われているケースも見られましたが、日本の特徴は、異なるスキームを組み合わせ、アンゴラの長期的な発展に資する支援のあり方を模索しながら支援を行っていくことだと思っています。具体的には、無償資金協力を通じて基礎インフラ施設整備を行うと同時に、その国の持続的な成長を

青山大介 主査
在モンゴル日本国大使館勤務後、TICADIV、北海道洞爺湖サミット関連業務を経て、現在、国際協力局地球規模課題総括課でSDGs関連業務を担当。

司会：岡田悠季
開発協力企画室
課長補佐

支える施設にするために、維持管理や運営のための人材育成や職業訓練などの技術協力を併せて行うのです。

また、ポルトガル語が公用語のアンゴラでは、日本はブラジルと協力し三角協力[注3]にも取り組んでいます。JICAの技術協力を中心とした日本の支援を長年受けてきたブラジル全国工業職業訓練機関（SENAI）において産業人材育成に関する知見を積んだブラジル人を講師としてアンゴラに招き、アンゴラの方々に対する職業訓練を行いました。現在も、自動車整備人材の育成のために、三角協力を進めています。こういった開発協力の形は、日本がブラジルで行ってきた支援が実を結び、信頼を得ることで、途上国が自身の経験として他の途上国に伝えていくことができるからこそ成り立つものです。職業訓練を受けたアンゴラの人々は、職を得ることができ、生活が安定するようになると、日本の支援に非常に感謝してくれます。そんな息の長い、相手国の人々のニーズに沿った日本らしい貢献に、やりがいを感じました。

岡田：現在の本省での開発協力業務について、本省ならではのやりがいや苦労、大使館の経験がいかされていることなども交えて、聞かせください。

野口：現在は、ODA事業の実施のために、予算をいかに確保するかを考える仕事を担当しています。予算がなければ現場での支援は実現できません。ですので、今の自分の役割は、開発協力の現場と、政治や国民をつなぐことだと考えています。予算を成立させるには、日本の支援が途上国の開発に資すると同時に、最終的に日本の国益につながるのだということを、国民の皆様にしっかり説明できることが大切です。日本企業や市民社会といかに連携して効果的にODAを実施できているか、ODAを実施することが日本の国益にどのように還元されているか、気候変動や感染症対策など一国だけでは解決できない地球規模課題の解決にODAを活用することが日本にとってもいかに大切か、そのようなことを国民の皆様に伝えることができるよう、日々悩み学びながら、日本の開発協力が実現できるよう頑張っています。

青山：本省での仕事は、支援を必要とする課題や国が数多ある中で、どう優先順位を付けるかの判断が非常に重要です。各国の大使館からは、現場レベルの対話やニーズ分析の結果に基づき、各国が抱える課題を解決するための協力要請が本省に寄せられます。

野口有佑美　課長補佐
在セネガル日本国大使館勤務時、在ギニアビサウ日本国大使館業務も担当。現在、国際協力局政策課でODA予算関連業務を担当。

どれも各国にとって重要なものである一方、限りある予算を戦略的かつ効果的に活用するためには、日本の外交政策上の重要度、日本の比較優位が発揮できる協力となりうるか、開発効果が発現するまでフォローできるかなど、複合的な視野を持って判断していく必要があり、自問自答しながら優先順位を考えます。現場では支援ニーズに目が行きがちですが、そのニーズに応える支援が、日本の外交戦略上いかに重要かを案

件形成の段階からもっと考えていくことが大事だと感じています。より良い協力を実現するには、日本としての大きな戦略と現地のニーズの双方をよく理解する必要があるということです。

稲葉：本省勤務で感じるのは、本省と在外の目線の違いです。物事を進めるにあたり、日本では当たり前のことであっても、相手国と最前線で調整する現地では、うまくいかないことが多々あります。書類一つとっても、単に提出を督促しているだけ

稲葉大樹　主査
在ブラジル日本国大使館、在アンゴラ日本国大使館勤務を経て、国際協力局国際保健戦略官室で新型コロナ対策等の支援に従事、現在、中東アフリカ局アフリカ部アフリカ第2課でアンゴラ、モザンビークほかを担当。

では何ら進まず、相手国政府の担当者のデスクまで出向いていったことなど珍しくありません。大使館での業務経験は、本省において相手国の目線に立った現実的かつ効果的な外交政策の立案にあたり役立っています。

岡田：最後に、今後の日本の開発協力への思いについて聞かせください。

稲葉：世界には協力し合えるパートナーがたくさん存在しています。国際保健戦略官室で担当した各国でワクチン接種率を上げる活動の中で強く感じたのですが、限られた予算の中で効果を上げていくには、他のドナーや国際機関など様々なアクターとの連携が欠かせません。連携しつつも、日本としてやりたいことを実現していくことも大事です。広い視点を持って連携する中で、日本の政策も実現し、相乗効果を生み出し、課題解決を追求することが大事だと感じています。

野口：世界情勢が大きく変化する中、新型コロナウイルス感染症のまん延もあり、持続可能な開発目標（SDGs）の達成は深刻な影響を受けており、世界各地で発生する自然災害や紛争への対応を含め、ODAの重要性は非常に高いと感じています。限られた予算の中で効果を上げるためには、選択と集中は大切です。一方、予算なしには支援の継続や新たな課題への対応が困難になるため、ODA予算をどう増やし、どう使い、日本と世界にとってどんな成果をもたらすのか、ODAの重要性を広く国民の皆様にしっかりと説明し理解を得た上で、予算を増やす努力を行うことも大切だと考えています。

青山：日本への他国からの期待は大きいと感じています。世界情勢が目まぐるしく変化していく中、ビジネスもODAも、さらにスピードが求められてくるでしょう。そうした中、日本への期待に応えるためには、官民が協働で開発協力に携わり、例えばビジネスベースでやっていける部分はビジネスとして、相手国の発展に貢献できるような仕組み作りを支援することも、持続可能性の観点から重要であると感じています。

注1　人間の安全保障の理念を踏まえ、途上国における経済社会開発を目的とし、草の根レベルの住民に直接貢献する、比較的小規模な事業のために必要な資金を供与する無償資金協力（供与限度額は原則1,000万円以下）。NGOや地方公共団体などを対象としている。
注2　ギニアビサウには大使館の建物は置いておらず、在セネガル日本国大使館がギニアビサウの大使館業務を行っている。
注3　109ページの用語解説を参照。

25

第Ⅱ部

課題別の取組

1 「質の高い成長」の実現に向けた協力 …………………… 28

2 普遍的価値の共有、平和で安全な社会の実現 ………… 43

3 地球規模課題への取組と人間の安全保障の推進 ……… 56

ジブチにおける無償資金協力「タジュラ湾海上輸送能力向上計画」の施工現場にて、現地作業員に指示を出す日本人技術者（写真：JICA）

第 II 部　課題別の取組

1 「質の高い成長」の実現に向けた協力

（1）産業基盤整備・産業育成、経済政策

「質の高い成長」注1 のためには、発展の基盤となるインフラ（経済社会基盤）の整備が重要です。また、民間部門が中心的役割を担うことが鍵となり、産業の発展や貿易・投資の増大など民間活動が活発になることが不可欠です。しかし、開発途上国では、貿易を促進し民間投資を呼び込むための能力構築や環境整備を行うことが困難な場合があり、国際社会からの支援が求められています。

日本の取組

■ 質の高いインフラ

開発途上国には依然として膨大なインフラ需要があり、2040年までのインフラ需給ギャップは約15兆ドルとも推計されています注2 。しかし、途上国において、「質の高い成長」を実現するためには、ただ多くのインフラを整備するだけでなく、開放性、透明性、ライフサイクルコストからみた経済性、債務持続可能性等を考慮した「質の高いインフラ」解説 を整備する必要があります。

日本は、途上国の経済・開発戦略に沿った形で「質の高いインフラ」を整備し、これを管理、運営するための人材を育成しています。技術移転や雇用創出を含めながら、途上国の「質の高い成長」に真に役立つインフラ整備を支援できることは、日本の強みです。

日本は、各国や国際機関とも連携し、2019年のG20大阪サミットで承認された「質の高いインフラ投資に関するG20原則」注3 の普及・実施に取り組んでいます。「質の高いインフラ投資」の重要性につ

いては、様々な二国間会談や多国間会議の場において確認されてきています。

2022年6月の経済協力開発機構（OECD）閣僚理事会では、三宅外務大臣政務官（当時）から、国際ルール・スタンダードに基づかない不透明・不公正な開発金融によりアフリカの成長が妨げられないような環境作りが必要であり、「質の高いインフラ投資に関するG20原則」の実施が重要である旨を指摘しました。閣僚声明においては、グローバル・ゲートウェイ戦略注4 やブルー・ドット・ネットワーク認証枠組み注5 などのOECD加盟国のアプローチに留意しつつ、「質の高いインフラ投資に関するG20原則」のフォローアップに期待することが確認されました。

2022年6月のG7エルマウ・サミットでは、グローバル・インフラ投資パートナーシップ（PGII）注6 が立ち上げられました。2022年11月のG20バリ・サミットに際し行われた同パートナーシップに関するサイドイベントでは、岸田総理大臣から、質の高いインフラ投資の具体的な事例の紹介を通じて、日本は、インフラ整備を通じた投資環境の改善や人づくりを行っていることを述べました。また、インフラの整備とそのための開発金融は、「質の高いインフラ投資に関するG20原則」に沿って国際ルールやスタンダードを遵守した透明で公正な形で行われることが重要である旨を述べるとともに、2023年のG7日本議長国下でも、質の高いインフラ投資をさらに促進し、パートナーの国々と連携して、各国の自立的な成長を後押ししていく決意である旨を述べました。G20バリ首脳宣言においては、G20のために作成さ

注1 成長の果実が社会全体に行き渡り、誰一人取り残されない「包摂性」、社会や環境と調和しながら継続できる「持続可能性」、経済危機や自然災害などの様々なショックに対する「強靱性」を兼ね備えた成長（開発協力大綱）。

注2 G20グローバル・インフラストラクチャー・ハブ（GIH）による推計。

注3 33ページの用語解説「質の高いインフラ」を参照。

注4 2021年12月に欧州委員会が発表した、民主的価値と高い水準、良いガバナンスと透明性、対等なパートナーシップ、環境への配慮と負荷の低減、安全なインフラを促進する投資、および民間投資を刺激するような投資の増加を目指す新たな戦略。

注5 2019年11月以来、米国が主導する形で、日本、米国、オーストラリアが創設を目指す、途上国における質の高いインフラ案件に国際的な認証を与えるための枠組み。

注6 G7が連携して質の高いインフラ投資を促進するためのイニシアティブ。2022年6月のG7エルマウ・サミットで立ち上げ。同サミットの際、今後5年間で、質の高いインフラに特に焦点を当てた公的および民間投資において最大6,000億ドルを共同で動員することを目指す旨を表明。

日ASEAN連結性イニシアティブに資する協力。インドネシア初の地下鉄「MRT南北線」の建設で技術指導をする様子（写真左：JICA）、日本の支援でオーバーホールを実施したフィリピン首都圏鉄道3号線（MRT3号線）の車両（写真右：JICA）

れた「質の高いインフラ投資指標集」を支持する旨が確認されたほか、同指標をいかに適用できるかについてのさらなる議論を期待する旨が表明されました。

2020年11月の日ASEAN首脳会議では、2兆円規模の質の高いインフラプロジェクトを中心とする「日ASEAN連結性イニシアティブ」を立ち上げ、インフラ整備を通じて陸海空の回廊による連結性を強化し、3年間で1,000人の人材を育成していくことを発表しました。2021年8月には、日本製車両を導入したタイ都市鉄道レッドラインが開通しました。

日本政府は今後も、世界の質の高い成長のため、「質の高いインフラ投資に関するG20原則」を国際社会全体に普及させ、アジアを含む世界の国々や世界銀行、アジア開発銀行（ADB）、OECD等の国際機関と連携し、「質の高いインフラ投資」の実施に向けた取組を進めていく考えです。

■貿易・投資環境整備

日本は、ODAやその他の公的資金（OOF）解説を活用して、開発途上国内の中小企業の振興や日本の産業技術の移転、経済政策のための支援を行っています。また、日本は途上国の輸出能力や競争力を向上させるため、貿易・投資の環境や経済基盤の整備も支援しています。

2022年8月にチュニジアで開催された第8回アフリカ開発会議（TICAD 8）注7 では、質の高いインフラ整備や国境でのワンストップ・ボーダーポスト整備を通じたアフリカの社会基盤整備に加えて、地域としての連結性強化に資する取組などを打ち出しました。

日本市場への参入に関しては、日本は途上国産品の輸入を促進するため、一般の関税率よりも低い税率を適用するという一般特恵関税制度（GSP）を導入しています。特に後発開発途上国（LDCs）解説に対しては特別特恵関税制度を導入し、無税無枠措置解説をとっています。また日本は、経済連携協定（EPA）解説や投資協定を積極的に推進しています。これらの協定により、貿易・投資の自由化および保護を通じたビジネス環境の整備が促進され日本企業の途上国市場への進出を後押しし、ひいては、途上国の経済成長にも資することが期待されます。

日本を含む先進国による支援をさらに推進するものとして、世界貿易機関（WTO）やOECDを始めとする様々な国際機関等において「貿易のための援助（AfT）」解説に関する議論が活発になっています。日本は、AfTを実施する国際貿易センター（ITC）などに拠出し、途上国が貿易交渉を進め、国際市場に参入するための能力を強化すること、およびWTO協定を履行する能力を付けることを目指しています。2022年には、日本はITCを通じて、アフリカの女性起業家に対する電子商取引の活用に向けた支援、ナイジェリアにおけるワクチンの生産および配布の拡大に向けた技術協力を行っています。

注7 127ページの「開発協力トピックス」を参照。

1 国際協力の現場から

自由と平和の象徴「フリーダム・ブリッジ」
～南スーダン初の大型インフラ建設事業～

　長きにわたる紛争を経て2011年7月にスーダンから独立した南スーダンでは、社会・経済インフラの欠如が深刻です。南スーダンは内陸国であるため物流を陸上輸送に頼っていますが、道路や架橋の整備が遅れており、経済発展の阻害要因となっています。首都のジュバ市には、国を東西に二分するナイル川が流れていますが、ナイル川に架かる橋は、1972年に建設された老朽化の激しい橋が一つしかありませんでした。この橋は、修復のために片側通行を余儀なくされるなど、通行や物流に大きな支障をきたしていました。

　そこで、日本は、2013年から無償資金協力「南スーダン国ナイル架橋建設計画」において、ウガンダやケニアにつながる国際回廊の一部となるナイル川をまたぐ二番目の橋の建設を開始しました。

　当初の計画では2016年末に完工予定でしたが、着工して間もない2013年12月に、大統領派と副大統領派による衝突が発生したため工事が中断しました。2015年2月に再開するも、2016年7月に再び衝突が起こり工事は再中断を余儀なくされました。さらに、その後2019年5月に再開しましたが、2020年4月には新型コロナウイルス感染症拡大の影響を受けて2021年3月まで工事を中断せざるを得ませんでした。

　当工事のコンサルタントを務めた株式会社建設技研インターナショナルの梅田典夫氏は、当時の状況を次のように語ります。「実際の施工期間が3年10か月だったのに対して、工事中断期間は4年11か月にもなりました。しかし、日本人スタッフが国外に退避している間も、政府要人が現場をたびたび視察に訪れて気遣ってくれたことを、留守番

の南スーダン人スタッフの報告で知りました。私たちが建設している橋に、国の期待が寄せられていることを感じました。」

　2021年3月の再開以降は、南スーダン作業員の協力もあって、工事は順調に進みました。「彼らは初めて体験する作業によく順応してくれました。毎日の作業を通して、時間厳守を身に付け、規律を守り、作業現場の整理整頓に努めるなど、技術以外にも学んだことが多かったと思います。おかげで、私たちも気持ちよく仕事ができました。」と、梅田氏は語ります。

　「南スーダンには今までにこれほどの大型土木工事の施工はありません。土木工学を専攻する大学生の学びの場として、工事の進捗に合わせて、彼らを現場に招いて土木工事を体感してもらい、国の未来を担う若者への技術移転を試みました。また、"教えることは二度学ぶこと"の考えの下、現地の大学で橋梁（りょう）建設の講演を行った際には、南スーダンの技術者自らが事業を説明するように指導しました。」

　三度の工事中断を経て、着工から8年9か月、全長560mの橋が2022年5月に完成しました。これによりナイル川を渡る際の時間が短縮され、大型車両が安全に通行できるようになったため、内陸国南スーダンの経済発展に重要な国際物流の円滑化が期待されています。開通式には、キール大統領、マシャール第一副大統領も参加しました。大統領は、日本への感謝を示すとともに、復興と平和への思いを語りました。この橋は「フリーダム・ブリッジ（自由の橋）」と呼ばれ、平和と自由の象徴となっています。日本の協力が、南スーダンの復興と発展につながっています。

完成したフリーダム・ブリッジ。物流の円滑化と経済発展への貢献が期待される。（写真：大日本土木㈱）

ジュバ大学の学生に対して、講演を行う梅田氏と南スーダンの技術者（写真：㈱建設技研インターナショナル）

持続可能な開発目標（SDGs）の推進

　国際社会は貧困・格差、テロ、難民・避難民、感染症、自然災害、気候変動、環境問題など、国境を越える様々な課題に直面しています。新型コロナウイルス感染症の拡大、ロシアによるウクライナ侵略により、食料・エネルギー安全保障などが相互に関連する複合的なリスクとなり、脆弱な状況にある人々ほど大きな打撃を受け、人間の安全保障が脅かされています。

　2015年9月に国連で採択された持続可能な開発目標（SDGs）解説は、誰一人取り残すことなく、平和、法の支配や人権も含む、地球規模課題に統合的に取り組むための国際社会全体の目標です。日本は、相互に関連する複合的リスクへの対応および予防に取り組み、国際社会のSDGs達成に貢献します。

　SDGsの達成のためには、旧来の先進国と開発途上国という区別を越えた国際社会の連携が必要です。また、政府や開発機関のみならず、民間企業、地方公共団体、研究機関、市民社会、そして個人などあらゆる主体の行動が求められています。日本政府は、ODAを触媒として様々な取組をつなぎ、厚みのあるアプローチによって、途上国を含む国際社会全体でSDGsを達成できるよう様々な面から支援しています。

　日本政府は総理大臣を本部長とし、全閣僚を構成員とする「SDGs推進本部」を立ち上げ、SDGs推進の方向性を定めた「SDGs実施指針」の策定や具体的な施策を取りまとめた「SDGsアクションプラン」の実施などを通じ、SDGs達成のための取組を国内外で精力的に行っています。

SUSTAINABLE DEVELOPMENT GOALS

　日本は、途上国が貿易を行うために重要な港湾、道路、橋などの輸送網の整備、発電所・送電網などの建設事業への資金の供与といったインフラ支援、および税関職員、知的財産権の専門家の教育などの貿易関連分野における技術協力を実施しています。例えば、インドネシアでは、西ジャワ州・パティンバン港において、円借款や技術協力を活用し、かつ日本企業の協力の下で、2018年から港湾開発およびアクセス道路整備を進めています。2021年12月には日本企業が出資する現地企業による自動車ターミナルの本格運営が開始されるなど、物流改善等に向けた官民両面での協力が進展しています（南スーダンおよびルワンダでの日本のインフラ支援について、30ページ「国際協力の現場から」および89ページの「案件紹介」を参照）。

　また、税関への支援に関しては、ASEAN諸国を中心に、日本の税関の専門的知識や技術などの共有を通じて、税関の能力向上を目的とした支援を積極的に行っています。また、世界税関機構（WCO）への拠出金を通じて、WCOが有する国際標準の導入や各国のベスト・プラクティスの普及の促進を通じた、国際

無償資金協力により架け替えが行われているギニアのスンバ橋の工事現場で、日本人専門家が測量方法を教えている様子（写真：大日本土木株式会社）

日本の支援で整備されたタンザニアとケニアの国境のワンストップ・ボーダーポスト（OSBP）施設。手前が出入国管理で、奥に税関があり、ケニアからの出国、タンザニアへの入国がワンストップで手続きできる。（写真：JICA）

貿易の円滑化および安全確保の両立等のための能力構築支援活動に貢献しています。さらに、日本の税関出身のJICA長期専門家をASEAN6か国 注8 に派遣し、ニーズに応じた支援を実施するとともに、アフリカではJICA／WCO合同プロジェクトとして、各国税関で指導的役割を担う教官を育成するプログラム（マスタートレーナープログラム）を実施しています。このプログラムは、2021年からは太平洋島嶼国にも拡大して実施しています。

さらに、途上国の小規模生産グループや小規模企業に対して、「一村一品キャンペーン」解説への支援も行っています。また、途上国へ民間からの投資を呼び込むため、途上国特有の課題を調査し、投資を促進するための対策を現地政府に提案・助言するなど、民間投資を促進するための支援も進めています。

■国内資金動員支援

開発途上国が、自らのオーナーシップ（主体的な取組）で様々な開発課題を解決し、質の高い成長を達成するためには、途上国が必要な開発資金を税収などの形で、自らの力で確保していくことが重要です。これを「国内資金動員」といい、SDGsを達成するための開発資金が不足する中、重要性が指摘されています。

日本は、国際機関等とも協働しながら、この分野の議論に貢献するとともに、関連の支援を途上国に対して提供しています。例えば、日本は、途上国の税務行政の改善等を目的とした技術協力に積極的に取り組んでおり、2022年には、納税者管理、国際課税、徴収などの分野について、フィリピン、ベトナム、ラオスなどで、国税庁の職員が、JICA長期専門家として活動しました。このほか、途上国の税務職員等を対象に、国際税務行政研修（ISTAX）やアジア国際課税研修などを実施しています。また、IMFやアジア開発銀行（ADB）が実施する国内資金動員を含む税分野の技術支援についても、人材面・知識面・資金面における協力を行っており、アジア地域を含む途上国における税分野の能力強化に貢献しています。

また、多国籍企業等による過度な節税対策の防止に取り組むOECD／G20 BEPSプロジェクト解説の実施も、途上国の持続的な発展にとって重要です。このプロジェクトを各国が協調して実施することで、途上国は、多国籍企業の課税逃れに適切に対処し、自国において適正な税の賦課徴収ができるようになるとともに、税制・税務執行が国際基準に沿ったものとなり、企業や投資家にとって、安定的で予見可能性の高い、魅力的な投資環境が整備されることとなります。現在、BEPSプロジェクトで勧告された措置を実施する枠組みには、途上国を含む140を超える国・地域が参加しています。この枠組みの下、2021年10月に、経済のグローバル化およびデジタル化に伴う課税上の課題に対応するための2本の柱 注9 からなる解決策が合意されました。本合意が迅速に実施されるよう多数国間条約の策定や国内法の改正等の作業を進めることとされています。

■金融

開発途上国の持続的な経済発展にとって、健全かつ安定的な金融システムや円滑な金融・資本市場は必要不可欠な基盤です。金融のグローバル化が進展する中で、新興市場国における金融システムを適切に整備し、健全な金融市場の発展を支援することが大切です。

こうした考えの下、金融庁は、日本の金融・資本市場の規制・監督制度や取組等に関する新興国金融行政研修を実施しました。具体的には、「保険監督者セミナー」を2022年1月から3月に、「銀行監督者セミ

注8 カンボジア、フィリピン、マレーシア、ミャンマー、ラオス、タイの6か国。
注9 「第1の柱」は、大規模・高利益水準のグローバル企業について、物理的拠点の有無にかかわらず、市場国でも課税を行えるようにするための国際課税原則の見直し。「第2の柱」は、法人税の引下げ競争に歯止めをかける観点等からのグローバル・ミニマム課税の導入。

ナー」を7月から11月にかけて、それぞれオンデマンド形式 注10 で実施し、計7か国107名が参加しました。

した。

用語解説

質の高いインフラ

自然災害などに対する「強靱性」、誰一人取り残されないという「包摂性」、社会や環境への影響にも配慮した「持続可能性」を有し、真に「質の高い成長」に資するインフラのこと。2019年6月のG20大阪サミットにて、（1）開放性、（2）透明性、（3）ライフサイクルコストから見た経済性、（4）債務持続可能性といった、「質の高いインフラ」への投資にあたっての重要な要素を盛り込んだ「質の高いインフラ投資に関するG20原則」が承認された。

その他の公的資金（OOF：Other Official Flows）

政府による開発途上国への資金の流れのうち、開発を主たる目的とはしない、条件の緩やかさが基準に達していないなどの理由でODAには当てはまらないもの。輸出信用、政府系金融機関による直接投資、国際機関に対する融資などを指す。

後発開発途上国（LDCs：Least Developed Countries）

国連による途上国の所得別分類で、途上国の中でも特に開発が遅れており、2017年から2019年の一人当たりの国民総所得（GNI）が平均で1,018ドル以下などの基準を満たした国々。2022年現在、アジア9か国、アフリカ33か国、中南米1か国、大洋州3か国の46か国が該当する。

無税無枠措置

後発開発途上国（LDCs）からの輸入産品に対し、原則無税とし、数量制限も行わないとする措置。日本はこれまで、同措置の対象品目を拡大してきており、全品目の約98％を無税無枠で輸入可能としている。

経済連携協定（EPA：Economic Partnership Agreement）

特定の国や地域の間で物品の関税やサービス貿易の障壁等を削減・撤廃することを目的とする自由貿易協定（FTA：Free Trade Agreement）に加え、投資、人の移動、知的財産の保護や競争政策におけるルール作り、様々な分野での協力の要素等を含む、幅広い経済関係の強化を目的とする協定。このような協定によって、国と国との貿易・投資がより活発になり、さらなる経済成長につながることが期待される。

貿易のための援助（AfT：Aid for Trade）

途上国がWTOの多角的貿易体制の下で、貿易を通じて経済成長と貧困削減を達成することを目的として、途上国に対し、貿易関連の能力向上のための支援やインフラ整備の支援を行うもの。WTOでは、途上国が多角的な自由貿易体制に参加することを通じて開発を促進することが重視されている。

持続可能な開発目標（SDGs：Sustainable Development Goals）

ミレニアム開発目標（MDGs、2001年）の後継として、2015年9月の国連サミットで加盟国の全会一致で採択された「持続可能な開発のための2030アジェンダ」に記載された、2030年までに持続可能でより良い世界を目指す国際目標。17のゴール・169のターゲットから構成される。

一村一品キャンペーン

1979年に大分県で始まった取組で、地域の資源や伝統的な技術をいかし、その土地独自の特産品の振興を通じて、雇用創出と地域の活性化を目指すものであり、海外でも活用されている。一村一品キャンペーンでは、アジア、アフリカなど、途上国の民族色豊かな手工芸品、織物、玩具を始めとする魅力的な商品を掘り起こし、より多くの人々に広めることで、途上国の商品の輸出向上を支援している。

OECD／G20 BEPSプロジェクト

BEPS（Base Erosion and Profit Shifting：税源浸食と利益移転）とは、多国籍企業等が租税条約を含む国際的な税制の隙間・抜け穴を利用した過度な節税対策により、本来課税されるべき経済活動を行っているにもかかわらず、意図的に税負担を軽減している問題を指す。BEPSプロジェクトは、こうした問題に対処するため、2012年6月にOECD租税委員会が立ち上げたもので、公正な競争条件を確保し、国際課税ルールを世界経済および企業行動の実態に即したものとするとともに、各国政府・グローバル企業の透明性を高めるために国際課税ルール全体を見直すことを目指している。

（2）債務問題への取組

公的金融による支援は、開発途上国の経済成長を促進するために活用されますが、マクロ経済環境の悪化等によって、受け入れた資金の返済が困難となった場合、途上国は過剰の債務を抱えることとなり、持続的成長を阻害する要因となり得ます。本来は、債務国自身が改革努力などを通じて、自ら解決しなければならない問題ですが、過大な債務が途上国の発展の足かせになっている場合、国際社会による対応が必要になります。

注10 オンデマンド形式とは、あらかじめ撮影・編集しておいた動画研修教材を、動画配信用のサーバー等にアップロードしておき、参加者が好きなタイミングでセミナーを受講することができる配信形式。

開発協力トピックス ❷ 「自由で開かれたインド太平洋(FOIP)」の実現に向けた取組の推進

アジア太平洋からインド洋を経て中東・アフリカに至るインド太平洋地域は、世界人口の半数を擁する世界の活力の中核です。この一帯の各国・地域、そして、理念を共有する幅広い国際社会のパートナーと共に法の支配に基づく自由で開かれた秩序を構築するため、日本は2016年に「自由で開かれたインド太平洋(FOIP：Free and Open Indo-Pacific)」を提唱

カンボジアのシハヌークビル港の様子（写真：JICA）

し、その実現に向けた取組を進めています。今や米国のみならず、オーストラリア、インド、カナダ、韓国、東南アジア諸国連合（ASEAN）、欧州の主要国とも協力を確認しています。2022年5月、岸田総理大臣は、日米豪印首脳会合を主催し、FOIPの実現に向け引き続き強くコミットしていることを確認し、各国・地域との連携・協力をさらに深めていくことで一致しました。また、6月には、アジア安全保障会議（シャングリラ・ダイアローグ）の中で、来年春までにFOIP協力を強化する新たなプランを発表する旨を述べました。ウクライナ侵略という国際秩序の根幹を揺るがす事態が発生する中、FOIPの重要性はさらに増しています。

FOIPの実現に向けた取組において、ODAは重要なツールの一つです。例えば、日本は、地域全体の連結性向上を通じた経済的繁栄を目指しています。域内の港、空港、道路、鉄道などのインフラを国際スタンダー

JICA課題別研修「海図作製技術」コース

ドにのっとった形で整備し、各都市や拠点をつなぐことで、地域全体の成長につなげるという考え方です。

カンボジアのシハヌークビル港への支援はその一例です。カンボジアの輸出入コンテナ貨物の約7割を取り扱うシハヌークビル港は、カンボジア全体の経済発展を支えていますが、同国の堅調な経済成長に伴い、コンテナ貨物取扱容量が逼迫しています。日本は、新コンテナターミナルの整備を実施しているほか、2022年8月には同コンテナターミナルを拡張する事業の円借款供与について署名し、同港のコンテナ貨物取扱容量の向上や大型船の直行輸送の実現に貢献しています。併せてJICA専門家の派遣や技術協力プロジェクトの実施を通じた港湾運営の効率化も支援しており、地域の中核港として機能させるべく支援を実施しています。太平洋とインド洋を結ぶ結節点に位置し、地政学的に重要な同港を整備することは、FOIPの実現を後押しすると考えられます。

2022年9月、日本が国連開発計画（UNDP）と協力して支援することを決定したイエメンに対する無償資金協力「アデン港における効率性改善計画」も、紅海の出入口であるバブ・エル・マンデブ海峡に近接するアデン港の機能強化を図る連結性向上支援です。イエメンでの紛争によりイエメン国内の一部の港へのアクセスが困難となっている影響で、アデン港に入港する貨物船数は年々増加傾向にあるため、同港は同国に

日本の有償資金協力により建設中のインドネシア・パティンバン港開発事業における日本人技術者とインドネシア人技術者による協同作業

おける商業活動や人道支援活動に必要不可欠となっています。アデン港の貨物上屋の改修およびコンテナ管理のデジタル化のための機材供与等を行う今回の支援により、貨物処理の迅速化および貨物輸送費削減が期待されています。

連結性の確保を通じて、物流の円滑化を促進することは、日本企業の域内輸出、海外展開の促進にもつながります。また、インド洋と太平洋にまたがる連結性の実現に向け、日本は質の高いインフラ整備を支援しており、開発途上国への日本の技術移転や人材育成を通じて、日本企業のODA受注力や日本の信頼の向上にもつながっています。

また、日本は、海洋の平和と安全の確保にも貢献しています。例えば、年間約1万6,800隻の日本関連船

舶が航行する物流の要所であるマラッカ・シンガポール海峡において、日本はODAを活用し、沿岸諸国の海賊取り締まり能力向上を支援し、発生件数の減少につながっています。また、インド洋においても、海難救助のための海上保安機関の能力向上支援、海図作成のための技術協力、船舶通行支援サービス（VTS）に関する支援を実施し、海上交通の安全の確保に貢献しています。

さらに、日本は、法制度整備支援や司法改革支援により、途上国における法の支配の普及・定着も強化しています。これにより、途上国におけるグッド・ガバナンスの確立、持続的成長の実現のために不可欠な基盤作り、日本企業の海外展開に有効な貿易・投資環境の整備へ貢献しています。

島国である日本は、世界第4位の輸入大国であり、その産業と生活は、海上輸送物資に大きく依存しています。こうした観点からも、連結性の確保、シーレーンの安全確保は、日本の経済、エネルギー、食料の安全保障の観点からも重要です。透明性の高いルールに支えられ、様々な人・物・知恵が活発に行き交う「自由で開かれたインド太平洋」の存在なくして、日本およびこの地域の安定と繁栄はあり得ません。日本はこれからも、ODAを含む様々な取組を通じて、FOIPの実現を進めていきます。

アフリカ南東部の連結性向上に向け、ザンビアとボツワナの国境における国境管理施設の建替えおよび税関、出入国管理、検疫などを両国で一本化するワンストップ・ボーダーポスト（OSBP）化を支援。写真は、ボツワナ側OSBP施設入口ゲート。（写真：JICA）

債務問題への国際的な取組については、これまでも重債務貧困国（HIPC）解説に対する拡大HIPCイニシアティブ注11やパリクラブ注12のエビアン・アプローチ注13などで債務救済が実施されています。しかし、近年、一部の低所得国においては、債務救済を受けたにもかかわらず、再び公的債務が累積し、債務持続可能性が懸念されています。この背景として、債務国側では、自国の債務データを収集・開示し、債務を適切に管理する能力が不足していること、債権者側では、資金供給の担い手が多様化しており、パリクラブによる貸付割合が減少する一方で、担保付貸付等の非伝統的かつ非譲許的な貸付を含む、新興債権国や民間債権者による貸付割合が増加していることが指摘されています。

新型コロナの拡大による低所得国への影響に対処するため、G20およびパリクラブは、2020年4月に「債務支払猶予イニシアティブ（DSSI）」解説を立ち上げ、低所得国が抱える公的債務の支払いを一時的に猶予する措置を実施しました。DSSIの下で、2020年5月から2021年12月までに、48か国が恩恵を受け、少なくとも合計129億ドルの債務支払猶予が行われたと推計注14されています。DSSIは2021年12月末に失効しましたが、今後は2020年11月に合意された「DSSI後の債務措置に係る共通枠組」解説の下で、債務措置をより迅速に実施していきます。

低所得国を始めとする各国の債務持続可能性に大きく影響を与え得る要素の一つとして、インフラ投資が挙げられます。港湾、鉄道といったインフラ案件は額が大きく、その借入金の返済は借りた国にとって大きな負担となることがあります。インフラ案件への融資を行う場合には、貸す側も借りる側も債務持続可能性について十分に考慮することが必要です。債務持続可能性を考慮しない融資は、「債務の罠」として国際社会から批判されています。

「質の高いインフラ投資に関するG20原則」注15には、個々のプロジェクトレベルでの財務面の持続可能性に加え、国レベルでの債務持続可能性を考慮することの重要性が盛り込まれているほか、開放性、透明性、ライフサイクルコストを考慮した経済性といった原則も盛り込まれています。G20各国は自らが行うインフラ投資においてこれらの原則を国際スタンダードとして実施すること、また融資を受ける国においてもこれらの原則が実施されるよう努めることが求められています。

日本の取組

日本は、円借款の供与にあたって、被援助国の協力体制、債務返済能力および運営能力、ならびに債権保全策などを十分検討して判断を行っており、ほとんどの場合、被援助国から返済が行われています。しかし、例外的に、円借款を供与する時点では予想し得なかった事情によって、返済が著しく困難となる場合もあります。そのような場合、日本は、前述の拡大HIPCイニシアティブやパリクラブにおける合意等の国際的な合意に基づいて、必要最小限に限って、債務の繰延注16、免除、削減といった債務救済措置を講じています。2022年末時点で、日本は、2003年度以降、33か国に対して、総額で約1兆1,290億円の円借款債務を免除しています。なお、2021年に引き続き、2022年も円借款債務の免除実績はありませんでした。

また、TICAD 8では、2023年から2025年を対象期間とする「アフリカの民間セクター開発のための共同イニシアティブ」解説第5フェーズ（EPSA5）の下で、債務の透明性・持続可能性の向上を含めた改革に取り組み、債務健全化に着実かつ顕著な前進が見られる国を支援するため、新たに設置する特別枠最大10億ドルを含む、最大50億ドルの資金協力を表明しました。

日本は、「質の高いインフラ投資に関するG20原則」の重要な要素である債務持続可能性の確保の観点からも、JICAによる研修や専門家派遣、国際機関への拠

注11 1999年のケルンサミット（ドイツ）において合意されたイニシアティブ。

注12 特定の国の公的債務の繰延に関して債権国が集まり協議する非公式グループ。フランスが議長国となり、債務累積国からの要請に基づき債権国をパリに招集して開催されてきたことから「パリクラブ」と呼ばれる。

注13 「パリクラブの債務リストラに関する新たなアプローチ（エビアン・アプローチ）」。重債務貧困国以外の低所得国や中所得国が適用対象となり、従来以上に債務国の持続性に焦点を当て、各債務国の状況に見合った措置を個別に実施する債務救済方式。

注14 世界銀行ホームページ（https://www.worldbank.org/en/topic/debt/brief/covid-19-debt-service-suspension-initiative）参照。

注15 33ページの用語解説「質の高いインフラ」を参照。

注16 債務救済の手段の一つであり、債務国の債務支払の負担を軽減するために、一定期間債務の返済を延期する措置。

出等を通じ、途上国の財務省幹部職員の公的債務・リスク管理に係る能力の向上に取り組んでいます。例えば、2021年度は、ガーナ、ザンビア等20か国40名の行政官に対する偶発債務リスク管理に係る世界銀行

との連携による研修、国際通貨基金（IMF）・世界銀行の各信託基金への新たな資金拠出など、債務国の能力構築に向けた支援を実施しています。

 用語解説

重債務貧困国（HIPC：Heavily Indebted Poor Countries）
貧しく、かつ重い債務を負っているとして、包括的な債務救済枠組である「拡大HIPCイニシアティブ」の適用対象となっている、主にアフリカ地域を中心とする39の開発途上国。

債務支払猶予イニシアティブ（DSSI：Debt Service Suspension Initiative）
新型コロナの感染拡大による影響から流動性危機に直面する低所得国につき、その債務の支払いを一時的に猶予する枠組。2020年4月にG20および主要債権国会合であるパリクラブは、2020年5月から同年12月末までの間に支払期限が到来する債務を猶予することに合意し、その後、支払猶予期間を二度延長した（2020年10月に2021年6月までの期間延長、2021年4月に2021年12月末までの期間延長に合意）。2022年2月23日時点で、42か国の途上国がパリクラブと覚書を交わしている。

DSSI後の債務措置に係る共通枠組
2020年11月にG20およびパリクラブで合意された低所得国に対する債務救済をケースバイケースで行うための枠組み。中国を始めとする非パリクラブ国を巻き込んだ形で、合同で債務措置の条件を確定することを初めて約束したもの。

アフリカの民間セクター開発のための共同イニシアティブ（EPSA：Enhanced Private Sector Assistance for Africa）
日本が、2005年にアフリカ開発銀行（AfDB）と共に、民間主導の経済成長を促進していくため立ち上げた協調枠組み。2022年8月のTICAD 8において、日本とAfDBは、2023年から2025年を対象期間とする第5フェーズ（EPSA5）の下で、最大50億ドルの資金協力を行うことを発表。これは、通常枠40億ドルと、債務の透明性・持続可能性の向上を含めた改革に取り組み、債務健全化に着実かつ顕著な前進が見られる国を支援するため、日本が新たに設置する特別枠最大10億ドルを合わせたもの。

（3）情報通信技術（ICT）、科学技術・イノベーション促進、研究開発

情報通信技術（ICT）[注17] の普及は、産業の高度化や生産性の向上に役立つとともに、医療、教育、エネルギー、環境、防災などの社会的課題の解決や、情報公開の促進、放送メディア整備といった民主化の推進に貢献します。また、競争力の高い製品やサービスを提供し、市場競争力を高めるため、デジタル・トランスフォーメーション（DX）[注18] の推進も重要です。

日本の取組

■情報通信技術（ICT）

日本は、開発途上国のICT分野における「質の高い

インフラ投資」を推進 [注19] しており、通信・放送設備や施設の構築、そのための技術や制度整備、人材育成などを積極的に支援しています（39ページ、112ページの「案件紹介」も参照）。具体的には、地上デジタル放送日本方式（ISDB-T）[注20] の海外普及・導入支援に積極的に取り組んでおり、2022年12月現在、中南米、アジア、アフリカ地域などの計20か国 [注21] で採用されています。また、ISDB-T採用国および検討国を対象としてJICA研修を毎年実施するとともに、総務省は、相手国政府との対話・共同プロジェクトを通じ、ICTを活用した社会的課題解決などの支援を推進しています。

また、国際電気通信連合（ITU）[注22] と協力し、途

注17 Information and Communications Technologyの略。コンピュータなどの情報技術とデジタル通信技術を融合した技術で、インターネットや携帯電話がその代表。
注18 新たなIT技術の導入が人々の生活をより便利にしたり豊かにしたりすること、新しいデジタル技術の導入により既存ビジネスの構造を作り替えたりするなど、新しい価値を生み出すこと。
注19 2017年、各国のICT政策立案者や調達担当者向けに、「質の高いICTインフラ」投資の指針を策定。
注20 日本で開発された地上デジタルテレビ放送方式で、緊急警報放送システム、携帯端末などでのテレビ放送の受信、データ放送などの機能により、災害対策や、多様なサービスの実現といった優位性を持つ。
注21 日本、フィリピン、スリランカ、モルディブ、アルゼンチン、ウルグアイ、エクアドル、エルサルバドル、グアテマラ、コスタリカ、チリ、ニカラグア、ブラジル、パラグアイ、ペルー、ベネズエラ、ボリビア、ホンジュラス、アンゴラ、ボツワナの20か国。
注22 電気通信・放送分野に関する国連の専門機関で、世界中の人が電気通信技術を使えるように、（i）携帯電話、衛星放送などで使用する電波の国際的な割当、（ii）電気通信技術の国際的な標準化、（iii）開発途上国の電気通信分野における開発の支援などを実施している。2022年、尾上誠蔵氏が電気通信標準化局長に選出された。

上国に対して、電気通信およびICT分野の様々な開発支援を行っています。新型コロナの世界的な拡大を受け、2020年10月から、日本はITUと協力して、アフリカなどの途上国を対象に、デジタルインフラの増強や利用環境整備のための国家戦略策定を支援するConnect2Recover（C2R）を開始しています。日本はこれまでITUが国連児童基金（UNICEF）と共同で行う「Giga」注23 パイロット事業のうち、ルワンダの学校におけるインターネット導入などを支援してきました。2022年には、日本の追加支援を通じて、C2Rの支援対象国をケニア、コンゴ民主共和国、シエラレオネ、ジンバブエ、ニジェール、ベナンおよびモザンビークに拡大し、現在プロジェクトが進行中です。

アジア太平洋地域では、アジア・太平洋電気通信共同体（APT）注24 が、同地域の電気通信および情報基盤の均衡した発展に寄与しています。日本は、情報通信に関する人材育成を推進するため、APTが毎年実施する数多くの研修を支援しており、2021年度には、ブロードバンドネットワークやサイバーセキュリティなどに関する研修を8件実施し、APT各加盟国から約150名が参加しました。研修生は日本の技術を自国のICT技術の発展に役立てており、日本の技術システムをアジア太平洋地域に広めることで、日本企業の進出につながることも期待できます。

ルワンダでの技術協力「ICTイノベーションエコシステム強化プロジェクト」で、利用者が最適な配送業者を選ぶことができる配送サービスアプリをリリースした若者たち（写真：JICA）

また、アジア太平洋地域では、脆弱なインフラや利用コストが負担できないことなどを要因としてインターネットが利用できない人々は20億人以上います。日本は、東南アジア諸国連合（ASEAN）地域や太平洋島嶼国において、離島・遠隔地でも低コストで高速のインターネットが利用できるよう環境整備を行っています。

2021年12月に日本、米国、オーストラリア、キリバス、ナウル、ミクロネシア連邦の6か国が連名で発表した、東部ミクロネシア海底ケーブルの日米豪連携支援については、2022年7月に6か国のプロジェクト理事会をオンラインで開催するなど、プロジェクトを着実に進めています。このように日本は、米国、オーストラリアを始めとする同志国などと連携しつつ、「自由で開かれたインド太平洋（FOIP）」の実現のため、インド太平洋地域における質の高いインフラの整備を引き続き支援していきます。

日本は、近年特に各国の関心が高まっているサイバー攻撃を取り巻く問題についてもASEANとの間で協力を一層強化することで一致しています 注25。具体的取組として、日・ASEAN統合基金（JAIF）注26 を通じて「日ASEANサイバーセキュリティ能力構築センター（AJCCBC）」を設立しサイバーセキュリティ演習などを実施しています。4年間で700名以上の受講を目指すとした、2018年の開所当初の目標を超える948名が、2022年までに研修を受講しました（AJCCBCの取組については55ページを参照）。

■科学技術・イノベーション促進、研究開発

ODAと科学技術予算を連携させた地球規模課題対応国際科学技術協力プログラム（SATREPS）解説 注27 は、科学技術分野に関する日本と開発途上国の研究機関・研究者間の共同研究への支援として2008年に始まり、2022年度までに、世界53か国において179件の研究プロジェクトが採択されています（76ページ、82ページの「匠の技術、世界へ」も参照）。

注23 2019年にUNICEFとITUが立ち上げた、途上国を中心に、世界中の学校でインターネットアクセスを可能にすることを目的にしたプロジェクト。

注24 アジア太平洋地域における情報通信分野の国際機関で、同地域における電気通信や情報基盤の均衡した発展を目的とし、研修やセミナーを通じた人材育成、標準化や無線通信などの地域的な政策調整などを実施している。2020年から、近藤勝則氏が事務局長を務めている。

注25 2015年、内閣官房にサイバーセキュリティ戦略本部が設置され、2016年に「サイバーセキュリティ分野における開発途上国に対する能力構築支援の基本方針」が同戦略本部に報告された。

注26 93ページの 注4 を参照。

注27 第Ⅳ部1（5）も参照。

日本の技術を活用し、タイのインフラ整備を促進

タイ

電子基準点に係る国家データセンター能力強化及び利活用促進プロジェクト
技術協力プロジェクト（2020年9月～2024年2月）

タイでは、少子高齢社会に伴う人材不足や熟練技術者の減少が進み、様々な産業における作業の効率化や生産性の向上が課題となっています。特に建設機械や農業機械の自動運転を可能にする高精度測位[注1]を活用したICT建機[注2]によるインフラ整備やビジネスの促進には大きな需要があり、電子基準点[注3]網の適切な運用が重要となります。しかし、複数の政府機関がそれぞれの使用目的に応じて独自に電子基準点を設置し測定しているため、測位情報に誤差が生じ、取得した情報を関係機関が相互に活用できない状況でした。そこで、タイ政府は、電子基準点で生じる誤差を観測・補正する基準局として国家データセンター（NCDC）を設立しました。

本協力では、全国240か所の電子基準点のネットワーク化を行い、高度な測量を可能とする電子基準点網を

高精度測位データとICT建機を用いた道路工事の様子（写真：JICA）

構築することで、NCDCが一元的に電子基準点網からの位置情報を正確に解析・配信し、配信された情報を関係機関が利活用できるように技術支援を行っています。

高精度測位の活用を促進するため、日本とタイの企業向けに事業の公募を行い、農業、測量、建設、自動車の自動運転分野から、タイ政府機関と共に計8件を選定し、パイロット

事業を開始しました。農業分野では、高精度測位を活用した自動農業ヘリコプターによる農薬の精密散布方法の開発などを進めています。建設分野では、道路工事において、建設機械の自動運転や3次元（3D）データを利用した高精度の測量・施工が進められており、高精度測位を活用した建設施工の高品質化・効率化への期待が高まっています。

今後もパイロット事業を通じて、高精度測位を活用した産業振興およびインフラ整備を支援するとともに、高精度測位データのさらなる安定運用に貢献していきます。

高精度測位データとICT建機を用いた道路工事の現場見学会の様子（写真：JICA）

注1 地球上の任意の場所の位置や標高などをリアルタイムかつ正確に測定すること。これを活用した建設機械や農業機械の自動運転の実現、自動運転技術を活用した産業振興などの実現が期待されている。
注2 情報通信技術を取り入れた建設業における重機のこと。
注3 測位衛星から電波を連続的に受信し、地球上の位置や標高を正確に測定する施設のこと。

日本は、工学系大学への支援を強化することで、人材育成への協力をベースにした次世代のネットワーク構築を進めています。

アジアでは、日本式工学教育の確立を目指して設立されたマレーシア日本国際工科院（MJIIT：Malaysia-Japan International Institute of Technology）に対し、教育・研究用の資機材の調達や教育課程の編成を支援しているほか、日本の大学と教育研究に係る協力を行っています。2022年現在、日本国内の29大学および2研究機関などによりコンソーシアムが組織されており、日本人教員の派遣や共同研究などを通じ、日本とマレーシアとの間の人的交流も促進されています。また、2012年から、タイのアジア工科大学院（AIT：Asian Institute of Technology）[注28] において、日

本人教官が教鞭を執るリモートセンシング（衛星画像解析）分野の学科に所属する学生に奨学金を拠出しており、アジア地域の宇宙産業振興の要となる人材の育成に貢献しています。

モンゴルでは、「工学系高等教育支援計画」を2014年から実施しており、モンゴル国立大学、科学技術大学の工学系の教員や研究者と、日本の大学や研究機関が共同研究を行っています。同計画では、留学プログラムに加え、モンゴルの大学に人工知能トレーニングサーバーや放電プラズマ結晶装置といった機材を供与し、無人自動車などのAI開発やモンゴルのレアメタルの製品加工に関する研究を支援するなど、モンゴルの産業の多角化を目的とした支援を進めています（エジプト日本科学技術大学（E-JUST）について

注28 工学・技術部や環境・資源・開発学部などの修士課程および博士課程を有する、アジア地域でトップレベルの大学院大学。

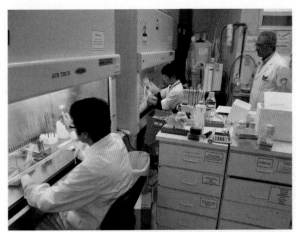
日本とブラジルの医療機関が真菌感染症診断に関する共同研究を行う様子（写真：JICA）

は、68ページの「国際協力の現場から」を参照）。

（4）職業訓練・産業人材育成・雇用創出

　質の高い成長のためには、人々が職業技能を習得し、安定した職業に就き、所得を向上させることが不可欠です。しかし、開発途上国では、教育・訓練を受ける機会が限られており、産業発展の大きな障害となっています。

　また、世界の雇用情勢が低迷している状況の中で、安定した雇用を生み出していくためには、それぞれの国が社会的セーフティー・ネット 注29 を構築してリスクに備えるとともに、一つの国を越えた国際的な取組として、SDGsの目標8で設定された「ディーセント・ワーク（働きがいのある人間らしい仕事）」を実現することが急務です。

■ 日本の取組

■職業訓練・産業人材育成

　日本は、開発途上国において、多様な技術や技能を有する産業人材を育成するため、各国で拠点となる技術専門学校および職業訓練校への支援を実施しています。支援の実施にあたり、日本は民間部門とも連携し、日本の知見・ノウハウをいかし、教員・指導員の能力強化、訓練校の運営能力強化、カリキュラム・教材の開発・改訂支援などを行い、教育と雇用との結びつきをより強化する取組を行っています。

　2016年から2022年の間に、産業界と連携し、9

か国13事業を通じて、19の職業技術教育訓練（TVET：Technical and Vocational Education and Training）機関に対して、施設および機材の整備を含む複合的な支援を行いました。また、2021年、59か国・地域21案件で、女性・障害者・除隊兵士や、難民および紛争の影響下にある人々などの生計向上を目的とした技能開発（skill development）にも貢献しました。

　アジア地域では、2023年の日本ASEAN友好協力50周年を見据え、2018年から5年間で8万人規模の産業人材育成を実施する「産業人材育成協力イニシアティブ2.0」 注30 において、これまで重視してきた実践的技術力、設計・開発力、イノベーション力、経営・企画・管理力に係る協力に加え、AIなどのデジタル分野における協力を含む産業高度化力を協力分野としており、これら分野での人材育成を着実に実施しています。

　また、2017年度から実施している「イノベーティブ・アジア」事業では、アジアの途上国の優秀な理系学生を対象に、日本での留学や企業などでのインターンシップの機会を提供し、日本とアジア各国との間で高度人材の還流を促進しています。

　このほか、厚生労働省では、インドネシア、カンボジア、ベトナムを対象に、質の高い労働力の育成・確保を図るため、これまでに政府および民間において培ってきた日本の技能評価システム（日本の国家試験である技能検定試験や技能競技大会）のノウハウを移転する研修 注31 を日本国内および対象国内で行っています。2021年度にこれらの研修に参加したのは、

生計向上活動の一環として縫物を行うインドのトリプラ州内の自助グループのメンバー（写真：トリプラ州森林局）

注29　人々が安全で安心して暮らせる仕組みのこと。
注30　2015年の日ASEAN首脳会議で発表された、「産業人材育成協力イニシアティブ」（3年間で4万人の人材育成）が目標を大幅に超える形で達成したことを受けて、2018年の日ASEAN首脳会議において、「産業人材育成協力イニシアティブ2.0」が発表された。
注31　「試験基準・試験問題等作成担当者研修」、「試験・採点等担当者研修」などがある。上記本文中の参加者数は、これらの研修の合計値。

3か国合計211名で、これにより、対象国の技能評価システムの構築・改善が進み、現地の技能労働者の育成が促進されるとともに、雇用の機会が増大して、技能労働者の社会的地位も向上することが期待されています。

アフリカ地域では一人ひとりの持続的な成長に向けて、産官学連携によるABEイニシアティブ（アフリカの若者のための産業人材育成イニシアティブ）解説やカイゼン 注32 ・イニシアティブ、国際機関と連携した技術支援などを通じて、産業人材の育成を支援してきており、ABEイニシアティブでは、2022年12月までに約2,000人に研修の機会を提供しました（カイゼンの取組について、94ページ、119ページの「案件紹介」を参照）。日本は、8月に開催されたTICAD 8においても、アフリカの未来を支える産業、保健・医療、教育、農業、司法・行政などの分野での人材育成を表明しました。また、途上国におけるスタートアップ・エコシステム支援としてProject NINJA（Next Innovation with Japan）注33 を創設し、様々な関係者と連携し、起業家が抱える課題の特定、政策提言、企業経営の能力強化、起業家間の連携促進、途上国の起業家と日本企業とのマッチングや投資促進などを支援しています。

■ 雇用創出を含む労働分野

日本は、労働分野における支援も進めています。新型コロナの感染拡大、ロシアによるウクライナ侵略により、各国は社会経済的にも大きな影響を受けており、特にその影響は若者、女性を始めとした社会的に脆弱な人々に強く表れています。こうしたことも踏まえ、全ての働く人のディーセント・ワークの実現に向けた支援や対応が国際的にも強く求められています。日本は、国際労働機関（ILO）への拠出などを通じて、アジア地域を中心に、労働安全衛生水準の向上や社会保険制度の整備などに係る開発協力を行っています。また、アフリカ地域 注34 での若者の雇用支援などにも貢献しており、ディーセント・ワークの実現に向けた取組を行っています。

バングラデシュでの技術協力「産業人材のニーズに基づく技術教育改善プロジェクト」で、指導者研修に向け研修の準備をする様子（写真：JICA）

用語解説

地球規模課題対応国際科学技術協力プログラム（SATREPS：Science and Technology Research Partnership for Sustainable Development）
日本の優れた科学技術とODAとの連携により、環境・エネルギー、生物資源、防災および感染症といった地球規模課題の解決に向け、（ⅰ）国際科学技術協力の強化、（ⅱ）地球規模課題の解決につながる新たな知見や技術の獲得、これらを通じたイノベーションの創出、（ⅲ）キャパシティ・ディベロップメントを目的とし、日本と開発途上国の研究機関が協力して国際共同研究を実施する取組。外務省とJICAが文部科学省、科学技術振興機構（JST）および日本医療研究開発機構（AMED）と連携し、日本側と途上国側の研究機関・研究者を支援している。

ABEイニシアティブ（アフリカの若者のための産業人材育成イニシアティブ：African Business Education Initiative for Youth）
アフリカの産業人材育成と日本企業のアフリカでのビジネスをサポートする「水先案内人」の育成を目的として、第5回アフリカ開発会議（TICAD Ⅴ）（2013年）において発足し、以降継続して取組が行われている。同プログラムでは、アフリカの若者に対し、日本の大学での修士号取得の機会や、日本企業などでのインターンシップ、日本語研修、ビジネス・スキル研修などのビジネス・プログラムを提供している。

注32 どうすれば少しでも生産過程の無駄を省き、品質や生産性を上げることができるか、生産現場で働く一人ひとりが自ら発案し、実行していく手法。戦後の高度成長期の日本において、ものづくりの品質や生産性を高めるために製造業の現場で培われた取組で、「整理・整頓・清掃・清潔・しつけ」（5S）などが基本となっている。

注33 JICAが2020年1月に始動させた、途上国におけるビジネス・イノベーション創出に向けた起業家支援活動。

注34 エチオピア、ガンビア、スーダン、マダガスカル、モザンビーク、モーリタニア。

地域コミュニティ主体の観光開発

ドミニカ共和国

北部地域における持続的なコミュニティを基礎とした観光開発のためのメカニズム強化プロジェクト
技術協力プロジェクト（2016年4月〜2022年3月）

カリブ海有数の観光地であるドミニカ共和国では、これまで外資による大型開発が積極的に進められてきました。しかし、このような大型開発では、周辺地域の自然や文化資源が適切に利用されず、地域住民が利益を得る機会も限られていました。

そこで日本は、ドミニカ共和国政府が掲げる、地域コミュニティが主体となって推進するコミュニティベースドツーリズム（CBT）を支援し、地域の発展につながる持続的な観光開発を後押ししています。

本協力では、北部14県を対象に、各土地独自の特産品の

地域博覧会で地域資源を活用した体験型プログラムや地域産品などの紹介を行う専門家（写真：JICA）

振興を通じて雇用創出と地域の活性化を目指し、その土地ならではの文化や自然を楽しむ体験に重きを置く体験型観光など新たな観光商品の開発、地方に観光客を呼び込む観光ルートの立案、マーケ

ティングに関する人材育成などを実施しました。

その結果、カヤック、岩登りなどのアドベンチャー体験や、民芸品作成ワークショップの実施など、地域資源を活用した新たな観光需要の掘り起こしに成功しました。コミュニティが主体となって観光活動を主導することにより、これまで観光開発の外に置かれていた地域の利益につながっています。

また、新型コロナウイルス感染症対策として、感染予防ガイドラインの策定、感染症対策防護具の供与を行い、感染症流行下でのCBTの実践を支援しました。さらに、世界観光機

地域博覧会で地元民芸品の作成体験を指導するJICA海外協力隊員（写真：JICA）

関（UNWTO）と協力し、ポスト・コロナの復興計画策定支援も行い、その結果は、当国政府のCBT推進戦略ビジョン2030に反映されました。

日本は、今後も地域コミュニティが主体的な役割を果たす、持続可能な観光開発を支援していきます。

2 普遍的価値の共有、平和で安全な社会の実現

2-1 公正で包摂的な社会の実現のための支援
（1）法制度整備支援・経済制度整備支援

開発途上国の「質の高い成長」の実現のためには、一人ひとりの権利が保障され、人々が安心して経済社会活動に従事でき、公正かつ安定的に運営される社会基盤が必要です。こうした基盤強化のため、途上国における自由、民主主義、基本的人権の尊重、法の支配といった普遍的価値の共有や、グッド・ガバナンス（良い統治）の実現、平和と安定、安全の確保が重要となります。

この観点から、法制度整備支援として、法令の整備、実務の運用改善、司法関係者（法曹および矯正・更生保護に従事する職員を含む）の育成などが必要です。また、人づくりも含めた経済制度整備支援として、税制度の整備、税金の適切な徴収・管理・執行、公的部門の監査機能強化、金融制度改善などが必要です。

日本の取組

日本は、法制度・経済制度整備支援の一環として、法・司法制度改革、法令の起草支援、法制度運用・執行のための国家・地方公務員の能力向上、内部監査能力強化、制度整備（民法、競争法、知的財産権法、税、内部監査、公共投資など）に関する支援をインドネシア、ウズベキスタン、カンボジア、シエラレオネ、スリランカ、ネパール、バングラデシュ、東ティモール、ベトナム、モンゴル、ラオスなどの国々で行っています。特に、ラオスでは、日本が20年以上にわたり法制度整備支援に一貫して取り組んだ結果、2020年5月には、同国初の民法典が施行され、現在はその運用支援が行われています。また、インドネシアでは、2022年3月には、主に知的財産事件を扱う裁判官向けの判決集（商標編）が刊行、同年7月には、法令の起草および審査を担当する公務員向けの執務参考資料である「法制執務資料条例・地方首長規則編」が刊行され、同国における法律実務家などの能力向上のために広く活用されています。

このように、途上国の法制度・経済制度が整備さ

れ、その運用を適切に行う人材が育成されれば、日本企業がその国で活動するためのビジネス環境が改善されることにもつながります。法制度・経済制度整備への支援は、日本のソフトパワーにより、アジアを始めとする世界の成長を促進し、下支えするものです。

2021年3月に京都で開催された第14回国連犯罪防止刑事司法会議（京都コングレス）注35において採択された「京都宣言」注36に対して、日本は、具体化に向けたフォローアップを積極的に行っています。具体的には、日本の官民連携による再犯防止の知見をいかした再犯防止国連準則策定の主導に加えて、次世代を担う若者のエンパワーメントを目的とする「法遵守の文化のためのグローバルユースフォーラム」（Col-YF）および国際協力を一層推進するためのアジア太平洋地域における刑事実務家による情報共有プラットフォームである「アジア太平洋刑事司法フォーラム」（Crim-AP）の定期開催などの取組を進めています。

法制度運用・執行のための国家・地方公務員の能力向上支援について、具体的には、法律実務家などの人材育成の強化などを目的として、国際研修や調査研究、現地セミナーを実施しています。2022年には、2021年に引き続き、新型コロナウイルス感染症の世界的流行に伴う外国人の新規入国制限などの影響により、日本における研修実施が困難であったことから、オンライン方式を用いて、上記の国々から、司法省職員、裁判官、検察官などの立法担当者や法律実務家の参加を得て、各国のニーズに応じて、法令の起草、法

「法の支配発展促進プロジェクト」において、日本の支援により2018年に成立した民法典と、それを知らせるポスターを掲げるラオスの最高裁判事とJICA専門家（写真：JICA）

注35 5年に一度開催される犯罪防止・刑事司法分野における国連最大の国際会議。事務局は国連薬物・犯罪事務所（UNODC）。
注36 犯罪防止、刑事司法の分野における国連と国連加盟国の中長期的な指針を示す京都コングレスの成果文書。

② 国際協力の現場から

故郷を追われたシリア難民の命と尊厳を守る
～レバノンでのUNHCRの支援～

2011年にシリア紛争が始まってから10年以上が経ちます。国際社会の注目が他の地域の人道危機に移りつつある一方で、シリア難民の多くはいまだ故郷に戻ることができず、明日の生活にさえも不安を抱いています。なかでも、隣国のレバノン注1で暮らすシリア難民は、その9割が貧困状態に陥るなど、多くの困難に直面しています。

最も大きな課題の一つが、安全で快適なシェルター（住居）の確保です。難民はアパートや一軒家、店舗や倉庫のスペースを間借りするなどして暮らしていますが、プライバシー、安全性、老朽化などの問題に直面しています。個人でシェルターを借りて契約を結んでいる難民は、貧困により賃料を払うことができず、立ち退きを迫られることもあります。また、レバノンの冬は零下まで気温が下がることも少なくなく大変過酷で、難民一人ひとりの命と尊厳を守るためにも、難民の住環境の向上が優先事項となっています。

そこで国連難民高等弁務官事務所（UNHCR）は、日本政府から支援を受けて、防水や防風、プライバシー強化のための補強工事、修繕に必要な資材の配布を行うとともに、排水システムなどのインフラ整備を支援しています。また、厳しい寒さから難民の命を守るために、保温性の高い毛布や防水シート、寝袋、冬用の暖かい衣類など、防寒用品の配布も行っています。

雪が降る中で、越冬支援としてUNHCRから受け取ったマットや毛布を運ぶ難民（写真：UNHCR）

さらに、難民保護の取組の一環として、コミュニティセンターの設立・運営支援も実施しています。英語やパソコン、職業訓練、治安や保健衛生に関する啓発活動など、様々なプログラムやサービスを提供しており、難民と現地の人々が共にアクセスできる施設です。また、日々の生活で生じた問題に対する相談も個別に受け付けており、難民を含めて地域の全ての人が共生しながら安心して暮らせるよう、一人ひとりのニーズに応じた支援を続けています。

紛争開始から10年を超えた今、レバノンでは、人道支援のニーズも多様化しています。UNHCRレバノン事務所の伊藤礼樹代表は「心から願っているのは、様々な危機に直面しているこの国を国際社会が忘れることなく、レバノン人、難民、移民を含む全てのコミュニティにとって安全で尊厳ある生活が確保されることです。UNHCRはレバノンと共にあります。」と訴えます。UNHCRは、これからもレバノン政府、軍や警察、メディア、NGO、国連機関、アカデミア、在レバノン各国大使館と緊密に連絡を取り、連携しながら、難民の安全を確保し権利を守る支援を行っていきます。

注1　レバノンは人口当たりの難民の数が最も多い国の一つであり、難民人口のうちシリア難民の数は約81万人（2022年12月時点）、パレスチナ難民を含めるとレバノンの人口の25％から30％が難民であると言われている。

難民の家族のシェルターを訪問し、日々の生活のニーズや困難などについて話を聞く伊藤代表（中央）（写真：UNHCR）

制度の運用や法曹育成などをテーマとして研修を実施したほか、現地で開催されたセミナーやワークショップなどに対面で参加し、同様のテーマでの講義を行いました。

さらに、日本は、途上国のニーズに沿った支援を積極的に推進していくため、その国の法制度や解釈・運用などに関する広範かつ基礎的な調査研究を実施して、効果的な支援の実施に努めています。その一つとして、2022年4月からは、インドネシア、カンボジア、フィリピン、ラオスの不動産法制に関する比較研究を行う場として、「アジア・太平洋不動産法制研究会」を定期的に開催しています。

（2）不正腐敗対策などのガバナンス支援

公務員が関与する贈収賄や横領などの汚職事件は、開発途上国の健全な経済成長や公平な競争環境を妨げる要因にもなります。そこで、ドナー国は、公正かつ安定した社会の実現のため、途上国における不正腐敗対策を含むガバナンス支援にも取り組む必要があります。

■ 日本の取組

日本は国連腐敗防止条約の締約国として、同条約の事務局である国連薬物・犯罪事務所（UNODC）への協力を通じ、腐敗の防止および取締りに関する法制度の整備や、司法や法執行機関などの能力構築支援に積極的に関与してきました。

また、日本は、国連アジア極東犯罪防止研修所（UNAFEI）**注37** を通じて、法制度整備支援および不正腐敗対策を含むガバナンス支援の一環として、アジアやアフリカなどの途上国の刑事司法実務家を対象に、毎年、研修やセミナーを実施しています。

具体的な取組の一例として、1998年から「汚職防止刑事司法支援研修」を毎年1回実施しています。同研修は国連腐敗防止条約上の重要論点からテーマを選出して実施しているもので、各国における汚職防止のための刑事司法の健全な発展と協力関係の強化に貢献しています。2022年11月には、参加者の訪日による対面方式で、「汚職犯罪収益の特定、追跡、保全、没収及び財産回復における課題と対処」をテーマとする第24回汚職防止刑事司法支援研修を実施しました。

ほかにも、東南アジア諸国におけるガバナンスの取組を支援するとともに、刑事司法・腐敗対策分野の人材育成に貢献することを目的として、2007年から「東南アジア諸国のためのグッド・ガバナンスに関する地域セミナー（GGセミナー）」を毎年度1回開催しています。2022年12月には、「汚職を巡る新たな犯罪類型及びその効果的な対策について」をテーマとする第16回GGセミナーを参加者の訪日による対面方式で開催し、ASEAN加盟国のうち9か国（インドネシア、カンボジア、シンガポール、タイ、フィリピン、ベトナム、ブルネイ、マレーシア、ラオス）と東ティモールの合計10か国から17名の刑事司法実務家が参加しました。

UNAFEIの活動は腐敗防止にとどまらず、国際社会での犯罪防止・刑事司法に関する重要課題を取り上げ、それらをテーマとした研修やセミナーを広く世界中の途上国の刑事司法実務家に対して実施することにより、変化するグローバル社会への対応を図ってきました。例えば、2022年においては、1月から2月にかけて「再犯防止のための多機関連携と官民協働」をテーマとする第177回国際高官セミナーを、6月から7月にかけて「サイバー犯罪－電子証拠が問題となる

第24回汚職防止刑事司法支援研修の様子（写真：UNAFEI）

第16回GGセミナーにおける集合写真（写真：UNAFEI）

注37 国連と日本政府との協定に基づいて1962年に設立され、法務省法務総合研究所国際連合研修協力部により運営されており、設立以来、142の国・地域から6,300名を超える卒業生を輩出している。

あらゆる形態の犯罪」をテーマとする第178回国際研修を、9月に「少年司法とその展開－非行少年及び若年犯罪者に対する効果的な諸方策」をテーマとする第179回国際研修を、それぞれオンライン方式で実施しました。

（3）民主化支援

統治と開発への国民参加および人権の擁護・促進といった民主主義の基盤強化は、開発途上国の中長期的な安定と開発の促進にとって極めて重要な要素です。特に、民主化に向けて積極的に取り組んでいる途上国に対して、公正かつ透明性が確保された選挙を実施するための支援や、国民の知る権利を保障し、表現の自由を守るためのメディアに対する支援などを通じて、民主化への動きを後押しすることが重要です。

コソボ公共放送局（Radio Television of Kosovo）にて実施されたスタジオカメラ研修の様子（写真：一般社団法人NHKインターナショナル）

■ 日本の取組 ■

イラクでは2021年10月に国民議会選挙が行われ、日本は、首都バグダッドの投票所で選挙監視活動を実施したほか、国連開発計画（UNDP）と連携し、同国の独立高等選挙委員会に対して生体認証登録に使うサーバーなどの機材や新型コロナ対策用にマスクや非接触型体温計などを供与しました。新型コロナの状況下においても感染を防止しつつ、透明性と信頼性の高い選挙が実施できるよう支援し、同国のガバナンス強化に貢献しました。

コソボでは、全ての国民に正確・中立・公正な放送を届けるため、2021年1月から、公共放送能力向上プロジェクトを実施しています。多民族が混在している地域での取材に際して、情報精度を向上させるため、少数民族地域や他民族混住地域の支局開設の準備や、JICA専門家によるOJTやワークショップを通じて番組製作スタッフの能力向上を支援しています。これらの活動は、少数民族を含む全ての国民に、公正で隔たりのない番組を放送することに貢献しています（ウクライナに対する公共放送の支援について、112ページの「案件紹介」も参照）。

2-2 平和と安定、安全の確保のための支援

（1）平和構築と難民・避難民支援

国際社会では依然として、民族・宗教・歴史の違いなど様々な要因や、貧困や格差などの影響によって地域・国内紛争が発生しており、近年、紛争の長期化が課題となっています。紛争は、多数の難民や避難民を発生させ、人道問題を引き起こすとともに、長年にわたる開発努力の成果を損ない、大きな経済的損失をもたらします。そして、ある国や地域の紛争の影響は、世界全体に何らかの形で波及します。

2022年に発生したロシアによるウクライナ侵略は、食料・エネルギー価格の高騰をもたらし、深刻な人道危機に拍車をかけており、世界の経済・社会、安定に大きな負の影響をもたらしています（ウクライナ関連の支援については、第Ⅰ部を参照）。また、近年では、気候変動が平和と安定に及ぼす影響についても懸念されています。このように国際社会の課題が複雑化・多様化する中で、持続的な平和の定着のため、開発の基礎を築くことを念頭においた平和構築の取組はますます重要になっています。

■ 日本の取組 ■

紛争などによる人道危機への対応として、日本は初期の段階から、緊急に必要とされる人道支援を中長期的な開発協力を見据えて行う「人道と開発の連携」を推進しています。また、人道危機が長期化・多様化する中、平時から中長期的な観点に立った強靭な国造りや社会安定化といった平和の持続のための支援を行う「人道・開発・平和の連携」の考え方も重視しています。各国・地域において、自立的発展を後押しし、危機の根本要因に対処するため、人道支援、貧困削減・経済開発支援、平和構築や紛争再発予防の支援を継ぎ目なく展開しています。

継ぎ目ない支援を行うため、日本は、国際機関を通じた支援と、無償資金協力、有償資金協力、および技

術協力といった支援を組み合わせて、紛争下における難民・避難民に対する人道支援や、紛争終結後の和平（政治）プロセスに向けた選挙支援を実施しています。また、平和の定着と紛争の再発防止を目的とした、元兵士の武装解除、動員解除および社会復帰（DDR：Disarmament、Demobilization、Reintegration）、治安部門改革、行政・司法・警察機能の強化に関する支援も実施しています。さらには、経済インフラや制度整備支援、保健や教育などの社会分野での支援も行っています。加えて、ホストコミュニティとの共存のための支援、難民・避難民の帰還、再定住への取組のほか、基礎インフラ（経済社会基盤）の復旧といった復興のための支援にも取り組んでいます。これら取組においては、国連安保理決議第1325号を始めとした、平和構築における女性の役割が重要であるとする一連の国連安保理決議に基づいて、紛争予防や紛争解決、平和構築への女性の参画促進に積極的に取り組んでいます。

例えば、2021年から2022年3月、トルコでは、カジアンテップとイズミルの女性センターで3,981人の難民およびホストコミュニティの女性たちに対して、法的支援、移民手続きの情報提供、健康・心理カウンセリング、職業訓練など様々な支援を提供しました。また、難民も、難民を受け入れるトルコ人のコミュニティも共に経済的に厳しい状況に置かれています。経済的な自立のための支援が必要との観点から、日本は、キャリアアップのための研修や、金融に関する知識の向上、SNSの発信方法習得のための研修を行ったほか、手工芸による玩具生産の技術を習得するための訓練を実施しました。さらに、共存する異なる民族の女性たちが、ワークショップや小旅行に参加し、対話の機会を重ねることにより、平和的共存や平和維持の重要性に関する認識を高めました。

国際社会では、国連平和構築委員会（PBC）解説などの場において、紛争の解決や予防、紛争後の復旧や国造りに対する支援のあり方に関する議論が行われています。日本は設立時からPBCに参加し、制度構築や人材育成に取り組む重要性や、関係機関（国連安全保障理事会、国連総会、PBC等の国連機関、ドナー国、地域的機関、世銀・IMF等の国際金融機関、民間セクター等）の間での連携強化の必要性を伝えるなど、積極的に貢献してきています。国連平和構築基金（PBF）解説にも、2022年12月時点で総額6,130万ド

ケニアの難民キャンプで難民への食料・栄養支援を実施するWFP職員（写真：WFP）

ルを拠出し、主要ドナー国として貢献してきています。また、2023年1月から2年間の安保理非常任理事国の任期中における、優先事項の一つとして平和構築に取り組みます。

さらに、日本は、従来より、国連平和維持活動（国連PKO）などの国際平和協力活動と開発協力の連携に努めてきています。実際、国連PKOが行われている国や地域では、紛争の影響を受けた避難民や女性・こどもの保護、基礎インフラの整備などの取組が多く行われており、その効果を最大化するために、このような連携を推進することが引き続き重要です。例えば、2021年には南スーダンにおいて、200名の女性に対し、平和構築への女性の参画に向けた能力構築支援を行ったほか、ジェンダーに基づく暴力の被害者に対する支援を行い、同国の平和と安定に向けた取組を促進しました。

日本は、国連、支援国および要員派遣国の3者が互いに協力し、国連PKOに派遣される要員の訓練等を行う協力枠組みである「国連三角パートナーシップ・プログラム」にも積極的に貢献しています。同枠組みの下、例えば、アフリカおよびアジアの工兵要員を訓練するために、自衛隊員等を派遣して重機操作訓練を実施しているほか、医療分野においても救命訓練実施のための自衛隊員派遣や国連PKOミッションの遠隔医療体制整備などに貢献しています。

■難民・避難民支援

シリアやアフガニスタン、ミャンマー、ウクライナなどの情勢を受け、世界の難民・避難民等の数は年々増加しており、2022年には1億人を超え、第二次世界大戦後で最大規模を更新するなど、人道状況は厳し

さを増しています。人間の安全保障の観点から、日本は、最も脆弱な立場にある人々の生命、尊厳および安全を確保し、一人ひとりが再び自らの足で立ち上がれるように、難民・避難民等に対する支援を含む人道支援を行っています（44ページの「国際協力の現場から」も参照）。

具体的には、主に国連難民高等弁務官事務所（UNHCR）、国連世界食糧計画（WFP）、国際移住機関（IOM）を始めとする国際機関と連携して、シェルターや食料など基礎的な生活に必要な物資の支援を世界各地で継続的に実施しています。また、日本は、上記の国連機関や国連パレスチナ難民救済事業機関（UNRWA）、赤十字国際委員会（ICRC）などの国際機関と連携することにより、治安上危険な地域においても、それぞれの機関が持つ専門性や調整能力などを活用し、難民・避難民等への支援を実施しています。例えば、2021年には、エチオピアに対して、同国における武力衝突により発生した国内避難民などに対する支援として、WFPやIOMなどを通じて医療資機材や食料などを供与する緊急無償資金協力を実施しました。

日本は、こうした国際機関を通じて難民・避難民等への支援を行う際、JICAやNGO、民間企業との連携を図っています。例えば、UNHCRが行う難民支援においては、JICAと連携し、緊急支援と復興支援を連携させた支援を実施しています。また、ジャパン・プラットフォーム（JPF）注38 と連携した難民・避難民への支援も行っています（140ページの日本のNGOとの連携も参照）。

■社会的弱者の保護と参画

紛争や地雷などによる障害者、孤児、寡婦、児童兵を含む元戦闘員、避難民などの社会的弱者は、紛争の影響を受けやすいにもかかわらず、紛争終了後の復興支援においては対応が遅れ、平和や復興の恩恵を受けにくい現実があります。

こうした観点から、日本は、児童兵の社会復帰や紛争下で最も弱い立場にある児童の保護・エンパワーメントのため、国連児童基金（UNICEF）を通じた支援を行っており、例えばチャドにおける元児童兵の社会統合支援、エチオピア、アフガニスタン、ミャンマー

における性的暴力を受けたこどもや女性の保護、ウクライナとその周辺国における孤児や家族と離れ離れになったこども等の避難民に対する人道支援等を実施しています。

また、UNHCRを通じて、難民・避難民の保護活動を行うとともに、彼らが必要とする人道支援を実施しています。例えば、イエメンでは、難民や避難民のこどもの出生登録支援を通じて、必要な医療や法的保護が受けられる仕組み作りを支援しているほか、ケニアの難民キャンプでは、衛生環境の向上や安全な水へのアクセス強化といった支援を実施しています。

ほかにも、日本は、国連女性機関（UN Women）と協力して、コンゴ民主共和国、モザンビークなどにおいて、紛争および災害下の女性・女児を対象に、持続可能な生計手段確保のためのインフラ整備や職業訓練などを実施しています。

■対人地雷・不発弾対策および小型武器対策

かつて紛争があった国・地域には対人地雷や不発弾がいまだ残るとともに、非合法な小型武器が現在も広く流通しています。これらは、一般市民などに対して無差別に被害を与え、復興と開発のための活動を妨げるだけでなく、対立関係を深刻にする要因にもなります。そのため、対人地雷や不発弾の処理、小型武器の適切な管理、地雷被害者の支援や能力強化などを通じて、こうした国・地域を安定させ、治安を確保するための持続的な協力を行っていくことが重要です。

日本は、「対人地雷禁止条約」および「クラスター弾に関する条約」の締約国として、人道と開発と平和の連携の観点から、地雷除去や被害者への支援に加え、リスク低減教育などの予防的な取組を通じた国際協力も着実に行っています。例えば、カンボジア地雷対策センター（CMAC）に対しては、国内外に対する研修機能の強化、組織運営部門の職員の育成や情報システム構築など、今後さらに国際的に貢献する組織となっていくためのCMACの組織全体の能力向上のための協力を行っています。また、地雷対策関係者に対する教育訓練環境の改善および訪問者への地雷問題の理解促進・啓発を図るため、2022年11月にはCMACの研修施設や広報施設を建設する支援を決定しました。こうした包括的な支援により、CMACは

注38 145ページの用語解説を参照。

日本人専門家によるカンボジアでの地雷探知機の技術指導の様子（写真：JICA）

ウクライナに対する日カンボジア連携支援やコロンビアやラオスなど第三国の地雷対策職員に対する研修も実施し、南南協力 注39 の実現にも貢献しています。また、日本は、ボスニア・ヘルツェゴビナにおいて、スロベニアに本部を置く国際NGO人間の安全保障強化のための国際信託基金（ITF）が、ボスニア・ヘルツェゴビナ地雷行動センターと協力して実施している地雷除去活動を支援しており、西バルカン地域の連結性向上にも貢献しています。

アフガニスタンにおいては、特定非営利活動法人難民を助ける会（AAR Japan）が、地雷や不発弾などの危険性と適切な回避方法に関する知識の普及を目的として、教材開発や講習会などの教育事業を、日本NGO連携無償資金協力（2009年度以降）やJPF事業（2001年度以降）を通じて実施しており、住民への啓発活動が着実に進められています。

このほか、日本は、不発弾の被害が特に大きいラオスに対して、不発弾処理専門家の派遣や機材供与などを行っています。具体的には、同国の不発弾処理機関の能力向上支援のほか、特に不発弾の被害が大きく貧困率の高いセコン県、サラワン県およびチャンパサッ

ク県において、不発弾処理に必要な灌木(かん)除去の機械や関連資機材の整備、人材育成などを行っています。

日本は、こうした二国間支援に加え、国際機関を通じた地雷・不発弾対策も積極的に行っています。2022年には、アフガニスタン、シリア、パレスチナ、スーダン、ナイジェリア、南スーダンに対して、国連地雷対策サービス部（UNMAS）を通じて、地雷除去、危険回避教育、被害者支援などの地雷・不発弾対策支援を行っています。例えば、シリアでは、UNMAS経由で、爆発物事故の被害者への支援を行うとともに、被害者支援実施のための枠組み策定にも取り組みました。2022年はほかにも、UNICEF経由でイエメン、イラク、ウクライナ、チャド、中央アフリカ、パレスチナ、南スーダンにおいて危険回避教育に関する支援を実施しています。また、ICRCを通じて、アフガニスタン、ウクライナ、シリア、ミャンマー等でも危険回避教育などの支援を行っています。

また、小型武器は実際の紛争の場面で今もなお使われ、多くの人命を奪っていることから「事実上の大量破壊兵器」とも呼ばれており、日本は、グテーレス国連事務総長の「軍縮アジェンダ」（2018年）に基づいて設置された「人命を救う軍縮」（SALIENT）基金への最大ドナー国であるなど、小型武器対策の議論に積極的に貢献しています。

■平和構築分野での人材育成

平和構築に従事する人材に求められる資質は多様化、複雑化しています。日本は「平和構築・開発におけるグローバル人材育成事業」 注40 を通じて、現場で活躍できる国内外の文民専門家を育成しており、これまでに実施した国内研修には延べ900人以上が参加しました。修了生の多くが、アジアやアフリカ地域の平和構築・開発の現場で活躍しています。

注39 109ページの用語解説を参照。
注40 2007年度に「平和構築人材育成事業」を開始し、2015年度には同事業の内容を拡大、「平和構築・開発におけるグローバル人材育成事業」（https://www.mofa.go.jp/mofaj/gaiko/peace_b/j_ikusei_shokai.html）となった。現場で必要な知識や技術を習得するための国内研修と国際機関の現地事務所での海外実務研修とを行う「プライマリー・コース」に加え、平和構築・開発分野に関する一定の実務経験を有する方のキャリアアップを支援する「ミッドキャリア・コース」を実施。

用語解説

国連平和構築委員会（PBC：Peacebuilding Commission）
2005年3月に設立された国連の安全保障理事会および総会の諮問機関。紛争後の平和構築と復旧のための統合戦略を助言・提案することを目的とし、安保理、総会等に対してブリーフィングの実施や書面の提出を通じた助言を提供する。日本はPBC設立時から一貫して、PBCの中核である組織委員会のメンバーを務めている。

国連平和構築基金（PBF：Peacebuilding Fund）
2006年10月に設立された基金。アフリカを始めとする地域で、地域紛争や内戦の終結後の再発防止や、紛争予防のための支援を実施。具体的には、和平プロセス・政治対話への支援、経済活性化、国家の制度構築、女性・若者の国造りへの参加支援などを実施。

（2）自然災害時の人道支援

近年、気候変動の影響もあり、短時間・局所的といった異常な集中豪雨の発生頻度は世界的に増加しており、洪水や土砂災害による被害も激甚化・頻発化の傾向にあります。開発途上国では、経済・社会基盤が脆弱であるため、災害により大きな被害を受ける国が多くあり、国際社会からの支援が求められています。

日本の取組

日本は、海外で大規模な災害が発生した場合、被災国政府または国際機関の要請に応じ、直ちに緊急援助を行える体制を整えています。協力体制には、人的援助、物的援助、資金援助があり、災害の規模や被災国等からの要請内容に基づき、いずれかまたは複数を組み合わせた協力を行っています。

ア　国際緊急援助隊

人的援助として、国際緊急援助隊があり、（ⅰ）救助チーム、（ⅱ）医療チーム、（ⅲ）感染症対策チーム、（ⅳ）専門家チーム（災害の応急対策と復旧活動に関する専門的な助言・指導を行う）、（ⅴ）自衛隊部隊（特に必要があると認められる場合に医療活動や援助関連の物資や人員の輸送を行う）を個別に、または組み合わせて派遣します。

イ　緊急援助物資

物的援助としては、緊急援助物資の供与を行っています。日本は海外3か所の倉庫に、被災者の当面の生活に必要なテントや毛布などを備蓄しており、災害が発生したときには速やかに被災国に供与できる体制にあります。2022年、日本は16か国 注41 に対して緊急援助物資の供与を行いました。

ウ　緊急無償資金協力

資金援助として、日本は、海外における自然災害や紛争の被災者、難民・避難民等を救援することを目的として、被災国政府や被災地で緊急援助を行う国際機関などに対し、緊急無償資金協力を行っています。

2022年1月下旬にマラウイで発生したサイクロンの被災者に、日本から届いた緊急物資を引き渡すマラウイ災害管理局の職員（写真：JICA）

2022年8月、日本は、パキスタンで発生した洪水被害に対して、パキスタン政府からの要請を受けてテントおよびプラスチックシートの緊急援助物資を供与したのに加え、その後の被害の継続・拡大を受けて、複数の国際機関を通じて、食料、シェルター・非食料援助物資、保健・医療、水・衛生等の分野の人道支援として総額700万ドルの緊急無償資金協力を実施しました。このほか、1月にトンガで火山噴火・津波被害が発生した際も、人的援助、物的援助、緊急無償資金協力を組み合わせた支援を行いました（トンガへの支援詳細は、103ページの第Ⅲ部3大洋州地域を参照）。

注41 アフガニスタン、キューバ、キリバス、グアテマラ、コンゴ民主共和国、ツバル、トンガ、ザンビア、パキスタン、フィリピン、ブラジル、ベリーズ、ホンジュラス、マダガスカル、マラウイ、南スーダンの16か国。

エ　その他の取組

日本のNGOも、ODAを活用した被災者支援を行っており、また国際機関などが実際に緊急援助活動を実施する際のパートナーとして、日本のNGOが活躍することも少なくありません。ジャパン・プラットフォーム（JPF）注42は自然災害や紛争によって発生した被災者および難民・避難民等への人道支援を行っており、JPFの加盟NGOは、アフガニスタン（地震）、パキスタン（洪水）、ウクライナ（紛争）など、現地政府の援助がなかなか届かない地域で、現地のニーズに対応した様々な支援を実施しています（実績などは140ページの日本のNGOとの連携を参照）。

自然災害の多い日本とASEAN諸国にとって、災害対応は共通の課題です。日本は、2011年に設立されたASEAN防災人道支援調整センター（AHAセンター）を支援し、その能力強化等に貢献してきました。2022年も引き続き、緊急物資を迅速に被災国へ輸送するロジスティック・システムの構築および同システムを活用した支援や人材育成を行っています。

（3）安定・安全のための支援

国際的な組織犯罪やテロ行為は、引き続き国際社会全体の脅威となっています。こうした脅威に効果的に対処するには、1か国のみの努力では限界があるため、各国による対策強化に加え、開発途上国の司法・法執行分野における能力向上支援などを通じて、国際社会全体で対応する必要があります。

日本の取組
ア　治安維持能力強化

日本の警察は、その国際協力の実績と経験も踏まえ、治安維持の要となる途上国の警察機関に対し知識・技術の移転を行いながら、制度作り、行政能力向上、人材育成などを支援しています。

その一例として、2022年、警察庁は、インドネシアへの専門家の派遣や、アジアやアフリカ、大洋州などの各国からオンラインでの研修を行い、国民に信頼されている日本の警察のあり方を伝授しています。

イ　テロ対策

新型コロナの感染拡大によりテロを取り巻く環境も

インドネシアでの技術協力「市民警察活動（POLMAS）全国展開プロジェクト」で通信指令分野の指導を行う日本人専門家（写真：JICA）

大きく変化しました。パンデミックによる行動制限は、都市部でのテロを減少させましたが、人々の情報通信技術（ICT）への依存が高まり、インターネットやSNSを使った過激派組織による過激思想の拡散が容易になりました。また、もともと国家の統治能力が脆弱だった一部の地域では、パンデミックによってガバナンスが一層低下したことにより、テロ組織の活動範囲が拡大しています。新型コロナ対策のための行動制限の緩和に伴い、テロ攻撃が多発する可能性を指摘する声もあります。

2022年、日本は、テロを取り巻く環境の変化に迅速に対応するため、国際機関を通じて様々なプロジェクトを実施しました。例えば、モルディブの若者や女性を対象とした暴力的過激主義に対する対処能力強化や教育支援を国連開発計画（UNDP）経由（約18万ドル）で実施したほか、新型コロナ感染拡大の状況下におけるテロリストによるオンラインおよびオフラインでの搾取行為に対応するため、国連薬物・犯罪事務所（UNODC）が実施する東南アジア9か国の刑事司法当局の能力向上プロジェクトに45万ドルを拠出しています。

ウ　国際組織犯罪対策

日本は、テロを含む国際的な組織犯罪を防止するための法的枠組みである国際組織犯罪防止条約（UNTOC）の締約国として、同条約に基づく捜査共助などの国際協力を推進しているほか、主に次のような国際協力を行っています。

注42 145ページの用語解説を参照。

■違法薬物対策

日本は、国連の麻薬委員会などの国際会議に積極的に参加するとともに、2022年はUNODCへの拠出を通じて、東南アジアや中央アジア地域の国々の関係機関との連携を図り、新規化合物 注43 を含む違法薬物の流通状況の監視や国境での取締能力の強化を行うほか、薬物製造原料となるけしの違法栽培状況の調査等を継続的に実施し、グローバルに取り組むべき課題として違法薬物対策に積極的に取り組んでいます。

また、警察庁では、アジア太平洋地域を中心とする関係諸国と、薬物情勢、捜査手法および国際協力に関する討議を行い、相互協力体制の構築を図っています。

■人身取引対策

日本は、人身取引 注44 に関する包括的な国際約束である人身取引議定書や、「人身取引対策行動計画2014」に基づき、人身取引の根絶のため、様々な取組を行っています。また、同行動計画を踏まえて、人身取引対策に関する取組の年次報告を公表し、各省庁・関係機関およびNGOなどとの連携を強化しています。2022年には、人身取引対策のさらなる充実・強化のため、「人身取引対策行動計画2022」を策定しました。

日本は国際移住機関（IOM）への拠出を通じて、日本で保護された外国人人身取引被害者に対して母国への安全な帰国支援や、被害者に対する教育支援、職業訓練などの自立・社会復帰支援を実施しています。また、日本は、二国間での技術協力、UNODCなどの国連機関のプロジェクトへの拠出を通じて、東南アジアや中東の人身取引対策・法執行能力強化に向けた取組に貢献しているほか、人の密輸・人身取引および国境を越える犯罪に関するアジア太平洋地域の枠組みである「バリ・プロセス」への拠出・参加なども行っています。

■国際的な資金洗浄（マネー・ローンダリング）やテロ資金供与対策

国際組織犯罪による犯罪収益は、さらなる組織犯罪やテロ活動の資金として流用されるリスクが高く、こうした不正資金の流れを絶つことも国際社会の重要な課題です。そのため、日本としても、金融活動作業部会（FATF）注45 などの政府間枠組みを通じて、国際的な資金洗浄（マネー・ローンダリング）注46 やテロ資金供与の対策に係る議論に積極的に参加しています。世界的に有効な資金洗浄やテロ資金供与対策を講じるためには、FATFが定める同分野の国際基準を各国が適切に履行することにより、対策の抜け穴を生じさせない、といった取組が必要です。そのため、資金洗浄やテロ資金供与対策のキャパシティやリソースの不足等を抱える国・地域を支援することは、国際的な資金洗浄やテロ資金供与対策の向上に資することから、日本は、非FATF加盟国のFATF基準の履行確保を担うFATF型地域体の支援等を行っており、特にアジア太平洋地域のFATF型地域体（APG：Asia Pacific Group on Money Laundering）が行う技術支援等の活動を支援しています。

エ　海洋、宇宙空間、サイバー空間などの課題に関する能力強化

■海洋

海洋国家である日本はエネルギー資源や食料の多くを輸入に依存しており、海上輸送における脅威への対処を始めとする海上交通の安全確保は、国家の存立・繁栄に直結する課題です。また、法の支配に基づく自由で開かれた海洋秩序は、日本が推進する「自由で開かれたインド太平洋（FOIP）」の実現のためだけでなく、日本を含む地域全体の経済発展のためにも極めて重要です（「自由で開かれたインド太平洋（FOIP）」実現のための取組については34ページの「開発協力トピックス」を参照）。

日本は、海洋における法の支配の確立・促進のため、巡視船の供与や技術協力などを通じ、インド太平

注43　新しく合成される精神活性物質（NPS：New Psychoactive Substances）、あるいは「危険ドラッグ」とも呼ばれ、規制対象となる薬物（麻薬等）と類似した効果を得るために合成された物質で、合法な医薬品とは認められていないもの、まだ規制されていない向精神性作用を呈する化合物をいう。

注44　人を強制的に労働させたり、売春させたりすることなどの搾取目的で、獲得し、輸送し、引き渡し、蔵匿し、または収受する行為（人身取引議定書第3条（a）参照）。

注45　1989年のG7アルシュ・サミット経済宣言に基づき設置された。

注46　犯罪行為によって得た資金をあたかも合法な資産であるかのように装ったり、資金を隠したりすること。麻薬の密売人が麻薬密売代金を偽名で開設した銀行口座に隠す行為がその一例。

南シナ海の海上安全の確保に向けて

フィリピン

フィリピン沿岸警備隊海上安全対応能力強化事業（フェーズ2）
有償資金協力（2016年10月〜）

フィリピンは、7,000を超える島々と約3.6万kmの海岸線から成る海洋国家であり、海上輸送は同国の経済・社会発展にとって大きな役割を担っています。しかし、旅客や貨物輸送の増加に加えて、船舶の老朽化や過積載等の不適切な運航などにより、2015年には5年前と比べて海難事故件数が倍増していました。また、ヒトやモノの移動の活発化に伴い、海上犯罪のリスクも増加しており、密輸、密漁、テロなどへ対処するための取り締まり強化が重要な課題の一つとなっています。

海上安全確保と海上法執行を担うフィリピン沿岸警備隊（PCG）は、船舶の保有数が絶対的に不足しており、海難事故発生時の緊急対応や密輸などの犯罪に、十分に対応できていませんでした。

2022年5月に就役したフィリピン沿岸警備隊巡視船「テレサ・マグバヌア」（写真：JICA）

そこで、日本は、PCGの沖合および沿岸域内における海難救助や海上法執行業務等に係る能力の向上を支援するため、有償資金協力により同国最大規模の97メートル級巡視船[注1]2隻の供与を決定しました。

これら巡視船は、両国関係者の尽力により、新型コロナウイルス感染症による危機を通して本邦内にて建造され、操縦要員の訓練等の準備期間を経て関係者が往来して船の設計や製造の詳細を相談しづらい状況であったにもかかわらず、2022年5月および同年6月にフィリピンにて就役しました。日本の最新鋭技術を駆使して建造された巡視船は、フィリピンを取り巻く海上保安能力を確保し、法の支配に基づく平和と安定の確保を掲げる「自由で開かれたインド太平洋（FOIP）」の実現に貢献することが期待されています。

ドゥテルテ大統領（当時）が巡視船「メルチョラ・アキノ」の就役式で演説をする様子

注1 供与された船は長さ約96.6m、最大速力24ノット、4,000海里以上の航続距離能力を有するほか、排他的経済水域（EEZ）を監視する能力を持つ通信設備やヘリコプター用設備、遠隔操作型の無人潜水機、高速作業艇等、海洋状況の把握と海事法執行活動に必要な装置や機器を装備している。特に、荒天時の救難活動や沖合・沿岸域での巡回業務において重要な役割を担っている。

洋地域の海上保安機関などの法執行能力の向上を途切れることなく支援しているほか、被援助国の海洋状況把握（MDA）能力向上のための協力も推進しています。具体的には、ベトナム、フィリピンなどに対し、船舶や海上保安関連機材を供与しているほか、インドネシアやマレーシアなどを含むシーレーン沿岸国において、研修・専門家派遣を通じた人材育成も進めています。さらには、ミクロネシア連邦、サモア等の太平洋島嶼国に対しても警備艇などの海上保安関連機材の供与を実施しています（フィリピンでの取組について、53ページの「案件紹介」を参照）。

また、日本は、アジア地域の海賊・海上武装強盗対策における地域協力促進のため、アジア海賊対策地域協力協定（ReCAAP）の策定を主導し、同協定に基づいて設置された情報共有センター（ReCAAP-ISC）の活動を支援しています。2017年からは締約国などの海上法執行機関の能力構築を目的とした包括的な研修を実施しています。2022年は新型コロナによる影響でオンライン開催となりましたが、ReCAAP締約国 [注47] のうち19か国にインドネシアおよびマレーシアを加えた21か国が参加し、各国からベストプラクティスが共有され、参加国の海賊対処関連の知識向上や沿岸国同士の協力促進に資するものとなりました。

アフリカ東部のソマリア沖・アデン湾における海賊の脅威に対しては、日本は2009年から海賊対処行動を実施しています。また、日本は、国際海事機関（IMO）がジブチ行動指針 [注48] の実施のために設立した信託基金に1,553万ドルを拠出しています。こ

注47 インド、英国、オーストラリア、オランダ、韓国、カンボジア、シンガポール、スリランカ、タイ、中国、デンマーク、ドイツ、日本、ノルウェー、バングラデシュ、フィリピン、ブルネイ、米国、ベトナム、ミャンマー、ラオスの21か国。

注48 ソマリアとその周辺国の地域協力枠組み。

の基金により、海賊対策のための情報共有センターや、ジブチ地域訓練センターが設立されています。同地域訓練センターではソマリア周辺国の海上保安能力向上のための訓練プログラムが実施されており、2022年は3月と6月にワークショップが実施されました。

　ほかにも、海上保安庁の協力の下で、ソマリア周辺国の海上保安機関職員を招き、「海上犯罪取締り研修」を実施しており、2022年は累計で15か国から18名が参加しました。さらに、日本は、ソマリア海賊問題の根本的な解決にはソマリアの復興と安定が不可欠との認識の下、2007年以降、同国内の基礎的社会サービスの回復、治安維持能力の向上、国内産業の活性化のために累計で約5.5億ドルの支援も実施しています。

　シーレーン上で発生する船舶からの油の流出事故は、航行する船舶の安全に影響を及ぼすおそれがあるだけでなく、海岸汚染により沿岸国の漁業や観光産業に致命的なダメージを与えるおそれもあり、こうした事態に対応する能力の強化も重要です。2020年に発生したモーリシャス沿岸における貨物船油流出事故を受けた協力の一環として、2021年2月と8月に、海難防止能力強化に資する機材供与のため、無償資金協力の交換公文に署名しました。8月には沿岸域の生態系の回復・保全および地域漁民・住民の生計回復・向上のための技術協力の実施も決定しました。これらの支援を着実に実施し、引き続き同国の中長期的な経済発展を支援していきます。

　そのほかにも、国際水路機関（IHO）では、2009年以降毎年、日本の海上保安庁海洋情報部の運営参画と日本財団の助成の下、開発途上国の海図専門家を育成する研修を英国で実施しており、2021年12月までに41か国から72名の修了生を輩出しています。また、IHOとユネスコ政府間海洋学委員会は、世界海底地形図を作成する大洋水深総図（GEBCO）プロジェクトを共同で実施しており、日本の海上保安庁海洋情報部を含む各国専門家の協力により、世界海底地形図の改訂が進められています。

■ 宇宙空間

　日本は、宇宙技術を活用した開発協力・能力構築支

援の実施により、気候変動、防災、海洋・漁業資源管理、森林保全、資源・エネルギーなどの地球規模課題への取組に貢献しています。また、宇宙開発利用に取り組む新興国の人材育成も積極的に支援しています。特に、日本による国際宇宙ステーション（ISS）日本実験棟「きぼう」を活用した実験環境の提供や小型衛星の放出は国際的に高く評価されています。2022年8月には、「KiboCUBE」プログラム 注49 を通じて、モルドバ初の小型衛星が放出されました。同国内ではガブリリツァ首相や関係者がライブ中継で放出の様子を見守り、現地における日本の宇宙協力に対する期待の高さがうかがえました。

　また、日本は、宇宙新興国に対する能力構築支援をオールジャパンで戦略的・効果的に行うための基本方針を2016年に策定し、宇宙新興国を積極的に支援しています。例えば、アジアやアフリカ、中南米地域の78か国において、人工衛星「だいち2号」による熱帯林のモニタリングシステム（JICA-JAXA熱帯林早期警戒システム：JJ-FAST）を活用した森林モニタリングを実施しています。2022年に開催されたTICAD 8では、日本は、JJ-FASTを活用して、熱帯林を有するアフリカ43か国を対象に森林の定期監視と100名の人材育成を実施するとともに、アフリカ10か国で計800名の森林管理人材を育成することを表明しました。

　そのほか、宇宙空間における法の支配の実現に貢献すべく、宇宙新興国に対して国内宇宙関連法令の整備・運用に係る能力構築支援を行っています。日本は2021年5月に国連宇宙部（UNOOSA）の「宇宙新興国のための宇宙法プロジェクト」への協力を発表し

2022年8月12日「きぼう」からモルドバの小型衛星が放出される様子（写真：JAXA/NASA）

注49 「きぼう」から超小型衛星を放出する機会を途上国に提供するための、宇宙航空研究開発機構（JAXA）と国連宇宙部（UNOOSA）の協力枠組み。

て以降、アジア太平洋地域の宇宙新興国に対して国内宇宙関連法令の整備および運用面での支援を行い、民間活動を含む自国の宇宙活動を適切に管理・監督するために必要となる法的能力の構築に貢献しています。2022年には、タイ、フィリピンおよびマレーシアに対して個別の法的能力構築支援を実施しました。

■ サイバー空間

近年、自由、公正かつ安全なサイバー空間に対する脅威への対策が急務となっています。この問題に対処するためには、世界各国の多様な主体が連携する必要があり、開発途上国を始めとする一部の国や地域におけるセキュリティ意識や対処能力が不十分な場合、日本を含む世界全体にとっての大きなリスクとなります。そのため、世界各国におけるサイバー空間の安全確保のための協力を強化し、途上国に対する能力構築のための支援を行うことは、その国への貢献となるのみならず、日本を含む世界全体にとっても有益です。

日本は、日・ASEANサイバー犯罪対策対話や日・ASEANサイバーセキュリティ政策会議を通じてASEANとの連携強化を図っており、2022年もASEAN加盟国とサイバー演習および机上演習を実施しました。また、国際刑事警察機構（インターポール）を通じて、新型コロナの感染拡大の状況下において増大したサイバー空間で行われる犯罪に対処するための法執行機関関係者の捜査能力強化などを支援しました。

このほか、日本が拠出する日・ASEAN統合基金（JAIF）注50を活用し、タイのバンコクに日ASEANサイバーセキュリティ能力構築センター（AJCCBC）が設立されました。同センターでは、ASEAN各国の政府機関や重要インフラ事業者のサイバーセキュリティ担当者などを対象に実践的サイバー防御演習（CYDER）などが提供されており、ASEANにおけるサイバーセキュリティの能力構築への協力が推進され

インドネシアにおける技術協力「サイバーセキュリティ人材育成プロジェクト」で行われたサイバーセキュリティに関する第三国研修の様子（写真：JICA）

ています。新型コロナの世界的流行の中、持続的な研修実施の観点から、自主学習教材の提供や対面での演習プログラムを全てオンラインで実施可能にしました。2022年10月より対面で研修を再開し、11月には2年ぶりに若手技術者がサイバーセキュリティスキルを競い合うCyber SEA Gameが対面で開催されました。

また、日本は、世界銀行の「サイバーセキュリティ・マルチドナー信託基金（Cybersecurity Multi-Donor Trust Fund）」への拠出も行い、低・中所得国向けのサイバーセキュリティ分野における能力構築支援にも取り組んでいます。

さらに、警察庁では、2017年からベトナム公安省のサイバー犯罪対策に従事する職員に対し、サイバー犯罪への対処などに係る知識・技能の習得および日・ベトナム治安当局の協力関係の強化を目的とする研修を実施しています。

経済産業省も、2018年度から毎年度、日米の政府および民間企業の専門家と協力し、インド太平洋地域向けに、電力やガスなどの重要インフラ分野に用いられる産業制御システムのサイバーセキュリティに関する演習を実施しています。2021年度からはEUも主催者として参加しています。

注50 93ページの 注4 を参照。

(1) 保健・医療

持続可能な開発目標（SDGs）の目標3は、「あらゆる年齢の全ての人々の健康的な生活を確保し、福祉を促進する」ことを目指しています。また、世界の国や地域によって多様化する健康課題に対応するため、ユニバーサル・ヘルス・カバレッジ（UHC）注51の達成が国際的に重要な目標の一つに位置付けられています。一方、現状では少なくとも世界人口の約半数が基礎的な医療を受けられていない状況にあり、予防可能な病気で命を落とす5歳未満のこどもの数は、年間約500万人注52と推計されています。また、産婦人科医や助産師などによる緊急産科医療が受けられないなどの理由により、年間約29.5万人以上注53の妊産婦が命を落としています。さらに、依然として新型コロナウイルス感染症が地球上の全ての人々に多岐にわたる影響を及ぼしています。新型コロナは、国際社会全体に未曽有の負の影響を与えただけでなく、ガバナンスやファイナンスを含め、現在のグローバルヘルス・アーキテクチャー（国際保健の枠組み）の脆弱性を露呈しました。

岸田総理大臣は、2022年6月のG7エルマウ・サミットにおいて、新型コロナに対するワクチンに関連した日本の支援を紹介するとともに、今回のパンデミックがUHCの重要性を浮き彫りにした旨を指摘し

ホンジュラスで実施中の「保健サービスネットワーク（RISS）を通じた保健サービスデリバリー強化プロジェクト」にて、新型コロナに対応する医療従事者に対して個人防護具を供与する様子

ました。また、同年11月のG20バリ・サミットでは、グローバルヘルス・アーキテクチャーの強化の必要性およびより強靱、公平かつ持続可能なUHCの実現の重要性について述べるとともに、2023年に日本が主催するG7広島サミットにおいても、国際保健を重要課題の一つと位置付けたいとの考えを示しました。

日本の取組

■新型コロナウイルス感染症対策支援

日本は、新型コロナの発生直後から、二国間および国際機関経由で、総額約50億ドル規模の開発途上国支援を実施してきています。途上国の経済・社会活動を下支えするため、また、保健・医療分野を含む財政ニーズに対処するため、新型コロナ危機対応緊急支援円借款の制度を創設し、2020年7月から2022年12月末までに18か国に対し、総額5,000億円を超える円借款を供与しました。

支援にあたっては、現下の感染症危機の克服、将来の健康危機への備えにも資する保健システムの強化、より幅広い分野での健康安全保障を確実にするための国際的な環境の整備が必要との考えに基づき、協力を実施しています。

世界全体で新型コロナを収束させるためには、あらゆる国・地域において、安全性、有効性、品質が保証されたワクチンや治療・診断への公平なアクセスの確保が重要です。この考えの下、日本はCOVAXファシリティ（COVID-19 Vaccine Global Access Facility）解説などの国際的な枠組みと協調しつつ、各国・地域に対するワクチン関連支援を実施してきました。

日本は、2021年6月以降2022年12月までに、32か国・地域に対し約4,400万回分のワクチンを供与しました（2022年において、直接供与：2か国に約445万回分、COVAXファシリティを通じた供与：11か国に約463万回分）。日本からのワクチンが届いた国・地域では、テレビや新聞等の主要メディアで大きく報じられ、SNSなどを通じてもワクチン供与に対する謝意が示されました。また、ワクチンを接種

注51　全ての人が、効果的で良質な保健医療サービスを負担可能な費用で受けられること。
注52　国連児童基金（UNICEF）によるデータ（2020年時点）。前回データ集計時は520万人以上。
注53　世界保健機関（WHO）によるデータ（2017年時点）。前回データ集計時は30.3万人以上。

新型コロナウイルス感染症対策支援

　日本は、2022年も開発途上国の新型コロナウイルス感染症対策支援を継続し、COVAXファシリティに対する合計最大15億ドルの財政支援を表明し、ワクチン供与、「ラスト・ワン・マイル注1 支援」、感染症対策のための医療体制の整備・強化などの取組を実施しました。

　新型コロナの世界的拡大を通じ、私たちは「全ての人が安全になるまで誰も安全ではない」ことを再認識させられることになりました。ODAは日本人の健康や経済活動を守るためにも不可欠です。ここでは、日本の取組の一部を紹介します。

カンボジア　ラスト・ワン・マイル支援

コールド・チェーン注2 整備を含む予防、診断、モニタリングに係る機材（ワクチン保冷庫200個、ワクチン搬送用バイク400台など）を供与しました。バイクはアクセスが困難な遠隔地でのワクチン接種（ラスト・ワン・マイル支援）に貢献しています。

東ティモール　ワクチン供与、ラスト・ワン・マイル支援、医療体制の整備・強化

2021年に日本で製造したアストラゼネカ社製ワクチン約17万回分を供与しました。加えて、オーストラリアやUNICEFなどと協力しながら、日本企業の技術を用いた多目的救急車やワクチン運搬ボックスを供与するとともに、保健局人材の能力を強化し、地方へのワクチン運搬を促進しました。

タジキスタン　救急車両整備、保健システム強化

タジキスタン全土の市および郡レベルの病院67か所に、基本的な医療機材を搭載した救急車や専門医療サービスの提供が可能な救急車94台を整備しました。新型コロナの急患の搬送能力、へき地に暮らす人々の保健サービスへのアクセス向上に貢献しており、同国政府からも感謝の意が伝えられました。

チリ　機材供与による検査能力強化

2019年度課題別研修注3 に参加したJICA帰国研修員の自国での取組を支援する協力として、同帰国研修員が医師として所属する病院に新型コロナの検査に係る機材を供与しました。その結果、同病院は、チリ国内のPCR検査の20％を担える機能を有することとなり、同国の検査機能の増大に貢献しています。

ペルー　新型コロナ感染予防・啓発

ペルー日系人協会と連携し、新型コロナ予防・治療キャンペーンを実施しました。日本における3密回避などのノウハウをペルー国内に普及させることにより、日本の顔が見える支援をペルー全土に展開しました。

アフリカ諸国　ワクチン製造支援、医療体制の整備・強化

アフリカ輸出入銀行（Afrexim）注4 に対して4億ドルを上限とする海外投融資を実施しました。Afreximを通じ、アフリカのワクチン製造ラインを含む医療品・医薬品の域内製造・供給拠点の整備、病院等保健医療関連施設の整備を実施し、新型コロナからの円滑な社会経済活動の回復を支援しています。

注1　物流・通信サービス等の分野において、モノまたはサービス提供のための最終拠点から利用者や消費者にモノまたはサービスが届くまでの最後の区間のこと。
注2　58ページの 注54 を参照。
注3　課題別研修「HIVを含む各種感染症コントロールのための検査技術とサーベイランス強化」。
注4　アフリカ52か国の政府が加盟する地域開発金融機関。

現場まで届けるための「ラスト・ワン・マイル支援」では、コールド・チェーン 注54 体制の整備や医療関係者の接種能力強化などを行っています。

2022年2月には、岸田総理大臣が、COVAXの構成機関の一つである感染症流行対策イノベーション連合（CEPI）が行うワクチンの開発・製造支援に対して、日本政府から、今後5年間で3億ドルの拠出を新たに行うことを表明しました。同年4月には、岸田総理大臣がCOVAXワクチン・サミット2022にビデオメッセージの形で出席し、世界のあらゆる国や地域でワクチンへの公平なアクセスを確保することが鍵となる旨を述べ、国際社会で結束して危機を乗り越えることを呼びかけました。また、これまでに拠出済のCOVAXに対する10億ドルの貢献に追加して、最大5億ドルを拠出することを表明しました。

2022年5月のG7開発大臣・保健大臣合同会合には、鈴木外務副大臣（当時）および佐藤厚生労働副大臣（当時）が出席し、「誰の健康も取り残さない」という理念の下、新型コロナからのより良い回復に向けては途上国の経済・社会の活性化と人的往来の再開が必要であり、そのために日本は、途上国のワクチン接種データ管理、感染症対策を講じた国境管理体制、感染症廃棄物処理の3つの柱に焦点を当てた支援を、インド太平洋地域を中心に最大1億ドル規模で実施していく旨を述べました。

新型コロナからのより良い回復は、8月のTICAD8 注55 でも主要テーマの一つとなりました。成果文書として採択された「チュニス宣言」では、人間の安全保障の実現、SDGs達成に向けた強靱で持続可能な社会の構築の必要性、UHCの実現に向けた保健分野での取組の促進の重要性が確認されました。日本は、アフリカに対して、COVAXファシリティを通じた最大15億ドルのワクチン支援、ワクチンを各国内の様々な接種現場に安全に届けるためのコールド・チェーン整備、ワクチン接種に対する忌避感情改善のための取組、ワクチンの域内製造・供給・調達支援などを通じて、包括的な新型コロナ対策の実施を支援しています。

このほか、日本は、世界保健機関（WHO）の健康危機プログラム 解説、緊急対応基金（CFE）解説などへ

の拠出による財政貢献も通じて新型コロナの急性期への対応を行ってきています。

日本は、途上国の保健・医療体制構築を、医療従事者の能力構築支援、地域病院間のネットワーク化、地域の保健システム強化などの観点から、長年にわたり支援してきました。今般の新型コロナ危機においても、それら支援の対象であった医療施設が感染症対策の中核を担っています。

■ グローバルヘルス戦略の策定

国際保健（グローバルヘルス）は人々の健康に直接関わるのみならず、経済・社会・安全保障上の大きなリスクを包含する国際社会の重要課題です。新型コロナの拡大など世界の様々な状況変化を踏まえ、日本政府は、2022年5月、健康安全保障に資するグローバルヘルス・アーキテクチャーの構築に貢献し、パンデミックを含む公衆衛生危機に対する予防・備え・対応（PPR）を強化すること、また、人間の安全保障を具現化するため、ポスト・コロナの新たな時代に求められる、より強靱、より公平、かつより持続可能なUHCを達成することを目標とする「グローバルヘルス戦略」を策定しました。同戦略の下、国際機関や官民連携基金、民間企業を始めとする多様なステークホルダーとの連携強化などを通じたPPR強化やUHC達成への取組が進められています。

■ 健康安全保障に資するグローバルヘルス・アーキテクチャーの構築

新型コロナ対応の経験や教訓を踏まえ、将来の公衆衛生危機に対する予防・備え・対応の強化に対する国際社会の関心がこれまでになく高まっています。

2022年には、世界銀行が主管する新たな基金（パンデミック基金）への5,000万ドルの拠出を表明したほか、日本が世銀グループと連携して立ち上げた保健危機への備えと対応に係るマルチドナー基金（HEPRTF）への追加拠出等を通じ、開発途上国における感染症の備え・対応のための能力強化などの支援を実施しています。

財政的な仕組みの整備に加えて、日本は、国際場裡におけるルール作りにも積極的に貢献しています。

注54 低温を保ったまま、製品を目的地まで配送する仕組み。これにより、ワクチンなどの医薬品の品質を保つことができる。
注55 127ページの「開発協力トピックス」を参照。

2022年2月には、WHOの下で、パンデミックへの対応に関する新たな法的文書（いわゆる「パンデミック条約」）の第1回政府間交渉会議が開催され、以後、2022年末までに計3回の政府間交渉会議が開催されました。日本は政府間交渉会議の副議長に選出され、加盟国としてのみならず副議長としても会議の進捗に貢献しています。また、同時並行で議論が行われている国際保健規則（IHR）の改正についても積極的に議論に貢献しています。

日本の支援によってトレーニングを受けたネパールの女性が、コミュニティの保健ボランティアとして母子保健や栄養改善に関する情報共有を行っている様子（写真：WFP/Srawan Shrestha）

■UHCの推進

日本は、新型コロナによって後退した従来からの保健課題を推し進め、より強靭、より公平、かつより持続可能なUHCを実現していく必要性があるとの認識の下、国際的な協力を進めてきています。

従来から日本は、感染症対策には持続可能かつ強靭な保健システムの構築が基本になるとの観点に立ち、東南アジアやアフリカ各国の保健・医療体制を支援してきました。加えて、新型コロナ等の世界規模でのパンデミックで明らかになった様々な教訓を踏まえ、中核医療施設の整備・ネットワーク化や医療分野の人材育成支援などの保健システムを強化しています。これらはUHCの推進に貢献すると同時に、公衆衛生危機に対する予防・備え・対応にも資するものです。また、上下水道等の水・衛生インフラの整備、食料安全保障の強化など、より幅広い分野で、感染症に強い環境整備のための支援を実施しています。15か国以上の国において、浄水処理用薬品、給水車用燃料、水道事業職員用の感染防護具、配管資材等を供与しているほか、手洗いの励行や啓発活動を実施し、感染症予防に貢献しています。JICAは、安全・安心な水の供給、手洗い設備、石鹸等の環境整備の支援に加え、開発途上国における正しい手洗いの定着のため、「健康と命のための手洗い運動」などの取組を実施しています。

また、UHCにおける基礎的な保健サービスには、栄養改善、予防接種、母子保健、性と生殖の健康、感染症対策、非感染性疾患対策、高齢者の地域包括ケアや介護など、あらゆるサービスが含まれます（栄養改善については、83ページの食料安全保障および栄養を参照）。

特に、途上国の母子保健については、いまだ大きな課題が残されており、2022年、日本は、カンボジア、ラオス、パキスタン、バングラデシュ、アンゴラ、ガーナ、コートジボワール、セネガル、ブルンジ、モザンビークなどを始め、多くの国で母子保健改善のための支援を実施しました。

また、日本は、その経験と知見をいかし、母子保健改善の手段として、母子健康手帳（母子手帳）を活用した活動を展開しています。母子手帳は、妊娠期・出産期・産褥期 注56 、および新生児期、乳児期、幼児期と時間的に継続したケア（CoC：Continuum of Care）に貢献できるとともに、母親が健康に関する知識を得て、意識向上や行動変容を促すことができるという特徴があります。具体的な支援の例として、インドネシアでは、日本の協力により全国的に母子手帳が定着しています。また、インドネシアを含め、母子手帳の活用を推進しているカンボジア、東ティモール、ラオス、パプアニューギニア、タジキスタン、ケニア、マダガスカルの間では、各国での経験を共有して学び合う場が持たれています。

日本のNGOも、日本NGO連携無償資金協力の枠組みを利用して、保健・医療分野で事業を実施しています。例えば、2022年には、特定非営利活動法人ロシナンテスが、ザンビアのチサンバ郡において、母子保健サービスを改善するため、小型超音波診断装置の導入、マザーシェルター 注57 の水および電気供給の整備、医療従事者や地域ボランティアの研修を行っています（ホンジュラスでのNGOの取組について、107ページの「案件紹介」を参照）。

日本は、国連人口基金（UNFPA）や国際家族計画

注56 出産後、妊娠前と同じような状態に回復する期間で、産後約1〜2か月間のこと。
注57 出産を控えた妊婦が出産日や出産時間まで待機できる施設。

連盟（IPPF）、世界銀行などの国際機関と共に、性と生殖に関する健康サービスを含む母子保健を推進することによって、より多くの女性とこどもの健康改善を目指しています。また、Gaviワクチンアライアンス^{解説}や二国間協力を通じて、途上国の予防接種率の向上に貢献しています（UNFPA日本人職員の活躍について、152ページの「国際協力の現場から」も参照）。

また、アジア開発銀行（ADB）では、「ストラテジー2030」において保健を重点分野の一つに位置付け、アジア太平洋地域でのUHC達成に向けたADBと日本との連携の3本柱として、UHCを支える（ⅰ）制度枠組の構築、（ⅱ）人材育成の強化、（ⅲ）インフラの整備を掲げました。日本は、2021年4月から、この3本柱に基づいた取組を後押しする技術支援や小規模のグラント供与を目的としたADBの日本信託基金への拠出を開始しました。

2022年5月、岸田総理大臣はテドロスWHO事務局長との間で電話会談を行い、日本にWHOのUHCセンターを設立することを検討するためのタスクフォースを設置することを確認しました。2022年9月、岸田総理大臣は、第77回国連総会の一般討論演説において、2023年に日本が議長国を務めるG7に向け、国際保健の枠組み強化や、新型コロナを踏まえた新たな時代のUHC達成にも引き続きリーダーシップを発揮する旨を述べました。また、同月、林外務大臣は、ニューヨークにおいてUHCフレンズ閣僚級会合を共催しました。会合において林外務大臣は、新型コロナ危機を通じて、世界は保健システムへの投資が

強靱な経済・社会の基盤の強化につながることを実感した旨を述べつつ、このモメンタムを活用し、UHCの達成に向けた取組を維持・強化する必要性を指摘しました。

■三大感染症（HIV／エイズ、結核、マラリア）

SDGsの目標3.3として、2030年までの三大感染症の収束が掲げられています。日本は、「グローバルファンド」^{注58}を通じた三大感染症対策および保健システム強化への支援に力を入れており、設立から2022年までに約43億ドルを拠出しました。さらに、2022年8月のTICAD 8および9月のグローバルファンド第7次増資会合において、岸田総理大臣は、今後3年間で最大10.8億ドルの拠出を行うことを表明しました。日本は、三大感染症への対策がより効果的に実施されるよう、グローバルファンドを通じた取組との相互補完的な支援として、保健システムの強化、コミュニティ能力強化や母子保健改善などの二国間協力も実施しています。

二国間協力を通じたHIV/エイズ対策として、日本は、新規感染予防のための知識を広め、検査・カウンセリングの普及を行っています。特にアフリカを中心に、2022年もJICA海外協力隊員が、より多くの人に予防についての知識や理解を広める活動や、感染者や患者のケアとサポートなどに精力的に取り組んでいます。

結核に関しては、2021年改定版「ストップ結核ジャパンアクションプラン」に基づき、日本が結核対

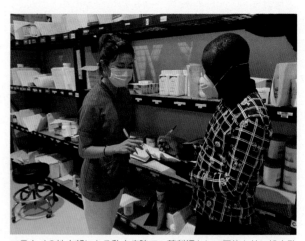

ベトナムのバック・ザン省疫病管理センターにおいてインフルエンザと手足口病の検査技術を指導するJICA専門家（写真：JICA）

マラウイの地方部にある私立病院で、薬剤師として同僚と共に処方監査と医薬品の在庫・発注管理をするJICA海外協力隊員

注58 2000年のG8九州・沖縄サミットにおいて感染症対策が初めて主要議題となったことを契機に、2002年に設立された官民連携パートナーシップ。開発途上国における三大感染症（エイズ、結核、マラリア）対策および保健システム強化に対する資金協力を行い、SDGs達成に向けた取組に貢献。

国際機関と日本企業の連携による感染症対策

アフリカ6か国 注1、アジア4か国 注2

開発途上国の感染症予防に向けたSTePP技術の実証・移転による海外日本企業支援事業 注3
国際機関拠出金・出資金（補正予算）（2020年11月～2022年12月）

新型コロナウイルス感染症が猛威を振るった2020年、アフリカやアジアの開発途上国では、保健・医療に関する技術の遅れや衛生意識の低さにより、医療施設での二次感染が拡大していました。

国連工業開発機関（UNIDO）東京事務所は、日本の外務省の資金協力を得て、途上国の感染症対策につながる日本の技術を移転するプロジェクトを開始し、UNIDOが運営するサステナブル技術普及プラットフォーム（STePP）注4 の登録企業の中から、日本企業12社を選びました。

アフリカ・アジアの10か国を対象に、各国のニーズに合わせ、各社は消毒剤製造や抗菌塗装、医療検査設備などの技術移転を行いました。当初は、日本の技術者を現地に派遣する予定でしたが、各国での感染拡大により渡航が困難となりました。そこで、各社は、関連機材を現地に送りオンラインで技術指導を行うなど、工夫しながら取組を進めました。

株式会社キンセイ産業の医療廃棄物焼却炉を導入したケニア・ナイロビの病院。施設内で発生する医療廃棄物を全て処理できるようになった。（写真：UNIDO東京事務所）

対象国のケニアでは、医療廃棄物が正しく分別・処理されておらず、感染源の一つとなっていました。そこで、オンラインツールを活用して、技術訓練やワークショップを開催し、医療施設内への医療廃棄物焼却炉の設置や試運転の指導を実施しました。その結果、

施設で発生する週1トンの医療廃棄物を全て適切に焼却できるようになりました。ベトナムでは、衛生管理に課題を抱える医療施設や食品加工工場に浄化装置を計8台設置し、維持管理や運用に関

ベトナムの医療施設に浄化装置を導入するため、現地とオンライン会議を行うAGC株式会社の関係者たち（写真：UNIDO東京事務所）

する技術指導を遠隔で行い、従業員や入院患者22万人、消費者10万人の衛生環境の向上につながりました。

今回、日本の技術が途上国の感染症対策に貢献し、リモートでも技術移転ができるという新たな発見がありました。この経験を基に、UNIDOは、日本企業との連携をさらに深め、日本企業の海外進出を後押ししていきます。

注1 ウガンダ、ケニア、セネガル、ナイジェリア、マダガスカル、モロッコ。
注2 インド、インドネシア、ベトナム、モンゴル。
注3 本事業の詳細は以下を参照。
http://www.unido.or.jp/activities/technology_transfer/stepp-demo-results/
注4 日本の優れた技術を途上国や新興国に紹介するプラットフォーム。ウェブサイトや展示会、途上国の投資促進専門官の招聘プログラムなどを通じて、包摂的で持続可能な産業開発に資する日本の技術やノウハウを広く紹介している。2022年12月時点で117社135の技術が登録されている。

策で培った経験や技術をいかし、官民が連携して、2025年までの中間目標として結核による死亡を75％減少（2015年比較）させ、結核罹患率を50％減少（2015年比較、10万人当たり55症例未満）させることを目標に、開発途上国、特にアジアおよびアフリカに対する年間結核死者数の削減に取り組んでいます。

このほか、乳幼児が死亡する主な原因の一つであるマラリアについて、ミャンマーやソロモン諸島において、日本は、地域コミュニティの強化を通じたマラリア対策への取組を支援しています。またグローバルファンドへの拠出を通じ、世界的なマラリア対策も

行っています。

■感染症の薬剤耐性（AMR）への対応

感染症の薬剤耐性（AMR）注59 は、公衆衛生上の重大な脅威であり、近年、対策の機運が増しています。日本は、AMRへの対策を進めるために、人、動物、環境の衛生分野に携わる者が連携して取り組む「ワン・ヘルス・アプローチ」を推進しています。日本は、G20大阪サミットでの「ワン・ヘルス・アプローチ」推進のための合意も踏まえ、2019年に新規抗菌薬の研究開発と診断開発を推進するGARDP（Global Antibiotic Research & Development

注59 AMR（Anti-microbial Resistance）。病原性を持つ細菌やウイルス等の微生物が抗菌薬や抗ウイルス薬等の抗微生物剤に耐性を持ち、それらの薬剤が十分に効かなくなること。

Partnership）への約10億円の拠出を発表し、AMR
グローバルリーダーズグループに参加するなど、
AMR対策においてリーダーシップを発揮しています。
2022年には、GARDPに対し、約2億円を拠出しま
した。

■顧みられない熱帯病（NTDs）

　シャーガス病、フィラリア症、住血吸虫症などの寄
生虫・細菌感染症は「顧みられない熱帯病（NTDs：
Neglected Tropical Diseases)」と呼ばれています。
世界全体で10億人以上が感染しており、開発途上国
に多大な社会的・経済的損失を与えています。日本
は、2022年までにグローバルヘルス技術振興基金
（GHIT）へ総額で143億円を拠出してきており、
GHITを通じてNTDs対策支援を行ってきたほか、
2022年6月には「顧みられない熱帯病（NTDs）に
関するキガリ宣言」に署名し、関係国や国際機関等と
密接に連携して対策に取り組んでいます。

　また、日本は、技術協力を通じ、1970年代から太
平洋島嶼国に対してリンパ系フィラリア症の対策支援
を行っています。大洋州広域フィラリア対策プロジェ
クトでは、日本の製薬会社エーザイ株式会社が無償で
WHOに提供する治療薬を活用し、日本人専門家の派
遣による技術指導を行い、感染地域において伝播を阻
止するための駆虫薬の集団投薬などを、官民が連携し
て支援しています。長期にわたるこれらの支援が功を
奏し、太平洋島嶼国14か国のうちの9か国（キリバス、

パプアニューギニアの東ニューブリテン州にて、フィラリア伝播抑制
のための集団投薬の広報活動を行う医療従事者の様子（写真：JICA）

クック諸島、ソロモン諸島、トンガ、ナウル、ニウエ、
バヌアツ、パラオ、マーシャル諸島）がリンパ系フィ
ラリア症の制圧を達成しました。今後も専門家の派遣
などを通じて太平洋島嶼国におけるリンパ系フィラリ
ア症の制圧に向けた支援を継続していきます。

■ポリオ

　ポリオは根絶目前の状況にありますが、日本は、い
まだ感染が見られる国（ポリオ野生株常在国：アフガ
ニスタン、パキスタン）を中心に、主に国連児童基金
（UNICEF）やGaviと連携し、撲滅に向けて支援して
います。2022年には、アフガニスタンにおいて、定
期予防接種活動およびポリオワクチン接種キャンペー
ンに必要なワクチン調達などの支援をUNICEFと連
携し実施しています。

用語解説

COVAXファシリティ（COVID-19 Vaccine Global Access Facility）
新型コロナワクチンへの公平なアクセスの確保のため、Gavi主導の下で立ち上げられた資金調達および供給調整メカニズム。ワクチンの購
入量と市場の需要の保証を通じ規模の経済をいかして交渉し、迅速かつ手頃な価格でワクチンを供給する仕組み。COVAXファシリティは、
2022年12月時点で146か国・地域へワクチンを供給。

健康危機プログラム（WHO Health Emergencies Program）
WHOの健康危機対応のための部局であり、各国の健康危機対応能力の評価と計画立案の支援や、新規および進行中の健康危機の事案のモ
ニタリングのほか、健康危機発生国における人命救助のための保健サービスの提供を実施している。

緊急対応基金（CFE：Contingency Fund for Emergencies）
2014年の西アフリカにおけるエボラ出血熱の大流行の反省を踏まえ、2015年にWHOがアウトブレイクや緊急事態に対応するために設立
した感染症対策の緊急対応基金のこと。拠出の判断がWHO事務局長に一任されており、拠出することを決定してから24時間以内に資金を
提供することが可能となっている。

Gaviワクチンアライアンス（Gavi、the Vaccine Alliance）
2000年、開発途上国の予防接種率を向上させることにより、こどもたちの命と人々の健康を守ることを目的として設立された官民パート
ナーシップ。ドナー国および途上国政府、関連国際機関に加え、製薬業界、民間財団、市民社会が参画している。設立以来、8億8,800万
人のこどもたちに予防接種を行い、1,500万人以上の命を救ったとされている。日本は、2011年に拠出を開始して以来2022年までに、累
計約12億3,000万ドルの支援を実施。

開発協力トピックス③ 人間の安全保障の実現に向けた取組の推進

2022年9月の国連総会一般討論演説において、岸田総理大臣は、国連の理念実現のための3つの柱の一つとして、新たな時代における人間の安全保障の理念に基づく取組の推進を掲げました。

人間の安全保障とは、人間一人ひとりに着目し、人々が恐怖や欠乏から免れ、尊厳を持って生きることができるよう、個人の保護と能力強化を通じて国・社会造りを進めるという考え方です。日本は長年にわたって人間の安全保障の理念を国際社会で推進してきており、開発協力大綱でも日本の開発協力の根本にある指導理念として位置付けています。また、一人ひとりに焦点を当てる人間の安全保障は、「誰一人取り残さない」社会の実現を目指す持続可能な開発目標（SDGs）の理念とも軌を一にするものです。

日本政府は人間の安全保障の推進のため、概念の普及および現場での実践の両面において、これまで様々な取組を実施してきています。2012年には、日本の主導により、人間の安全保障の共通理解に関する国連総会決議が全会一致で採択されました。また、2000年以降累次にわたって、人間の安全保障に関するシンポジウムを開催するなど、国際社会における人間の安全保障の概念の普及に積極的に取り組んでいます。さらに、新型コロナウイルス感染症の世界的な拡大により、世界の人々の命・生活・尊厳が危機に晒された状況を受けて、菅総理大臣（当時）が2020年9月の国連総会一般討論演説において、新しい人間の安全保障の考え方について議論を深めることを提案し、国連の下でハイレベル諮問パネルが立ち上げられました。このパ

ネルでの議論を踏まえて、2022年2月、国連開発計画（UNDP）により人間の安全保障に関する特別報告書が公表され、オンライン形式で開催されたグローバル・ローンチ（発

2022年2月国連開発計画（UNDP）は人間の安全保障に関する特別報告書を公表（写真：UNDP）

刊イベント）には、林外務大臣がビデオメッセージを発出しました。この特別報告書では、従来の人間の安全保障の2つの柱である「保護」と「能力強化」に加えて、「連帯」の概念を取り込んだ「新たな時代の人間の安全保障」の必要性を提唱しています。気候変動や感染症を始めとする地球規模課題を一国のみで解決することは不可能であり、各国そして一人ひとりが連帯の精神を持ち、協調して対処することが不可欠です。日本政府はこうした認識に立ち、「新たな時代の人間の安全保障」のアプローチに賛同し、この概念の普及と実践に努めていく考えです。

また、現場での人間の安全保障の実践を推進するため、日本の主導により、1999年に国連に人間の安全保障基金が設置され、2021年度までに日本は同基金に累計で約490億円を拠出しています。同基金は、2021年末までに100以上の国・地域で、国連機関が実施する人間の安全保障の確保に資するプロジェクト282件を支援してきました。

人間の安全保障の実現に向けて、日本は引き続き国際社会で主導的な役割を果たしていきます。

オンライン形式で開催されたグローバル・ローンチにおける、林外務大臣のビデオメッセージ

(2) 水・衛生

　水と衛生の問題は人の生命に関わる重要な問題です。世界の約20億人が、安全に管理された飲み水の供給を受けられず、36億人が安全に管理されたトイレなどの衛生施設を使うことができない暮らしをしています注60。また、水道が普及していない開発途上国では、多くの場合、女性やこどもが時には何時間もかけて水を汲みに行くため、女性の社会進出やこどもの教育の機会が奪われています。また、不安定な水の供給は、医療や農業にも悪影響を与えます。SDGsの目標6は、「全ての人々の水と衛生の利用可能性と持続可能な管理を確保する」ことを目指しています。

急激な都市化と人口増により増加するプノンペンの汚水の処理能力向上に向け、カンボジアのカウンターパートと下水管工事現場で活動するJICA専門家（写真：JICA）

日本の取組

　日本は、1990年代から累計で、世界一の水と衛生分野における援助実績を有しています。2022年、インドネシア、カンボジア、ベトナム、ラオスなどで上水道整備・拡張のための協力を実施しました。例えば、カンボジアでは、下水道管理に係る法・制度の整備を通じて、プノンペン都庁および公共事業・運輸省の下水道管理の体制構築を支援しています。また、タジキスタンでは、給水サービスの改善に向けて、ピアンジ県・ハマド二県上下水道公社の能力強化を目的とした技術協力プロジェクトを実施しています（詳細は115ページの「案件紹介」を参照）。

　2022年4月に熊本で開催された第4回アジア・太平洋水サミットにおいて、アジア・太平洋地域の30か国の首脳級・閣僚級が参加する中、岸田総理大臣は日本の貢献策「熊本水イニシアティブ」を発表しました（詳細は65ページの「開発協力トピックス」を参照）。

　日本国内および現地の民間企業や団体と連携した途上国の水環境改善の取組も、世界各地で行われています。例えば、インドネシアでは、JICAの中小企業・SDGsビジネス支援事業を活用して、「再生水利用・産業排水処理の促進に向けた自動再生式活性炭排水処理技術普及・実証事業」が実施されました。繊維産業の盛んな同国においては、染色排水の処理不足による河川汚染や地下水の過剰取水による地盤沈下等の環境問題の解決が求められていました。同事業により、現地でこれまで大型浄化装置が2台導入され、工場排水を処理した水の再利用が可能となったことにより、資源としての水の有効活用や水使用量の合理化、さらには排水量の削減が実現し、近隣河川への環境負荷改善に貢献しています（ジャパン・プラットフォーム（JPF）を通じたウガンダへの支援については124ページの「案件紹介」を参照）。

　環境省でも、アジアの多くの国々において深刻な水質汚濁が生じている問題に対して、現地での情報や知識の不足を解消するため、アジア水環境パートナーシップ（WEPA）を実施しており、アジアの13の参加国注61の協力の下、人的ネットワークの構築や情報の収集・共有、能力構築などを通じて、アジアにおける水環境ガバナンスの強化を目指しています。2022年4月に、オンラインで開催された第17回WEPA年次会合では、「生活排水ガバナンスの現状と課題」、「分散型排水処理システム導入の現状と課題」に焦点を当て、各国における水環境ガバナンスの進展について情報共有するとともに、活発な意見交換が行われました。また、SDGsの目標6.3に掲げられている「未処理汚水の半減」の達成に貢献すべく、主にアジア地域を対象に、日本の優れた技術である浄化槽の技術や法制度などを紹介しています。2022年11月に第10回のワークショップをオンラインで開催し、分散型汚水処理の大きな課題の一つである生活雑排水処理にフォーカスして、生活雑排水を適正に処理するこ

注60　UNICEFによるデータ（2020年）。
　　https://data.unicef.org/resources/progress-on-household-drinking-water-sanitation-and-hygiene-2000-2020/
注61　インドネシア、韓国、カンボジア、スリランカ、タイ、中国、ネパール、フィリピン、ベトナム、マレーシア、ミャンマー、ラオス、日本の13か国。

開発協力トピックス 4

第4回アジア・太平洋水サミットの開催

水は、社会に恵みをもたらす資源である一方で、自然災害では人の命や豊かな生活を脅かす存在にもなります。例えば、近年、世界各地で水害が多発しており、30年前と比較して、日本では、集中豪雨の発生件数が約1.4倍に、アジア太平洋地域では、影響人口が大きい水害注1の数が約3倍に増加しています。水害以外でも、「水」は貧困、公衆衛生、食料、環境、エネルギー、平和と安全保障など、様々な社会課題と密接に関係しています。

アジア・太平洋水サミットは、アジア太平洋地域の首脳級を含むハイレベルを対象とし、水問題に対する認識を深め、具体的な資源動員や行動を促すことを目的とした国際会議です。2022年4月23日および24日、熊本県熊本市で第4回注2アジア・太平洋水サミットが開催されました。日本での開催は15年ぶりであり、日本を含むアジア太平洋地域の31か国の首脳級・閣僚級が参加したほか、対面・オンラインを合わせて約5,500名が参加しました。日本からは岸田総理大臣が参加し、出席した各国首脳などと昼食会や二国間会談も行いました。今回のテーマは、「持続可能な発展のための水～実践と継承～」であり、新型コロナウイルス感染症からの復興の過程で水の重要性を改めて認識し、次世代に渡って持続可能な発展を続けるために議論が行われました。

開会式では、オンラインによる天皇陛下のおことばおよび記念講演が行われました。また、午後の首脳級会合では、岸田総理大臣が基調演説を行い、日本は各国や国際機関と協調・連携しながら、水に関する社会

首脳級会合冒頭の様子（写真：日本水フォーラム）

課題の解決に向けて「質の高いインフラ」整備などに積極的に取り組んでいく旨を述べました。そして、水問題への日本の貢献策である「熊本水イニシアティブ」を発表しました。23日午後の首脳級会合では、出席した各国首脳により「熊本宣言」注3が発表されたほか、その後の2日間にわたる各国・機関の関係者による活発な議論を踏まえ、24日には議長サマリーが発表されました。

また、閉会式では、アジア太平洋地域のユース代表（インド）と福岡県の高校生の代表が「ユースからのメッセージ」として、若者と大人が協力することの重要性を発信し、地域の持続可能な発展に向けて、若者の参画を強化していくことの重要性が再認識されました。

「水を治める者は国を治める」という故事のとおり、今や水を治めることは、地球規模の社会課題を解決することにも大きく貢献します。複数国の首脳級も参画して得られた本会議の成果については、アジア太平洋地域のみにとどまるものではなく、世界の水問題や、防災、気候変動に関する今後の議論に対しても、大きな力と知恵を与えることが期待されています。2023年3月に46年ぶりに実施される予定の「国連水会議」への重要なインプットにもなる見込みです。

インド北西部のラジャスタン州ナゴール地区で、「ラジャスタン州地方給水・フッ素症対策事業」により建設された浄水場施設。これにより、安全かつ安定的な上水道サービスが確保された。（写真：ラジャスタン州公衆衛生局）

注1 影響人数1,000人以上の水害を指す。
注2 2007年に第1回会合が大分県別府市で開催され、第2回は2013年にタイで、第3回は2017年にミャンマーで開催された。
注3 水関連分野での取組強化のため、ガバナンス、ファイナンス、科学技術の3つの分野で変革と改善に向けた実質的な行動を求めている。

タジキスタンの小学校に整備した給水施設で手洗いするこどもたち（115ページの「案件紹介」も参照）

との重要性や有益性、処理施設普及拡大のための法制度上の対策や地方公共団体の取組事例などを発表し議論を重ねることで、今後の方向性や解決に向けての改善策に関して共通認識を得ました。これにより、浄化槽を始めとした分散型汚水処理に関する情報発信と各国分散型汚水処理関係者との連携強化を図りました。

(3) 万人のための質の高い教育

世界には小学校に通うことのできないこどもが約5,800万人もいます。中等教育も含めると、推定約2億5,600万人（全体の16.8%）注62 が学校に通うことができていません。特に、2000年以降、サブサハラ・アフリカでは、学校に通うことのできないこどもの割合が増加しています。とりわけ、障害のあるこども、少数民族や不利な環境に置かれたコミュニティのこども、避難民や難民のこども、遠隔地に住むこどもが取り残されるリスクが最も高くなっています。新型コロナの感染拡大の影響も大きく、学校閉鎖による学習機会の損失に加え、学校が再開した後も学校に戻らないこどもたちがいることも指摘されており、これらに伴うこどもの栄養不足、早婚、ジェンダー平等などへの影響も懸念されています。

SDGsの目標4として、「全ての人に包摂的かつ公正な質の高い教育を確保し、生涯学習の機会を促進す

る」ことが掲げられており、国際社会は、「教育2030行動枠組」解説の目標の達成を目指しています。

日本の取組

日本は、開発途上国の基礎教育 注63 や高等教育、職業訓練の充実などの幅広い分野で支援を行っています。

日本は、2019年に発表した「教育×イノベーション」イニシアティブ 注64 を促進し、3年間で約947万人のこども・若者を支援し、コミットメントを達成しました。2030年までに全てのこどもが質の高い初等・中等教育を修了できるようにするためには、支援を加速化させるイノベーションが不可欠です。日本は、「G20持続可能な開発のための人的資本投資イニシアティブ」（2019年G20大阪サミット）を通じて、基盤的な学力を育む教育やSTEM教育 注65 、eラーニングの展開などの支援を一層強化しています（ネパールでの取組について、99ページの「案件紹介」を参照）。

また、日本は、「教育のためのグローバル・パートナーシップ（GPE）」解説 に対して、2008年から2022年までに総額約4,622万ドルを拠出しています。2015年以降にGPEのパートナー国が支援したこどもは約3,270万人に及び、これらこどもの4人

ラオスでの技術協力「初等教育における算数学習改善プロジェクト」において、日本の支援によって作成された算数の教科書で学習するこどもたち（写真：JICA）

注62 「Global Education Monitoring Report 2021/2022」209ページ、413ページ、427ページ。https://unesdoc.unesco.org/ark:/48223/pf0000379875

注63 生きていくために必要となる知識、価値そして技能を身に付けるための教育活動。主に初等教育、前期中等教育（日本の中学校に相当）、就学前教育、成人識字教育などを指す。

注64 2019年のG20大阪サミットで発表された「G20持続可能な開発のための人的資本投資イニシアティブ」に基づき、日本独自の取組として、2019年から2021年の3年間で、少なくとも約900万人のこども・若者にイノベーションのための教育と、イノベーションによる教育を提供するもの。

注65 Science（科学）、Technology（技術）、Engineering（工学）、Mathematics（数学）のそれぞれの単語の頭文字をとったもので、その4つの教育分野の総称。

に3人は初等教育を修了しました。2021年7月に開催された世界教育サミットにおいて、日本は、GPEへの支援継続も含め2021年から2025年までの5年間で15億ドルを超える教育分野に対する支援と、750万人の途上国の女子の教育および人材育成のための支援を表明しました。

2022年8月のTICAD 8 注66 では、アフリカに対する教育分野（若者や女性を含む人材育成）の取組として、「みんなの学校プロジェクト」など、就学促進、包摂性の向上、給食の提供などの取組を通じてこどもの学びを改善させ、900万人にSTEM教育を含む質の高い教育を提供すること、400万人の女子の質の高い教育へのアクセスを改善することを表明しました。また、日・アフリカ間の大学ネットワークの下での人材育成や留学生の受入れなどを通じて、科学技術分野を含む高度人材の育成に取り組んでいます（エジプトでの支援について、68ページの「国際協力の現場から」を参照）。

これまでに日本は、ニジェールを始めとする西アフリカ諸国を中心として、2004年から、学校や保護者、地域住民間の信頼関係を築き、こどもの教育環境を改善するため、「みんなの学校プロジェクト」を実施しており、世界銀行やGPEなどとも連携して、同プロジェクトの普及を各国全土に拡大しています。2022年10月までに9か国において、70,754校の小学校で導入されています。

アジア太平洋地域においては、国連教育科学文化機関（UNESCO）に拠出している信託基金を通じて、「アジア太平洋地域教育2030会合（APMED2030）」の年次開催や、教育の質の向上、幼児教育の充実、ノンフォーマル教育の普及および教員の指導力向上など、SDGsの目標4達成に向けた取組を支援していま

ジブチ・ディキル市内の小学校で四則計算の指導を行うJICA海外協力隊員（写真：JICA）

す。また、日本は、日ASEAN間の高等教育機関のネットワーク強化や、産業界との連携、周辺地域各国との共同研究、および日本の高等教育機関などへの留学生受入れなどの多様な方策を通じて、途上国の人材育成を支援しています。

■ 持続可能な開発のための教育（ESD）の推進

「持続可能な開発のための教育解説：SDGs達成に向けて（ESD for 2030）」が、UNESCOを主導機関として、2020年1月から開始されました。ESDは、持続可能な社会の創り手の育成を通じ、SDGsの全ての目標の実現に寄与するものであり、日本は、ESD提唱国として、その推進に引き続き取り組むとともに、UNESCOへの信託基金を通じて、世界でのESDの普及・深化へ貢献しています。また日本は、同信託基金を通じて、ESD実践のための優れた取組を行う機関または団体を表彰する「ユネスコ／日本ESD賞」をUNESCOと共に実施しており、これまでに18団体に授与するなど、積極的にESDの推進に取り組んでいます。

3 国際協力の現場から

日本の教育システムをいかした科学技術大学をエジプトに設立

～優秀な研究者を育成・輩出し、中東・アフリカ地域の発展に貢献～

エジプトでは、大学の学生数増加による実験・実習機材の不足から、特に工学部においては座学による講義形式の教育が中心となり、実践的な教育を実現している大学は限定的でした。日本の工学教育の特徴「少人数、大学院・研究中心、実践的かつ国際水準の教育提供」をコンセプトとする大学新設のためのエジプト政府からの支援要請を受けて、2008年に日本による技術協力プロジェクト「エジプト日本科学技術大学（E-JUST注1）設立プロジェクト」が開始されました。

2008年10月から2014年1月に行われたフェーズ1プロジェクトでは、九州大学、京都大学、東京工業大学、早稲田大学を中心とした日本の12大学の協力の下、主にカリキュラム開発や教員派遣等の支援が行われ、E-JUSTは2009年に工学系の大学院大学として開学しました。また2014年2月から2019年1月に行われたフェーズ2プロジェクトの実施により、工学部と国際・ビジネス人文学部が開設され、学部の受け入れが開始されるとともに、E-JUSTをエジプトの産業および社会の発展に貢献する人材を育成する国内トップクラスの研究大学とするための基盤が整えられました。プロジェクト開始当初は、現地で同大学のコンセプトに対する戸惑いも見られましたが、日本独自の研究室教育の成果が現れ始めると、エジプト人教員の態度や学生の学ぶ姿勢に変化が生じました。

特任教授を務める東京工業大学の大川原真一氏は、E-JUSTの成果について次のように語ります。「地道に研究指導を続けた結果、日本式の教育方法が高く評価され、当初30人だった学生数は、現在では3,000人にまで増えました。現地の大学フォーラムに参加した際には、E-JUSTのブースは会場の目立つ場所に設置され、高等教育大臣も訪問されるなど、自分たちの取組が高く評価されていることを実感しました。」

大川原氏は毎年E-JUSTの博士課程学生を東京工業大学の研究室で受け入れており、留学生に日本の最先端研究や研究生活に触れてもらうことは勿論のこと、日本人学生にとっても国際的な視点を身に付けられるという双方にとって有益な機会を提供しています。

その後エジプトには、E-JUSTをモデルとした大学が複数設立されました。これは、E-JUSTの目指すコンセプトがエジプトで浸透している証と言えます。第一副学長を務める東京工業大学名誉教授の鈴木正昭氏は、「E-JUSTは今や、エジプト国内トップクラスの研究大学までに発展しました。フェーズ3プロジェクト（2019年2月から2025年1月）では、奨学金制度を活用し、アフリカ地域からの留学生の受け入れを促進することで各国の発展に貢献していきたいと考えています。」と、今後の展望を語ります。

注1　Egypt-Japan University of Science and Technology の略称。

エジプトの学生を指導する大川原教授

2022年10月エジプト日本科学技術大学（E-JUST）入学式の様子
（写真：E-JUST）

用語解説

教育2030行動枠組（Education 2030 Framework for Action）
万人のための教育を目指して、2000年にセネガルのダカールで開かれた「世界教育フォーラム」で採択された「万人のための教育（EFA）ダカール行動枠組」の後継となる行動枠組み。2015年のUNESCO総会と併せて開催された「教育2030ハイレベル会合」で採択された。

教育のためのグローバル・パートナーシップ（GPE：Global Partnership for Education）
開発途上国、ドナー国・機関、市民社会、民間企業・財団が参加し、2002年に世界銀行主導で設立された途上国の教育セクターを支援する国際的なパートナーシップ。2011年にファスト・トラック・イニシアティブ（FTI：Fast Track Initiative）から改称された。

持続可能な開発のための教育（ESD：Education for Sustainable Development）
持続可能な社会の創り手を育む教育。2017年の第72回国連総会決議において、ESDがSDGsの全ての目標達成に向けた鍵となることが確認され、2019年の第74回国連総会決議で採択された「ESD for 2030」においても、そのことが再確認された。「ESD for 2030」は、「国連ESDの10年（UNDESD）」（2005年から2014年）、および「ESDに関するグローバル・アクション・プログラム（GAP）」（2015年から2019年）の後継プログラムであり、2020年から2030年までの新しい国際的な実施枠組み。

（4）ジェンダー・包摂的な社会
ア 女性の能力強化・参画の促進

　開発途上国における社会通念や社会システムは、一般的に、男性の視点に基づいて形成されていることが多く、女性は様々な面で脆弱な立場に置かれやすい状況にあります。一方、女性は開発の重要な担い手であり、女性の参画は女性自身のためだけでなく、開発のより良い効果にもつながります。例えば、これまで教育の機会に恵まれなかった女性が読み書き能力を向上させることは、公衆衛生やHIV／エイズなどの感染症予防に関する正しい知識へのアクセスを向上させるとともに、適切な家族計画につながり、女性の社会進出や経済的エンパワーメントを促進します。さらには、途上国の持続可能で包摂的な経済成長にも寄与するものです。

　「持続可能な開発のための2030アジェンダ（2030アジェンダ）」では、「ジェンダー平等の実現と女性と女児の能力向上は、全ての目標とターゲットにおける進展において死活的に重要な貢献をするもの」であると力強く謳われています。また、SDGsの目標5において、「ジェンダー平等を達成し、全ての女性および女児の能力強化を行う」ことが掲げられています。「質の高い成長」を実現するためには、ジェンダー平等と女性の活躍推進が不可欠であり、開発協力のあらゆる段階に男女が等しく参画し、等しくその恩恵を受けることが重要です。

日本の取組

　「女性の活躍推進のための開発戦略」注67 では、（ⅰ）女性の権利の尊重、（ⅱ）女性の能力発揮のための基盤の整備、（ⅲ）政治、経済、公共分野への女性の参画とリーダーシップ向上を基本原則に位置付け、日本は国際社会において、ジェンダー主流化注68、ジェンダー平等、女性および女児のエンパワーメント推進に向けた取組を進めています。

　日本は、2018年、女性起業家資金イニシアティブ（We-Fi）注69 に5,000万ドルの拠出を行い、2022年6月時点で、59か国で50,068の女性が経営・所有する中小企業に支援を実施しています。そのうち具体的には、40,378の女性が経営・所有する中小企業

ベトナム「ディエンビエン省における山岳民族の女児と女性に対する人身取引予防事業」で、人身取引の予防について意見交換を行うこどもクラブの女子生徒たち（写真：特定非営利活動法人ワールド・ビジョン・ジャパン）

注67　2016年に策定された、開発協力における女性活躍推進のための課題別政策。

注68　あらゆる分野でのジェンダー平等を達成するため、全ての政策、施策および事業について、ジェンダーの視点を取り込むこと。開発分野においては、開発政策や施策、事業は男女それぞれに異なる影響を及ぼすという前提に立ち、全ての開発政策、施策、事業の計画・実施・モニタリング・評価のあらゆる段階で、男女それぞれの開発課題やニーズ、インパクトを明確にしていくプロセスのこと。

注69　2017年のG20ハンブルク・サミットにて立ち上げを発表。途上国の女性起業家や、女性が所有・経営する中小企業などが直面する、資金アクセスや制度上の様々な障壁の克服を支援することで、途上国の女性の迅速な経済的自立および経済・社会参画を促進し、地域の安定、復興、平和構築を実現することを目的としている。

が資金援助を受け、13,885が経営に必要な技術や知識習得のための研修を受講しました。また、世界銀行によると、途上国では女性が経営する中小企業の70%が金融機関から資金調達ができない、もしくは劣悪な借り入れ条件を課されてしまうため、We-Fiを通じて、性差別のない法制度整備の促進や、女性経営者が資金や市場に平等にアクセスできるよう支援を行っています。

2022年6月に開催されたG7エルマウ・サミットでは、今後数年間にわたり、ジェンダー平等ならびに女性および女児のエンパワーメントを促進するG7の二国間ODAの割合を、共同で増加させるためにあらゆる努力をする旨が、首脳宣言に盛り込まれました。

2022年12月には国際女性会議WAW!2022を開催しました。「新しい資本主義に向けたジェンダー主流化」をメインテーマに、2023年G7日本議長国下での議論を見据え、(ⅰ)新しい資本主義と女性、(ⅱ)女性の尊厳と誇りを守る社会の実現、(ⅲ)男性の関心・関与の拡大、(ⅳ)意思決定プロセスへの女性の参画、(ⅴ)女性の平和・安全保障への参画、の5つのサブテーマを設定し、国内外の様々な分野で活躍するリーダーや有識者による、より良い社会作りに向けた意見交換を行いました。また、WAW!2022の前後をWAW!ウィークスと位置付け、国際女性会議WAW!の趣旨であるジェンダー平等と女性のエンパワーメントに賛同したサイドイベントを107件実施しました。

このほか日本は、国連女性機関（UN Women）を通じた支援も実施しており、2021年には約2,100万ドル、2022年には約1,400万ドルを拠出し、女性の政治的参画、経済的エンパワーメント、女性・女児に対する性的およびジェンダーに基づく暴力撤廃、平和・安全保障分野の女性の役割強化、政策・予算におけるジェンダー配慮強化などの取組を支援しています。また、2022年はアフリカ、アジアにおいて引き続きジェンダーの視点も取り入れた新型コロナの感染予防にも貢献しました。例えば、ソマリアでは、新型コロナ対策に関して、2,234人の女性を支援、南スーダンでは13,189人の国内避難民およびホストコミュニティの住民がワクチン接種の意義を含む新型コロナ

ケニアで女性の現金収入の向上および経済的自立を目指す「難民キャンプとホストコミュニティにおける女性の強靱性強化計画」でバスケットを制作する女性（写真：UN Women）

に関する正しい知識とともに、新型コロナの感染下において増加傾向にあるジェンダーに基づく暴力についての知識を向上させました。

紛争下の性的暴力に関しては、日本としても看過できない問題であるという立場から、紛争下の性的暴力担当国連事務総長特別代表事務所（OSRSG-SVC）との連携を重視しています　注70 。2022年、日本は同事務所に対し、約39.4万ドルを拠出し、新型コロナの感染が拡大するコンゴ民主共和国において、感染対策をしつつ、性的暴力の被害者を対象に法的支援を実施しています。

また、日本は、紛争関連の性的暴力生存者のためのグローバル基金（GSF）解説 に対し、2022年に200万ユーロを追加拠出し、これまでに計600万ユーロを拠出しました。理事会メンバーとして、コンゴ民主共和国やイラクを始めとする紛争影響地域での紛争関連の性的暴力生存者支援に積極的に貢献しています。2022年7月、日本は、第50回人権理事会に際し、GSFおよび理事会メンバー（フランス、英国、韓国）、米国、ウクライナなどとウクライナにおける紛争関連の性的暴力生存者への補償に関するサイドイベントを共催しました。同年9月には、国連総会の際に、GSFおよび理事会メンバー、米国、カナダ、ウクライナなどと生存者支援に関するサイドイベントを共催しました。12月に開催したWAW!2022には、GSF創設者であるムクウェゲ医師が、オンラインで参加しました。

注70 紛争下の性的暴力防止に関する日本の取組については、外務省ホームページ（https://www.mofa.go.jp/mofaj/fp/pc/page1w_000129.html）も参照。

エチオピア「女性起業家支援事業」で起業を目指す女性が研修を受ける様子（写真：JICA）

パラグアイでの技術協力において、障害者を対象としたタンゴセラピーを実践するJICA専門家（写真：JICA）

2000年に採択された国連安保理決議第1325号（女性・平和・安全保障）、および関連決議の実施のため、日本は行動計画（2015年）を策定し、国際機関や二国間支援を通して紛争影響国や脆弱国の女性支援を実施しています。G7の枠組みではG7WPS 注71 パートナーシップ・イニシアティブ（2018年）の下、日本はスリランカをパートナー国として2019年から同国の女性・平和・安全保障に関する行動計画策定支援や、その事業として26年間の内戦で取り残された寡婦世帯を含めた女性の経済エンパワーメント支援を行っています。本パートナーシップによる生計支援により経済的に立ち直るきっかけになるとともに、地域の平和構築・回復にも貢献しているとスリランカ政府からも歓迎されています。

イ 脆弱な立場に置かれやすい人々への支援

貧困・紛争・感染症・テロ・災害などの様々な課題から生じる影響は、国や地域、女性やこどもなど、個人の置かれた立場によって異なります。また、新型コロナの感染拡大は、特に社会的に脆弱な立場に置かれている全ての人々の生存と生活に大きな影響を与えています。SDGsの理念である「誰一人取り残さない」社会を実現するためには、一人ひとりの保護と強化に焦点を当てた人間の安全保障の考え方が重要です。

日本の取組

■障害者支援

社会において弱い立場にある人々、特に障害のある人たちが社会に参加し、包容されるよう、日本の

ODAでは、障害のある人を含めた社会的弱者の状況に配慮しています。障害者権利条約第32条 注72 も、締約国は国際協力およびその促進のための措置を取ることとしています。

障害者施策は福祉、保健・医療、教育、雇用など、多くの分野にわたっており、日本はこれらの分野で積み重ねてきた技術や経験を、ODAやNGOの活動などを通じて開発途上国の障害者施策に役立てています（72ページの「案件紹介」も参照）。

例えば、日本は、鉄道建設、空港建設の設計においてバリアフリー化を図るとともに、リハビリテーション施設や職業訓練施設整備、移動用ミニバスの供与を行うなど、現地の様々なニーズにきめ細かく対応しています。また、障害者支援に携わる組織や人材の能力向上を図るために、JICAを通じて、途上国からの研修員の受入れや、理学・作業療法士やソーシャルワーカーを始めとした専門家、JICA海外協力隊を派遣するなど、幅広い技術協力も行っています。

■こどもへの支援

一般的に、こどもは脆弱な立場に置かれやすく、今日、紛争や自然災害などに加え、新型コロナの影響もあり、世界各地で多くのこどもたちが苛酷な状況に置かれています。また、こどもの難民や国内避難民も急増しており、日本は二国間の支援や国際機関を経由した支援など、様々な形でこどもを対象に人道支援や開発支援を行っています。2022年には、国連児童基金（UNICEF）を通じて、アジア、中東、アフリカ地域などの59か国において、貧困、紛争、自然災害、新

注71 G7 Women, Peace and Securityの略。
注72 日本は2014年に締結した。

障害者と企業をつなぐ「ジョブコーチ」の育成

モンゴル

障害者就労支援制度構築プロジェクト
技術協力プロジェクト（2021年2月～2025年1月）

2009年に障害者権利条約を批准したモンゴル政府は、2016年に「障害者権利法」を公布するなど、障害者の権利保障と社会参加に向けた施策を推進しています。障害者の経済的・社会的な自立を後押しする施策の一つとして、労働法により障害者の雇用を企業に義務付け、「障害者就労促進プログラム」を実施するなどの取組を行っています。一方で、企業の障害者雇用に対する理解は依然として低く、障害者の特性やニーズに対応した職場環境が整備されておらず、障害者の就労が課題となっていました。

そこでJICAは、モンゴル労働・社会保障省と連携し、「ジョブコーチ」と呼ばれる専門人材の育成に取り組んでいます。ジョブコーチは、障害者の就労実現に向けて、企業と障害者のマッチングや、障害者の職場適応の支援などのサービスを提供します。本協力では、これまでに行政機関、就労支援機関、民間企業の職員を対象に入門セミナーを4回開

ジョブコーチ入門セミナーでグループワークに取り組む就労支援団体の職員と講師（写真：JICA）

催し、ジョブコーチの育成が行われました。育成にあたっては、ジョブコーチの基本的な概念やサービス等について講義を行ったり、セミナー受講者がジョ

企業の意識改革を目指した障害理解研修の様子（写真：JICA）

ブコーチ役を務め、障害者雇用における企業との交渉や、知的障害者に仕事を教えるための具体的な方法を学ぶグループワークを実施するなどの取組を行っています。参加者からは、「障害者雇用において参考になる知識を詳しく学べて満足している」などの声が寄せられています。2022年7月から、ジョブコーチによる就労支援サービスの提供を始めており、これまでに48名の障害者が実際にサービスを受けています。

本協力を通じて、助成金制度に関するガイドラインや人材育成制度が整備されました。今後、ジョブコーチによる就労支援サービスを持続的に提供するための仕組み作りや、企業啓発を進めることで、障害者就労のさらなる促進が期待されています。

型コロナなどの影響を受けるこどもへの支援を実施しました。

また、草の根・人間の安全保障無償資金協力 注73 で

日本からの学校給食の支援を受け、感謝の気持ちを手作りのプレートや絵で表現するギニアの児童たち（写真：WFP）

は、特に草の根レベルで住民に直接裨益する協力を行っており、小・中学校の建設や改修、病院への医療機材の供与、井戸や給水設備の整備などを通じて、こどもたちの生活状況の改善に貢献するプロジェクトを実施しています。

例えば、現在、フィリピンでは、北コタバト州キダパワン市に位置し、強い地震により校舎が倒壊し簡素な仮設教室での授業を余儀なくされていたダトゥ・イグワス先住民学校に対し、中学課程向けの校舎建設に協力しています。この協力によって、安全で適切な学習環境が提供され、基礎教育の質が向上することが期待されます。また、アルメニアでは、ロリ州マーガホヴィト村にある義務教育課程の児童が通う村立学校において遊具や運動施設を整備する協力を行いました。これにより、同学校に通う児童や近隣のこどもたちの

ホンジュラス「テグシガルパ市教育施設2校改善計画」で増改築された基礎教育学校および幼稚園の引渡式の様子

ボリビア日系協会連合会に所属するナショナルボランティアグループのメンバーたち。「アニメコンサート2.0」に参加し、折り紙、書道のデモンストレーションを行い、日本文化を発信した。（写真：JICA）

心身の健全な発育や発達、運動能力の強化、健康維持などに貢献することが期待されます。

(5) 文化・スポーツ

国を象徴するような文化遺産は、観光資源として周辺住民の生活向上に有効に活用できます。一方、資金や機材、技術などの不足から、存続の危機に晒されている文化遺産も多く存在し、このような文化遺産を守るための支援が必要とされています。また、こうした開発途上国の貴重な文化遺産を始めとする文化の保護・振興は、対象国のみならず、国際社会全体が取り組むべき課題でもあります。

スポーツは、国民の健康の維持・増進に寄与するのみならず、相手を尊重する気持ちや他者との相互理解の精神、および規範意識を育むことに貢献するものであり、スポーツの持つ影響力やポジティブな力は、途上国に開発・発展の「きっかけ」を与える役割を果たします。

日本の取組

日本は、文化無償資金協力 解説 を通じて、1975年から、途上国の文化（スポーツを含む）高等教育の振興、文化遺産の保全などのための支援を実施しています。文化無償資金協力によって整備された施設は、日本に関する情報発信や日本との文化交流の拠点にもなり、日本に対する理解を深め、親日感情を培う効果があります。2022年には、日本語教育を含む教育分野、文化遺産保存分野、スポーツ分野への支援を含む28件の文化無償資金協力を実施しました。

また、日本は、UNESCOに設置した「日本信託基金」などを通じて、文化遺産の保存・修復作業、機材供与や事前調査などを支援しています。2022年度は約3億円を拠出し、その中から文化遺産分野の事業を複数実施しています。特に、将来、自らの手で自国の文化遺産を守っていけるよう、日本は途上国の人材育成に力を入れており、日本人専門家を中心とした国際的専門家の派遣や、ワークショップの開催などを通じて、技術や知識の移転に努めています。また、有形の文化遺産だけでなく、伝統的な舞踊や音楽、工芸技術、口承伝承（語り伝え）などの無形文化遺産についても、同じく日本信託基金を通じて、継承者の育成や記録保存、保護のための体制作りなどを支援しています。

ほかにも、アジア・太平洋地域世界遺産等文化財保護協力推進事業として、アジア太平洋地域から文化遺産保護に携わる若手専門家を招き、文化遺産保護の能力向上を目的とした研修事業を実施しています。木造建築物の保存修復と考古遺跡の調査記録についての研修を隔年で行っているほか、2022年はベトナムの専門家を対象に、考古遺跡の三次元記録に関する研修などをテレビ会議形式で実施しました。

また、日本は、2020年東京オリンピック・パラリンピック競技大会の価値を継承し、スポーツの価値とオリンピック・パラリンピックムーブメントを広めていくためのスポーツを通じた国際貢献策「スポーツ・フォー・トゥモロー」注74 を引き続き推進すべく、ODAやスポーツ外交推進事業を活用したスポーツ支援を行っています 注75 。このほか、2022年は、ス

注74 スポーツ・フォー・トゥモローホームページ：https://www.sport4tomorrow.jpnsport.go.jp/jp/
注75 外務省によるスポーツ外交の取組：https://www.mofa.go.jp/mofaj/gaiko/culture/hito/sports/index.html

ポーツ分野において50名のJICA海外協力隊員を派遣しました。

（6）環境・気候変動対策

環境・気候変動問題は、SDGsでも言及されており、近年の異常気象や大規模自然災害の発生も受け、国際社会が連携して取り組むべき一刻を争う重要な課題です。これまでも日本は、こうした問題の解決に向けて精力的に取り組んできており、世界最大のドナー国として、生物多様性条約や国連気候変動枠組条約などの主要な国際環境条約の資金メカニズムである地球環境ファシリティ（GEF）解説を通じた開発途上国支援も行っています。

日本の取組

■ 海洋環境の保全

海洋プラスチックごみ問題は、海洋の生態系、観光、漁業および人の健康に悪影響を及ぼしかねない喫緊の課題として、近年、その対応の重要性が高まっています。2019年のG20大阪サミットで日本が主導した、2050年までに海洋プラスチックごみによる追加的な汚染をゼロにすることを目指す「大阪ブルー・オーシャン・ビジョン」は、2022年12月時点で87の国と地域に共有されています。同ビジョンの実現に向け、日本は、（i）廃棄物管理（Management of Wastes）、（ii）海洋ごみの回収（Recovery）、（iii）イノベーション（Innovation）、（iv）能力強化（Empowerment）に焦点を当てた、「マリーン（MARINE）・イニシアティブ」を立ち上げました。日本は、同イニシアティブの下で、世界全体の実効的な海洋プラスチックごみ対策を後押しするため、開発途上国における廃棄物管理に関する能力強化およびインフラ整備などを支援しています。

日本は、国連環境計画（UNEP）を通じて海洋プラスチック対策を支援しています。2020年3月より、6億2700万円を拠出した「CounterMEASURE II」プロジェクトでは、東南アジア・インド地域において、専門家グループを発足させ、同グループによる科学的知見構築の支援、2,000人以上に対する研修などを行いました。また、プラスチックによる海洋汚染の深刻化に対して、UNEPは、プラスチックの海洋流出を監視するための手法を開発しました。加えて、科学的根拠に基づいた政策立案を可能にするため、プラスチックごみのサンプリング調査および流出経路に関する科学的分析を実施し、その結果に基づいた政策提言やガイドラインの作成を行っているほか、日本のIT企業と連携して流出経路地図を作成し、約3,000か所の流出ポイント（ホットスポット）を特定し、広く一般にも使用可能となるよう同地図を専用サイ

チリの赤潮発生地域で海水のサンプリングを行う研究者と現地カウンターパート（写真：JICA）

ト 注76 で公開しています。

このほかにも、日本は、2018年の日・ASEAN首脳会議において表明した、海洋プラスチックごみ対策に関するASEAN支援を拡大する一環として、2019年以降、ASEAN諸国における海洋プラスチックごみ削減を中心とする環境保全のための人材育成、啓発および広報活動なども実施しています。

例えば、2022年には、日・ASEAN統合基金（JAIF）注77 を通じて、ASEAN各国の行動計画策定などを通じた海洋ごみ削減のための能力強化、マイクロプラスチック・水質汚濁対策に関するASEAN地方自治体の能力開発強化、漁業からの海洋ごみ排出を監視・削減するための能力構築などの支援を行っています。ODA事業としては、2022年10月から12月にかけて、オンライン研修と訪日研修を実施し、カンボジア、インドネシア、マレーシア、フィリピン、タイ、ベトナムから計13名が参加し、海洋ごみ対策に関する国際社会での議論の潮流や日本の取組について学びました。また、2022年2月には、プラスチックごみの管理に関する施策を策定しているナイジェリアにおいて、国際連合工業開発機関（UNIDO）と連携し、ナイジェリア連邦首都圏区（特にアブジャ）およびラゴス州を対象として、プラスチックごみの管理に係るガイドラインの策定や、リサイクル推進のための機材供与、能力向上研修などを行う支援を決定しました。

■海洋資源の保全

日本は、ASEAN地域において、東南アジア漁業開発センター（SEAFDEC）との協力の下、JICAを通じて違法・無報告・無規制（IUU：Illegal, Unreported, Unregulated）漁業対策に関する研修やワークショップを実施しています。IUU漁業による規制閾値を超えた漁獲が魚類の生態系に与える影響を抑えることで、ASEAN諸国にとって基幹産業の一つである漁業の持続可能性および漁業コミュニティの持続可能な発展を後押しすることにつながります。

■気候変動問題

気候変動問題は、国境を越えて取り組むべきグローバルな課題であり、先進国のみならず、開発途上国も含めた国際社会の一致した取組の強化が求められています。先進国と途上国の全ての国が排出削減に取り組む枠組みとして、国連気候変動枠組条約第21回締約国会議（COP21）（2015年）において「パリ協定」が採択され、2016年に発効しました。

日本は、2020年10月、2050年までにカーボンニュートラルを目指すことを宣言しました。また、2021年4月には2030年度に温室効果ガス排出量を2013年度比46%削減すること、また50%の高みに向けて努力を続けることを宣言しました。2021年10月には、これらの目標を反映した「国が決定する貢献（NDC）」注78 および「パリ協定に基づく成長戦略としての長期戦略」を国連に提出しました（カーボンニュートラルに関する日本の取組について、76ページの「匠の技術、世界へ」も参照）。

2021年のCOP26では、同年6月のG7コーンウォール・サミットで表明した、2021年から2025年までの5年間における官民合わせて6.5兆円相当の支援に加え、新たに5年間で官民合わせて最大100億ドルの追加支援を行う用意があることを表明しました。加えて、適応分野の支援を倍増し、5年間で1.6兆円相当の適応支援を実施していくことを表明しました。

2022年11月6日から20日には、COP27がエジプトのシャルム・エル・シェイクで開催されました。2021年11月のCOP26での成果を受けた「実施のCOP」として、世界全体での気候変動対策の実施強

バヌアツで海洋資源を守るために活動する住民資源管理委員会のメンバー。日本は10年以上にわたり「豊かな前浜プロジェクト」を実施。（写真：JICA）

注76 「Mobile Application for Macro Plastic Survey」（https://arcg.is/1DOOWW）
注77 93ページの 注4 を参照。
注78 締約国は、温室効果ガス排出削減目標やそれを達成するための対策をNDCとして定め、国連気候変動枠組条約（UNFCCC）事務局に提出することになっている。

日本の先端的研究がエルサルバドルの地熱開発を促進

　各地に火山が点在する中米のエルサルバドルでは、地熱発電が国内の電力需給量の約27%を占める重要なエネルギー源となっています。エルサルバドルは現在、約25%を占める火力発電を減らすため、再生可能エネルギーの一つである地熱発電のさらなる開発と利用を推進しています。しかし、自国だけで地熱開発を進めることは難しいため、同国政府はJICAを通じて日本に技術協力を要請しました。要請を受け、日本はエルサルバドルにおいて、2018年から地球規模課題対応国際科学技術協力（SATREPS）注1「熱発光地熱探査法による地熱探査と地熱貯留層の統合評価システム」を実施しています。

　「熱発光地熱探査法」注2とは、本協力の研究代表者である東北大学大学院の土屋範芳教授が20年以上前から研究開発を進めてきた日本独自の技術です。この技術を応用することで、安価かつ効率的に地熱開発の有望地域を絞り込むことができます。エルサルバドル大学の教員や地熱発電会社の技術者を日本で受け入れ、日本国内で研究されている先端的な技術を学んでもらったり、日本から講師を呼んで現地でワークショップを開催したりして、技術移転を図っています。「ノウハウだけでなく原理原則の重要性を理解してもらうことが重要です。エルサルバドルの開発スピードは日本よりもはるかに速いので、私たちの研究や新しい技術がどんどん実用化されていくのが面白いです。」と、土屋教授は共同研究について語ります。本協力を通じて、既に4か所で実際の地熱開発に結びついており、また他の4か所でも地熱探査が進んでいます。

　人材育成と研究開発の面でも大きな成果を上げています。エルサルバドル大学の研究者が日本で知見を深め実験を重ねた末、世界初の地熱技術を開発し、その論文が一流国際誌に掲載されました。日本から学びを得ることでエルサルバドルの研究者が育ち、自国での地熱研究が促進されることが期待されます。

　また土屋教授は、日本の未来を担う若手研究者に国際協力の意義や国際交流の大切さを「肌感覚で理解してほしい」と、日本の学生を連れて現地に赴き、フィールドワークを通じた人材育成に力を入れています。学生たちが臆することなく現地のコミュニティに飛び込んでいく姿を見て、次のように語ります。「文化の壁を越えて共に地熱研究を進める中、草の根的に国際交流が進んでいるように思います。プロジェクト完了後も地道に交流を続け刺激し合うことは、両国の研究者にとって重要なことであると、思いを新たにしています。」

　本協力は、地熱発電の開発を通じてエルサルバドルの再生可能エネルギーの使用拡大に貢献するとともに、両国の研究者の育成にもつながっています。

エルサルバドル大学に供与した熱発光測定装置。東北大学が独自に開発した装置で、この装置を使って地熱有望地の探査を進めることができる。ほかにも、蛍光X線分析装置、ICP発行分析装置などを供与している。（左から3人目（後列）が土屋教授）（写真：JICA）

注1　41ページの用語解説を参照。
注2　広域的な地熱活動および局所的な熱源や熱水活動を明らかにできる資源探査法。

アウアチャパン地熱発電所近郊で熱発光地熱探査用の岩石試料を採取する様子（写真：JICA）

継続支援による太平洋島嶼国地域の環境保全

太平洋島嶼国 9 か国[注1]

大洋州地域廃棄物管理改善支援プロジェクト（JPRISM）フェーズ2
技術協力プロジェクト（2017年2月～2023年3月）

太平洋島嶼国では、生活習慣の変化に伴い廃棄物が増加しています。しかし、処理施設や人材の不足など、廃棄物管理を適切に行う上で多くの課題が存在しています。そこで、日本は、自らの知識と経験をいかして、同地域に対して廃棄物管理に関わる様々な支援を行っています。2011年から2016年まで、太平洋島嶼国11か国を対象に開始された本協力のフェーズ1では、廃棄物管理に携わる人材育成や各国処分場の改善を支援しました。さらに、2017年からは、各国の廃棄物管理体制のさらなる強化を目指し、戦略策定や組織能力強化に重点を置いたフェーズ2を実施しました。

小学校にコンポスト用木枠を設置し、こどもたちに環境教育を実施するポートビラ市職員とJICA専門家（写真：JICA）

対象国の一つであるバヌアツでは、2006年から15年以上にわたり首都ポートビラ郊外のブッファ処分場の整備を支援し、埋立区画の拡張などを行いました。こうした継続支援により築かれた基盤を活用し、本協力では、同国の環境保全、ポートビラ市周辺の廃棄物管理の適正化、不法投棄やポイ捨ての削減を目指し、国家廃棄物管理・汚染防止戦略の実施・モニタリング能力強化、ポートビラ市廃棄物管理計画の策定、コンテナデポジット制度（CDS）[注2]の導入を支援しました。

その結果、国・市レベル共に、廃棄物管理の中核人材が配置され、人材不足の解消につながりました。ブッファ処分場では、市役所職員が自ら処分場の維持管理を行えるよう、職員に対し処分場の容量を算出するため

ポートビラ市長に完成した廃棄物管理計画（2021-2030）を引き渡すJICA専門家（写真：JICA）

の測量技術の移転などを行い、廃棄物管理基盤が強化されています。また、2019年にはCDS導入推進が閣議決定され、現在、導入に向けた法案の最終化を含む必要な調整が行われています。CDSが導入されれば、バヌアツでの資源循環が可能となり、廃棄物の削減が期待されます。

これらの取組は、海洋へのプラスチックの流出を防ぐことにもつながっています。今後も、太平洋島嶼国地域の持続可能で自立的な廃棄物管理を支援し、環境保全に貢献していきます。

注1 サモア、ソロモン諸島、トンガ、バヌアツ、パプアニューギニア、パラオ、フィジー、マーシャル諸島、ミクロネシア連邦。
注2 缶やペットボトル飲料の購入者が、購入する際に「預かり金」を支払い、指定の場所に空き容器を持ち込むことで、支払った預り金が払い戻される制度。

化に焦点が当たり、気候変動対策の各分野における取組の強化を求めるCOP27全体決定「シャルム・エル・シェイク実施計画」、2030年までの野心的な温室効果ガス排出量の削減を実施するための「緩和作業計画」が採択されました。また、特に脆弱な国を対象にロス＆ダメージ（気候変動の悪影響に伴う損失および損害）への対処を支援する新たな資金面での措置を講じること、その一環として基金を設置することが決定されました。

COP26において、南アフリカを対象にフランス、ドイツ、英国、米国、EUが立ち上げた「公正なエネルギー移行パートナーシップ（JETP）」は、2022年6月のG7エルマウ・サミットでインド、インドネシア、ベトナム、セネガルへ対象国が拡大しました。日本は米国とともにインドネシアJETPの共同リード国となり協議を進めました。2022年11月15日、日本、米国などのパートナー国とインドネシアとの間で、石炭から再生可能エネルギーへの移行に向けたインドネシアの取組を支援する「公正なエネルギー移行パートナーシップ（インドネシアJETP）」に関する共同声明が合意されました。また、同年12月14日、日本を含む支援国グループとベトナムとの間で「ベトナムとの『公正なエネルギー移行パートナーシップ（JETP）』立ち上げに関する政治宣言」について一致しました。

多国間支援に関して、日本は、世界最大の多国間気候基金である「緑の気候基金（GCF）」[解説]を通じた途上国支援を行っています。日本は、同基金にこれまでに合計最大30億ドルの拠出を表明しており、同基金の第2位のドナー国として、気候変動の影響に脆弱な国々への支援に力を入れています。GCFでは、2022年12月までに209件の支援事業が承認・実施されて

おり、全体で24億トンの温室効果ガス削減と、適応策支援による6.8億人の裨益が見込まれています。また、日本からは、JICA、三菱UFJ銀行および三井住友銀行が、GCFの事業案件を形成する「認証機関」として承認されており、これまでに三菱UFJ銀行による2つの事業（サブサハラ・南米7か国における持続可能な民間森林事業（2020年3月）および途上国によるグリーン債発行支援（2022年10月））と、JICAによる2つの事業（東ティモールにおける森林保全事業（2021年3月）およびモルディブにおける気候強靱性強化事業（2021年7月））が採択されました。

さらに、日本は、国際社会が全体としてカーボンニュートラルを達成するため、2021年10月に開催された世界銀行・IMF年次総会において、国際開発金融機関（MDBs）に対して、途上国における野心的なエネルギー計画などの策定と執行に係る支援、温室効果ガスを削減する観点から最良のプロジェクトへの支援を要請する「MDBsのエネルギー支援に係る日本の提案」を公表しました。

COP26において立ち上げが発表された、途上国における石炭火力からの移行を支援するアジア開発銀行（ADB）のエネルギー・トランジション・メカニズム（ETM）や世界銀行に設置されている気候投資基金の資本市場メカニズムには、上記提案に沿って日本も貢献しており、現在実施に向けた取組が各機関で進められています。

二国間支援の具体例としては、サモアにおいて太平洋気候変動センターの設立を支援し、気候変動対策に関する専門家を派遣しています。日本は同センターを通じて気候変動に脆弱な太平洋島嶼国の人材育成に努めています（大洋州の廃棄物管理支援について、77

キューバで再生可能エネルギーの開発に向けた電力セクターマスタープラン策定のため、打ち合わせを行う様子（写真：JICA）

ページの「案件紹介」を参照）。

アフリカ地域では、2022年8月に開催されたTICAD 8において、（ⅰ）オーナーシップと共創、（ⅱ）機動的な資金動員、（ⅲ）多様なパートナーとの連携によるアプローチにより、日本の貢献を最大化することを目的として、気候変動への対応を行い脱炭素へのエネルギーの構造転換を目指すアフリカ・グリーン成長イニシアティブが立ち上げられ、このイニシアティブの下、アフリカの持続的な成長に資する様々な取組が進められています。

ASEAN地域では、2021年の日・ASEAN首脳会議において、岸田総理大臣より発表した「日ASEAN気候変動アクション・アジェンダ2.0」に基づき、脱炭素移行に向けて、包括的な協力を実施しています。

また、途上国における気候変動対策支援の一つとして、優れた脱炭素技術などを、途上国を始めとする世界のパートナー国に展開していく「二国間クレジット制度（JCM）」解説を推進しています。これにより、パートナー国の温室効果ガスの排出削減に貢献し、その成果の一部をクレジットとして取得し、日本の削減目標達成にも活用することができます。日本は2013年に、モンゴルとの間で初めて、JCM実施に係る協力覚書に署名したことを皮切りに、17か国との間でJCMを構築し、2022年には新たに8か国と協力覚書に署名しました。2022年末までに、インドネシア、カンボジア、タイ、ベトナム、モンゴル、ラオス、バングラデシュ、モルディブ、パラオ、サウジアラビア、ケニアにおいて、省エネルギーや再生可能エネルギーなどに関する40件の事業からJCMクレジットが発行されており、JCMは世界全体での温室効果ガスの排出削減に寄与しています。

日本は引き続き、パリ協定の目指す脱炭素社会の実現に向けて、国際社会を主導していきます。

■ 生物多様性

近年、人類の活動の範囲、規模、種類の拡大により、生物の生息環境の悪化、生態系の破壊に対する懸念が深刻になってきています。日本は、生物多様性条約解説第10回締約国会議（COP10）（2010年）を愛知県名古屋市で開催するなど、生物多様性分野の取組を重視しています。また、開発途上国の能力開発を支

援するため、生物多様性日本基金 注79 に拠出しています。2022年12月には、生物多様性条約第15回締約国会議（COP15）第二部がカナダ・モントリオールにおいて開催され、愛知目標に替わる新たな世界目標である「昆明・モントリオール生物多様性枠組」が採択されました。日本として、この枠組みに示された「自然を回復軌道に乗せるために生物多様性の損失を止め反転させるための緊急の行動をとる」という2030年ミッション、「自然と共生する世界」という2050年ビジョンを目指し、引き続き貢献していきます。

また、近年、野生動植物の違法取引が深刻化し、国際テロ組織の資金源の一つになっていることが、国際社会で問題視されています。日本は、ワシントン条約関連会合での議論に積極的に貢献するとともに、同条約が実施するプロジェクトへの拠出などを通じて、国際社会と協力してこの問題の解決に取り組んでいます。具体的な取組として、日本はゾウの密猟対策を実施するための施設の建設などを支援しています。

■ 熱帯林の保全

熱帯林は世界の森林の約半分を占め、気候変動対策や生物多様性保全に重要な役割を持っています。日本は、国際熱帯木材機関（ITTO）の本部を横浜に誘致し、これまで30年間以上にわたって、同機関を通じて熱帯林の持続可能な経営および合法で持続可能な熱帯木材貿易を支援してきました。日本政府からITTO

ベトナム「持続的自然資源管理強化プロジェクト フェーズ2」で、ソンラ省における持続的な森林計画について、カウンターパートと共に現地調査を行うJICA専門家（写真：JICA）

への任意拠出により、2021年1月から2022年6月まで、インドネシアおよびペルーにおいて、近年頻発・深刻化する熱帯地域の森林火災の対策事業や、熱帯木材生産国における持続可能な森林経営を行う人材の育成事業、違法伐採に対処するための木材追跡システムの整備などが行われました。これらの事業により、インドネシアにおいては、消防当局に対する火災に係る研修や火災予防パトロールのための新たな監視・報告システムが開発され、また、地域の関係者の能力強化などが実施されました。また、ペルーにおいては、ボランティアの消防隊200人以上に対して訓練が実施されたほか、ペルー国立森林野生動物局における森林火災の予防と対処にかかる研修・能力開発のためのツールやプラットフォームが構築されました。

■ 環境汚染対策

開発途上国では、有害な化学物質の規制措置が整備されていないことが多く、環境汚染や健康被害などを引き起こしている例もあります。日本は環境汚染対策に関する多くの知識・経験や技術を蓄積しており、それらを途上国の公害問題を解決するために活用しています。また、化学産業における環境管理技術、環境負荷化学物質の分析技術およびリスク評価、化学物質の微量分析技術などにおいて、途上国への専門家派遣および途上国からの研修員受入れなどの技術協力を行っています。

水銀に関する水俣条約外交会議（2013年）で採択された「水銀に関する水俣条約」は2017年8月に発効しました。日本は、水俣病の経験を経て蓄積した、水銀による被害を防ぐための技術やノウハウを世界に積極的に伝え、グローバルな水銀対策においてリーダーシップを発揮しています。ネパールなどに対して条約の批准を支援するための研修などを実施したほか、日本の優れた水銀対策技術の国際展開を推進すべく、インドネシアなどで調査を実施しました。また、2019年以降、国連環境計画アジア太平洋地域事務所（UNEP-ROAP）を実施機関とし、日本が出資する事業「日本の知見・経験を生かした水銀に関する水俣条約推進プロジェクト」を実施し、加盟国が条約に沿った水銀管理を実施するために、国内の水銀関連情報の量と質を向上させ、プラットフォームを整備すること

を支援しています。この事業は、水俣市とその周辺にある資源を活用し、日本の機関が保有する技術を利用して、実施能力を強化するための包括的なプログラムを設計しています。

廃棄物管理分野において、日本は「マリーン・イニシアティブ」に基づき、世界において、廃棄物管理人材を2025年までに10,000人育成することとしており、2022年度までに研修などを通じて約17,000人を育成しました。

また、「アフリカのきれいな街プラットフォーム（ACCP）」解説では、アフリカにおける廃棄物管理支援のモデルプロジェクトとして、モザンビークのウレネ廃棄物最終処分場への支援を行っています。2022年8月に行われたTICAD 8においても、ACCPの下で、廃棄物分野の脱炭素やリサイクルを推進すること、アフリカにおいて3,000万人に裨益する廃棄物管理を含む公衆衛生改善を推進すること、1,000人の人材育成

ペルー・ワウラ郡の廃棄物衛生埋立処分場にて、ペルー環境省と現地自治体の職員に準好気性埋立方式（福岡方式）について指導を行う様子。廃棄物埋立技術である福岡方式は、日本が開発しアジア・アフリカなどで導入が進んでいる。（写真：JICA）

を実施することを表明しました。マダガスカルでは、首都アンタナナリボ市において、同市の廃棄物管理能力向上を目的として、廃棄物の収集・運搬、最終処分などに係る機材の整備を行う計画が進められています。

用語解説

地球環境ファシリティ（GEF：Global Environment Facility）
開発途上国の地球環境保全に資するプロジェクトに対し、主に無償で資金を供与する多国間の資金メカニズム。1991年に設立され、日本を含む184か国が参加（2023年1月時点）。世界銀行が参加国からの拠出金を管理。国際開発金融機関（世界銀行、ADBほか）、国連機関（UNDP、UNEPほか）など18の実施機関を通じ、生物多様性保全、気候変動対策、国際水域汚染防止、土地劣化対策、および化学物質・廃棄物対策の5分野を支援。国連気候変動枠組条約、生物多様性条約、国連砂漠化対処条約、残留性有機汚染物質に関するストックホルム条約、および水銀に関する水俣条約の5条約の資金メカニズムに指定されている。

緑の気候基金（GCF：Green Climate Fund）
2010年のCOP16で採択されたカンクン合意において設立が決定された、途上国の温室効果ガス削減（緩和）と気候変動による影響への対処（適応）を支援する多国間気候基金。

二国間クレジット制度（JCM：Joint Crediting Mechanism）
途上国などへの優れた脱炭素技術、製品、システム、サービス、インフラなどの普及や対策実施を通じ、実現した温室効果ガス排出削減・吸収への日本の貢献を定量的に評価するとともに、日本の国が決定する貢献（NDC）の達成に活用する制度。

生物多様性条約（CBD：Convention on Biological Diversity）
生物多様性に関する地球規模の取組を進めるため、1992年に採択された条約。（ⅰ）生物多様性の保全、（ⅱ）生物多様性の構成要素の持続可能な利用（生態系・種・遺伝子の各レベルでの多様性を維持しつつ、生物等の資源を将来にわたって利用すること）、（ⅲ）遺伝資源の利用から生ずる利益の公正かつ衡平な配分を目的とする。先進国から途上国への経済的および技術的な支援を実施することにより、世界全体で生物多様性の保全とその持続可能な利用に取り組んでいる。

アフリカのきれいな街プラットフォーム（ACCP：African Clean Cities Platform）
2017年に環境省がアフリカの廃棄物に関する知見の共有とSDGsの達成を促進することなどを目的として、JICA、横浜市、UNEPおよび国連人間居住計画（UN-Habitat）と共に設立。アフリカの43か国160都市が加盟しており、全体会合の開催や、各種ガイドライン・教材などの作成、スタディツアーの企画などを実施している。

（7）防災の主流化と防災対策・災害復旧対応、および持続可能な都市の実現

災害に対して脆弱な開発途上国では、災害が経済や社会全体に深刻な影響を与えています。このため、災害に強い、しなやかな社会を構築し、災害から人々の生命を守るとともに、持続可能な開発を目指す取組が求められており、中でも、あらゆる開発政策・計画に防災の観点を導入する防災の主流化を推進することが重要となっています。

また、近年、都市の運営に関わる様々な問題が注目されています。例えば、市街地や郊外で排出される大量の廃棄物の処理、大気・水などの汚染、下水・廃棄物処理システムなどのインフラ施設の整備、急激な人口増加とそれに伴う急速な都市化などの問題です。こうした問題に対応し、持続可能な都市の実現に向けて取り組むことが、重要な開発協力課題となっています。

そこでSDGsでは、目標11として、「包摂的で安全かつ強靱（レジリエント）で持続可能な都市および人間居住の実現」という課題が設定されました。このように、持続可能な都市の実現を含む人間居住の課題解決に向け、国際的な関心が高まっています。

海上自衛隊輸送艦「おおすみ」が造水した飲用水を、津波の被害を受けたトンガタプ本島カノクポル村内の家庭用給水タンクに補給する様子

日本の取組

■防災協力

日本は、地震や台風など過去の自然災害の経験で培われた優れた知識や技術を活用し、緊急援助と並んで、防災対策および災害復旧対応において積極的な支援を行っています（82ページの「匠の技術」を参照）。第3回国連防災世界会議（2015年）において採択された「仙台防災枠組2015-2030」には、防災の主流化、事前防災投資の重要性、多様なステークホルダー（関係者）の関与、災害後において、被災前よりも強靱なまちづくりを行う「より良い復興（Build Back Better）」、女性のリーダーシップの重要性など、日本の主張が多く取り入れられました。

現在は、2019年に発表された、日本の防災協力の基本方針となる「仙台防災協力イニシアティブ・フェーズ2」に基づき、防災に関する日本の進んだ知見と技術をいかし、誰もが安心して暮らせる災害に強い国際社会の発展に貢献しています。具体的には、2019年から2022年の4年間で、堤防・分水路の整備といった洪水対策などにより少なくとも500万人に裨益する支援を行うことに加え、防災に関する取組

を担う行政官や地方リーダー計4万8,000人の人材育成、および次世代を担うこどもたち計3万7,000人に対する防災教育の実施を推進しています。これにより、各国の建造物の性能補強や災害の観測施設の整備が進むだけでなく、防災関連法令・計画の制定や防災政策立案・災害観測などの分野での人材育成が進み、各国における防災の主流化に寄与しています。

このほか、日本の呼びかけにより、2015年の国連総会において、11月5日を「世界津波の日」とする決議が採択されました。これを受け、2016年より毎年、日本各地で「世界津波の日」高校生サミットが開催されています。2022年は10月19日および20日に新潟県で開催されました。また、2022年11月4日には、日本は国連防災機関（UNDRR）と共催で、国連本部において津波防災の重要性を訴える啓発イベントを開催しました。

また、日本は、国連開発計画（UNDP）と緊密に連携し、アジア太平洋地域の津波の発生リスクが高い国を対象とした津波避難計画の策定や、津波避難訓練などを支援する事業を実施しています。同事業では、2017年の事業開始以降、パラオで9月を防災月間とする大統領令が発出されるなど防災の制度化が推進されたほか、2022年末時点までに、23か国441の学校で津波防災計画の策定・改定、津波教育プログラムを実施し、19万名以上の生徒、教師、および学校関係者が津波避難訓練に参加しました。このほか、2021年から2022年にかけて、アラブ諸国（エジプト、ヨルダンおよびレバノン）を対象として、UNDRRを通じて、新型コロナなどの感染症も考慮した「より良い復興」のための防災戦略策定に係る技術支援を実施しています。

東日本大震災の教訓と日本の技術を伝える
～メキシコとの共同研究で、巨大地震への備えを構築～

メキシコは日本と同様に自然災害の多い国です。プレート同士の摩擦を原因とした地震が起こりやすい場所に国土があり、海溝型巨大地震とそれに伴う津波のリスクが世界で最も高い地域の一つと言われています。

2016年から開始された「メキシコ沿岸部の巨大地震・津波災害の軽減に向けた総合的研究」（SATREPS）注1は、「2011年の東日本大震災の教訓をいかして、メキシコに対して何かできないだろうか」との思いを持った京都大学防災研究所の伊藤喜宏（よしひろ）准教授が、メキシコ国立自治大学に協力を提案したところから始まりました。メキシコの地震学の発展に貢献してきたメキシコ側の研究者代表であるクルス-アティエンサ教授は、「1985年にマグニチュード8.0の地震が発生し、首都を中心に大きな被害が出ましたが、その要因の一つとして、危険の推定や対策の甘さが指摘されていました。海底地震や津波に関する専門知識と財源が不足する中、当時、同大学の地震学部長であった私は、協力提案を歓迎しました。」と、当時の様子を振り返ります。

本共同研究の対象となった南部・太平洋沿岸部に位置するゲレロ州では、近い将来、巨大地震および地震に伴う津波が発生する兆候が確認されています。そのため、より精度の高い観測と、観測データに基づく確実性の高い地震・津波モデルの構築が必要でした。また、これまで大きな津波被害の経験がない国民に対して、津波脅威に関する理解を浸透させることも急務でした。これら課題の解決を目指して、両国の関係者が協働し、研究と研究成果の社会への実装が進められました。クルス-アティエンサ教授は、「本協力は、メキシコに3つの大きな成果をもたらしています。」と話します。

1つ目は、地上と水中で作動する地震観測ネットワークの

海底地震計・圧力計の設置準備を行う研究チーム（メキシコ側研究代表者クルス-アティエンサ教授（左から3番目）、日本側代表者、京都大学防災研究所 伊藤准教授（中央）（写真：京都大学）

第2回世界津波の日に合わせて、協力対象地域のシワタネホ・デ・アスエタ市で行われた防災教育と記念タイムカプセルのイベントの様子。50年後の2067年に開封予定。（写真：京都大学）

構築です。1985年の大地震での教訓と日本の協力により、メキシコで初めて、陸上と海底に地震計や圧力計等が設置されました。さらに、これら機材の運用と維持管理、機材から得られたデータの分析方法など、多くのノウハウが日本からメキシコに伝えられました。メキシコ側の研究者は、測地観測に関する新たな理論と手法の開発に成功し、より良いデータ分析の手法が確立されました。

2つ目は、地震と地震によって発生する津波を想定し、ハザードマップの作成と検証を行ったことです。日本側の知見をいかして作り上げた津波浸水シミュレーションで、津波によってどこまでが浸水し、どのように避難すべきなのかを示しました。メキシコ側は、沿岸部のリスクを定量化すべく地震動シミュレーションを行いました。これらによって地震と津波の恐ろしさや、正しい行動を伝えることができるようになりました。

3つ目は、1985年の大震災を契機に日本の無償資金協力により建てられたメキシコ国立防災センターとも協力し、科学的根拠とメキシコのニーズに基づいた災害教育プログラムを開発し、多くの学校に普及できたことです。この教育プログラムの開発においては、災害を心理学的な側面から捉える日本の知見も大きく役立ちました。

このような大きな成果を達成できたことを受け、「日本の偉大な研究者との協働、資金協力に感謝しています。協力の成果をより広域で活用するべく、次の提案を進めています。」と、クルス-アティエンサ教授は語ります。今後、この分野での両国の協力のさらなる進展が期待されます。

注1　41ページの用語解説参照

加えて、2016年から毎年、国連訓練調査研究所（UNITAR）広島事務所と協力し、自然災害に脆弱な途上国の女性行政官などを対象に、特に津波発生時の女性の役割やリーダーシップに関する人材育成を支援しています。同事業には、2022年までに31か国から356名が参加しました。

また、日本は、防災ICTシステムの海外展開にも取り組んでいます。日本の防災ICTシステムを活用すれば、情報収集・分析・配信を一貫して行うことができ、コミュニティ・レベルまで、きめ細かい防災情報を迅速かつ確実に伝達することが可能であり、途上国の防災能力の向上に貢献しています（104ページの「案件紹介」を参照）。

■持続可能な都市の実現

日本は、防災対策・災害復旧対応や健全な水循環の推進など、人間居住に直結した地球規模課題の解決に向けた取組を進めています。具体的には、日本はその知識と経験をいかし、上下水・廃棄物・エネルギーなどのインフラ整備や、「より良い復興」の考え方を踏まえた防災事業や人材育成などを実施しています。このほか日本は、持続可能な都市開発を推進する国連人間居住計画（UN-Habitat）への支援を通じた取組も進めています。その一例として、福岡に所在するアジア太平洋地域本部と連携し、日本の福岡県が有する防災技術などを開発途上国に導入するための支援などを実施しています。

(8) 食料安全保障および栄養

新型コロナの影響が長引く中、ロシアによるウクライナ侵略は、食料価格の上昇や一部供給途絶などをもたらし、世界的な食料安全保障 注80 に深刻な影響を及ぼしています。「世界の食料安全保障と栄養の現状2022」 注81 によると、2021年には7億200万人から8億2,800万人が飢餓状態にあるとされています。その数は、新型コロナの世界的な拡大以来、約1億5,000万人増加、うち2021年には4,600万人増加しました。また、同報告書では、2030年になっても世界人口の8％に相当する6億7,000万人が栄養不足に陥っているという予測を公表しています。これは、

SDGs目標2「飢餓をゼロに」などを定めた2015年の栄養人口割合と同じ水準であり、SDGs達成には並大抵ではない努力が必要であると言及しています。2021年9月には、グテーレス国連事務総長の呼びかけにより、新型コロナの影響からの回復および2030年までのSDGs達成を目的として、「国連食料システムサミット」が初めて開催されました。同サミットでは、世界の食料安全保障を確保するためには、食料の生産、流通および消費などの一連の過程からなる「食料システム」の変革に向けて全ての人が行動を起こすことの重要性を呼びかけました。

➡ 日本の取組

日本は、フードバリューチェーン解説の構築を含む農林水産業の振興に向けた協力を重視し、地球規模課題として食料問題に積極的に取り組んでいます。短期的には、食料不足に直面している開発途上国に対して食料支援を行い、中長期的には、飢餓といった食料問題の原因除去および予防の観点から、途上国における農業の生産増大および生産性向上に向けた取組を中心に支援を進めています（稲作振興に関わる支援については84ページの「国際協力の現場から」、85ページおよび139ページの「案件紹介」も参照）。

■食料支援と栄養改善への取組

日本は、食料不足に直面している開発途上国からの要請に基づき、食糧援助を行っています。2022年には、28か国・地域に対し、日本政府米を中心に総額

ケニアにおける「小規模農家の市場アクセス支援」で、農家の生産性向上や作物の出荷、市場へのアクセス促進を支援するWFP日本人職員（JPO派遣）と支援対象の小規模農家（写真：WFP）

注80 全ての人がいかなるときにも十分で安全かつ栄養ある食料を得ることができる状態のこと。
注81 FAO、IFAD、WFP、UNICEF、およびWHOが共同で作成した報告書。

国際協力の現場から

4

アフリカのコメ増産のための
プラットフォーム

～国際機関との橋渡しをするCARDの活動～

　1990年代以降、経済成長が著しいアフリカでは、急速な人口増加と都市化の進展に伴ってコメの消費が拡大しており、各国でコメの増産が求められています。また、農業はアフリカの30もの国でGDPシェアの20％以上を占めており、アフリカにとって重要な産業であるため、持続的成長を続けるためには農家を支援し食料自給率を高めていく必要があります。特に、世界情勢を受け食料価格が高騰し、アフリカにおける食料危機が深刻化する現況において、アフリカ諸国の食料自給率の向上は、一層重要性を増しています。

　JICAは、2008年のTICAD IVにおいて、アフリカのコメ生産量を倍増させることを目的として、国際NGOのアフリカ緑の革命のための同盟（AGRA）と共同で「アフリカ稲作振興のための共同体（CARD）」を立ち上げました。CARDには現在、アフリカ32か国が参加し、14の国際機関とアフリカの5つの地域経済共同体（RECs）が支援機関として加盟しています。

　CARD事務局のジェネラル・コーディネーターの羽石祐介氏は、CARDについて次のように説明します。「JICAを含む支援機関は、CARD参加国の国家稲作振興戦略（NRDS）の策定を支援するとともに、各国の戦略に沿ったコメ増産を後押しします。CARD事務局は、各国のNRDSの実施状況をモニタリングしています。」

　CARDは、2018年に、目標としていたアフリカ全体のコメ生産量の倍増（1,400万トンから2,800万トンへ）を達成し第1フェーズを終えました。2019年からの第2フェーズでは、2030年に向けてさらなる増産を目指すとともに、

ナイジェリア・アブジャで開催されたECOWAS地域コメ振興戦略承認ワークショップ。14か国の農業省局長級および国際機関が参加し、ECOWAS版コメ振興戦略の最終化のための議論を行った。（右から7番目が羽石氏）（写真：CARD事務局）

「RICE」と呼ばれる「Resilience（強靭性）」、「Industrialization（産業化）」、「Competitiveness（競争力）」、「Empowerment（小農の能力強化）」の4つの視点に基づいた戦略を推進しています。第1フェーズで浮き彫りとなったコメの"生産性"と"品質"の課題解決に向けて、種子や農法を新たに研究開発するなどして単収[注1]を増加させるほか、精米技術を高めて、国産米の競争力を上げる取組を始めています。

　「日本が主導したCARDが10年以上の歳月を経て、今やコメに関する確立したプラットフォームとして国際機関やドナー国に認識されていると言えます。CARD事務局やJICAが後押ししなくても、アフリカ各国自らがCARD加盟ドナーに働きかけ、NRDS実施の支援を受けるようになっています。また、非加盟ドナーからの支援申し出も増えており、CARDが支援したNRDSをもとに各国が支援を獲得し、稲作振興のための戦略を実践につなげています。これはアフリカ各国の自主性を後押ししているCARDにとって大きな成果です。」と羽石氏は語ります。

　このようにCARDは、アフリカ諸国のコメの増産を達成するのみならず、支援機関との橋渡しをするプラットフォームとしても存在感を示しています。今後もJICAは、CARDを通じて多様なパートナーと共にアフリカの食料安全保障を支援していきます。

エチオピア・アムハラ州フォガラ平原の稲作地帯。収穫後すぐに次期作のため牛耕を開始する農家。（写真：CARD事務局）

注1　農作物が広さの単位当たりでどれくらいの量を収穫できたかの数値。収穫された作物の総量を単位で割って算出される。

県と農家の協働による地域の農業活性化

ラオス

サワンナケート県における参加型農業振興プロジェクト
技術協力プロジェクト（2017年6月〜2022年6月）

ラオスの南部に位置するサワンナケート県は、稲作を中心とした農業が盛んな地域です。しかし、県が普及に努める栽培技術が農家まで行き届いておらず、収穫量低迷の要因となっていました。そこで、本事業では、農家がサワンナケート県農林局職員や普及員と協力して、主体的に栽培方法を改善できるよう支援し、生産性と収入の向上を目指しました。

まず、県職員・普及員が農家と直接話し合う場を設け、農家のニーズを把握しました。農家は、2018年の集中豪雨による被害で、次期作のための資金や稲種子の確保が困難であったため、「種子・肥料貸付、栽培強化プログラム」を実

稲作の栽培技術研修実施の様子（写真：JICA）

施し、支援することにしました。貸付プログラムでは、稲栽培の技術を農家に伝えるため、研修受講を貸付条件として設定しました。研修で学んだ栽培技術を活用・実践しながら、貸付を受けた優

良種子と肥料を使って農業を行った結果、米の単位収量は、事業開始前と比較して31％増加しました。また、研修参加農家（累計2,803名）の74％が栽培技術を継続するなどの成果を挙げました。

さらに、本事業では、同県が独自の貸付プログラムを運営できるよう民間機関との連携を支援し、ラオスの銀行の協力を得られました。サワンナケート県では、本事業終了後も貸付プログラム

栽培技術研修の成果を確認するため収量調査を実施している普及員、農家、JICA職員およびプロジェクトスタッフ（写真：JICA）

が継続され、農家は増えた収入で自ら優良種子や肥料を購入するようになり、持続性も確保されています。

これからも農家と県職員と普及員が協力しながら、地域の農業がより一層活性化することが期待されています。

78億円の支援を行いました。

二国間支援に加え、日本は、国際機関と連携した食料支援にも取り組んでいます。例えば、国連世界食糧計画（WFP）を通じて、教育の機会を促進する学校給食プログラムや、食料配布により農地や社会インフラ整備への参加を促す取組を実施しています。2022年には、慢性的に食料不足の状況にあるシエラレオネに対して、WFPを通じて2月および8月にそれぞれ2億円の無償資金協力を行い、日本政府米や豆類、植物油などを供与しました。WFPは2021年に世界80か国で約1億2,800万人に対し、約440万トンの食料配布や現金給付を通じた食糧支援などの活動を行っており、日本は2021年、WFPの事業に総額約2億2,619万ドルを拠出しました。

さらに、日本は、国際開発金融機関（MDBs）への拠出などを通じ、途上国の栄養改善を支援しており、2021年には世界銀行のグローバル・ファイナンシング・ファシリティ（GFF：Global Financing Facility）解説および栄養改善拡充のための日本信託基金解説に対し、計7,000万ドルの追加拠出を表明しま

した。また、開発政策において栄養を主流化する観点から、2021年12月に日本が主催した世界銀行グループの国際開発協会（IDA）第20次増資では、栄養を含む人的資本の強化を重点分野に盛り込みました。

また、日本は、2021年12月に「東京栄養サミット2021」を開催し、その成果文書として、「東京栄養宣言（グローバルな成長のための栄養に関する東京コンパクト）」を発出しました。岸田総理大臣が発表した3,000億円以上の栄養関連支援を含め、各国政府を含むステークホルダーから270億ドル以上の栄養関連の資金拠出が表明されました。この成果も踏まえ、国際社会における栄養改善のために協力を推進しています。具体的には、WFPと連携した無償資金協力によるバングラデシュにおけるミャンマーからの避難民に対する食糧・栄養支援や、国連児童基金（UNICEF）と連携した、東ティモールにおけるこどもおよび妊産婦への栄養補助食品供給支援などに取り組んでいます。

■フードバリューチェーンの構築と農林水産業の振興

開発途上国では、生産した農産物の買い取り価格が安いことなどが多くの農家が貧困から抜け出せない要因の一つとなっています。

日本は、民間企業と連携しながら、途上国におけるフードバリューチェーンの構築を推進しています。2022年度は、各国・地域でフードバリューチェーン構築の重点的取組を定めた「グローバル・フードバリューチェーン構築推進プラン」に基づき、タイ、パラオと二国間政策対話を実施しました。

また、日本は、アフリカの経済成長において重要な役割を果たす農業を重視しており、その発展に積極的に貢献しています。具体的には、アフリカ稲作振興のための共同体（CARD）解説フェーズ2の下、RICEアプローチ解説において、灌漑施設の整備や、アジア稲とアフリカ稲を交配したネリカ（NERICA）解説を含む優良品種に係る研究支援や生産技術の普及支援など、生産の量と質の向上に向けた取組を進めています。CARDの対象は、これまでに32か国に拡大しています（CARDの取組について、84ページの「国際協力の現場から」も参照）。

2022年8月に開催したTICAD 8では、CARDを通じて15万人の人材育成を行い、2030年までのコメ生産量倍増（5,600万トン）を実現することを目標として掲げました。

ほかにも、自給自足から「稼ぐため」の農業への転換を推進するため、日本は、小規模農家向け市場志向型農業振興（SHEP）アプローチ解説を通じ支援を実

東ティモール「国産米の生産強化による農家世帯所得向上プロジェクト」で開催された国産米収穫祭にて、稲穂を収穫する様子（写真：JICA）

施しています。SHEPは、野菜や果物を生産する農家に対し「売るために作る」への意識変革を起こし、営農スキルや栽培スキルの向上によって農家の園芸所得向上を目指しており、これまでアフリカ29か国において、研修事業や専門家派遣などを通じて自給自足型農業からの転換を支援してきました。TICAD 8では、66,000人の「稼ぐ」ための農業転換支援を実施することを表明しています。またTICAD 8では、アフリカ開発銀行の緊急食糧生産ファシリティへの3億ドルの協調融資による食料生産強化支援を行うことも表明しました。

■国際機関を通じた食料安全保障

日本は、「農業市場情報システム（AMIS：Agricultural Market Information System）」注82を支援する取組を行ってきました。国際的な農産品市場の透明性向上を通じた食料安全保障の向上に貢献するべく、日本の情報を共有するとともに、AMISへの事業費の拠出を行っています。

また、日本は、開発途上国の食料生産基盤を強化するため、国連食糧農業機関（FAO）、国際農業開発基金（IFAD）、国際農業研究協議グループ（CGIAR）、WFPなどの国際機関を通じた農業支援を行っています。例えば、日本は、FAOを通じて、途上国の農業・農村開発に対する技術協力や、食料・農業分野の国際基準・規範の策定、統計の整備に対する支援などを実施しています。2022年4月にはウクライナ国内の小規模農家に種子や肥料などの支援、また7月にはウクライナ情勢の影響を受けたグローバルな食料安全保障への対応のための食料関連支援も行っており、中東・アフリカなどに対する食料関連支援、ウクライナからの穀物輸出を促進するための穀物の簡易貯蔵施設の提供を決定しました。加えて、15の国際農業研究機関からなるCGIARが行う品種開発やデジタル農業技術の導入など、生産力の向上と持続可能性の両立に向けた研究開発を支援しています。

さらに、日本は、こうした農業支援に加えて、国際獣疫事務局（OIE）やFAOを通じた動物衛生の向上にも貢献しています。例えば、鳥インフルエンザ、口蹄疫、アフリカ豚熱（ASF）などの国境を越えて感染

注82 2011年に食料価格乱高下への対応策としてG20が立ち上げた、各国や企業、国際機関がタイムリーで正確かつ透明性のある農業・食料市場の情報（生産量や価格など）を共有するためのシステム。

が拡大する動物の感染症に対処するため、OIEと FAOが共同で設置した「越境性動物疾病の防疫のための世界的枠組み（GFTADs）」の下、アジア・太平洋地域を中心に、動物衛生分野での国際機関の取組を支援しています。

 用語解説

フードバリューチェーン
農家を始め、種や肥料、農機などの資機材の供給会社、農産物の加工会社、輸送・流通会社、販売会社など多くの関係者が連携して、生産から製造・加工、流通、消費に至る段階ごとに農産物の付加価値を高められるような連鎖をつくる取組。例えば、農産物の質の向上、魅力的な新商品の開発、輸送コストの削減、販売網の拡大による販売機会の増加などがある。

グローバル・ファイナンシング・ファシリティ（GFF：Global Financing Facility）
母子保健分野の資金リソースを拡大するために、2015年に世銀や国連などが立ち上げたイニシアティブ。女性やこどもの栄養状態改善を含む母子保健分野の政策の策定や、実施能力の向上のための技術支援を実施している。策定された計画の実行について、世銀の低利融資などを受けることをGFFによる支援の条件とすることで、資金動員効果を企図している。

栄養改善拡充のための日本信託基金
重度栄養不良国での栄養対策への投資を拡大し、栄養不良対策の実施のための能力開発を行うことを目的に、2009年に設立された基金。重度栄養不良国に対し、栄養改善に係る政策の策定や、実施能力向上のための技術支援を行い、当該国や世銀などによる栄養関連の投資を後押ししている。

アフリカ稲作振興のための共同体（CARD：Coalition for African Rice Development）
稲作振興に関心のあるアフリカのコメ生産国と連携して活動することを目的とした、ドナー（援助国、アフリカ地域機関、国際機関など）が参加する協議グループ。アフリカにおけるコメ生産拡大に向けた自助努力を支援するため、2008年のTICAD IVにおいて日本が提唱し、立ち上げ、2019年のTICAD 7ではフェーズ2を立ち上げた。

RICE（Resilience, Industrialization, Competitiveness, Empowerment）アプローチ
CARDフェーズ2で採用されたサブサハラ・アフリカのコメ生産量倍増のための取組。具体的には、気候変動や人口増に対応した生産安定化、民間セクターと協調した現地における産業形成、輸入米に対抗できる自国産米の品質向上、農家の生計・生活向上のための農業経営体系の構築が挙げられる。

ネリカ（NERICA：New Rice for Africa）
1994年、CGIARのアフリカ稲センター（Africa Rice Center）が、多収量であるアジア稲と雑草や病虫害に強いアフリカ稲を交配することによって開発した稲の総称。アフリカ各地の自然条件に適合するよう、従来の稲よりも（ⅰ）収量が多い、（ⅱ）生育期間が短い、（ⅲ）乾燥（干ばつ）に強い、（ⅳ）病虫害に対する抵抗力がある、などの特長がある。日本は1997年から、国際機関やNGOと連携し、ネリカ稲の新品種の研究開発、試験栽培、種子増産および普及に関する支援を実施するとともに、農業専門家やJICA海外協力隊を派遣した栽培指導や、アフリカ各国の研修員の日本国内での受入れを行っている。

小規模農家向け市場志向型農業振興（SHEP：Smallholder Horticulture Empowerment & Promotion）アプローチ
2006年に日本がケニアで開始した小規模農家支援のためのアプローチ。野菜や果物などを生産する農家に対し、「作ってから売る」から「売るために作る」への意識変革を促し、営農スキルや栽培スキルの向上によって農家の所得向上を目指すもので、アフリカを中心に世界各国で同アプローチを取り入れた活動を実践している。

(9) 資源・エネルギーへのアクセス確保

世界で電力にアクセスできない人々は2020年時点で約7.33億人、特にサブサハラ・アフリカでは、同地域人口の48％に上ると言われています 注83 。電気やガスなどのエネルギー供給の欠如は、産業発達の遅れや雇用機会の喪失を引き起こし、貧困をより一層深めるといった問題につながります。今後、世界のエネルギー需要は、アジアを始めとする新興国や開発途上国を中心にますます増えることが予想されています。一方、ロシアによるウクライナ侵略の影響や世界的な天候不順などの要因によって、エネルギー価格は高騰しています。そのような状況下、エネルギー供給源の多角化やエネルギー源の多様化などを通じて、エネルギー安全保障を確保していくことが重要です。

日本の取組
日本は、途上国の持続可能な開発を推進するため、近代的なエネルギー供給を可能にする支援を提供し、産業育成のための電力の安定供給に取り組んでいます。また、省エネルギー設備や再生可能エネルギー

注83 IEA「Tracking SDG7: The Energy Progress Report」25ページ。
(https://iea.blob.core.windows.net/assets/8b276fc2-c1ae-4a54-9681-eea1eb143d7f/TrackingSDG7TheEnergyProgressReport2022.pdf)

（水力、太陽光、太陽熱、風力、地熱など）を活用した発電施設など、環境に配慮したインフラ（経済社会基盤）整備も支援しています（76ページの「匠の技術、世界へ」、89ページの「案件紹介」も参照）。

例えば、日本は、国土が広い海域にまたがり、気候変動の影響に脆弱な太平洋島嶼国地域において、エネルギー安全保障および低・脱炭素社会実現の観点から、グリッド接続型の再生可能エネルギーの主流化に向けた支援を行っています。ドミニカ共和国においては、輸入化石燃料に電力供給源の多くを依存する同国のエネルギー効率化を支援するため、円借款により、全国の公道における街灯のLED化などを支援しており、同国の公共セクターの省エネルギー化の促進および温室効果ガス排出量の削減に貢献することが期待されています。

2022年8月に開催したTICAD 8 注84 では、オーナーシップと共創、機動的な資金動員、多様なパートナーとの連携によるアプローチにより日本の貢献を最大化することを目的として、アフリカ・グリーン成長イニシアティブが立ち上げられました。このイニシアティブに基づく取組として、再生可能エネルギー発電事業への民間投資や地熱発電量の拡大、脱炭素社会の実現に重要となる銅やレアメタル等の鉱物資源分野での協力が表明されました。アフリカ各国が自然資源と生態系を適正に保全・活用し、持続可能な成長（グリーン成長）を実現するための支援として、アフリカパワープール（国際送電網）、配電網、系統安定化の整備などを実施しています。

ケニアでは、オルカリア地熱発電所の開発支援を通じて、電力供給の増加・安定化に貢献しており、日本企業が事業実施の一端を担っています。2022年には、I-6号機およびV地熱発電所の完工式が開催され、また本発電所の運用開始により、ケニアの国全体としての地熱による発電設備容量は世界で6番目となりました。

また、日本は、石油・ガス・鉱物資源などの開発において、資金の流れの透明性を高めるための多国間協力の枠組みである「採取産業透明性イニシアティブ（EITI）」を支援しています。採取企業は資源産出国政府へ支払った金額および資源産出国政府は採取産業から受け取った金額を、それぞれEITIに報告していま

インドにおける「新・再生可能エネルギー事業」により建てられた風力発電所

す。55の資源産出国と、日本を含む多数の支援国に加えて、採取企業やNGOを含む市民社会が参加しており、資金の流れを透明化することで、腐敗や紛争を予防し、成長と貧困削減につながる、責任ある資源開発の促進を目指しています。

（10）SDGs達成のための科学技術イノベーション

現在、世界では、製造業やサービス業にとどまらず、農業や建設を含む多様な産業分野で情報通信技術（ICT）、人工知能（AI）、ロボット技術などが活用され、社会変革が生じています。

国連は、持続可能な開発のための2030アジェンダ（パラグラフ70）に基づき、国連機関間タスクチーム（UN-IATT：UN Inter-agency Task Team on STI for SDGs）を設立し、各国との連携の下、地球規模でのSDGs達成のための科学技術イノベーション（Science, Technology, and Innovation for SDGs：STI for SDGs）を推進しています。2022年もSDGsに関する国連STIフォーラムが開催され、限られた資源を最大限活用しながらSDGsを達成するための「切り札」として、STIへの国際的な期待が高まっています。

■ 日本の取組

日本は、これまでの経済発展の過程で、STIを最大限活用しながら、保健・医療や環境、防災などの分野で自国の課題を克服してきた経験を有しています。そうした経験を基礎として、開発途上国が抱える課題解決のため、「地球規模課題対応国際科学技術協力プロ

注84 127ページの「開発協力トピックス」を参照。

グラム（SATREPS）」注85 などを通じて、科学技術面での協力に取り組んでいます。例えば、砂漠化対処に向けた、エチオピアにおける持続可能な土地管理フレームワークの開発は、課題解決に貢献するSATREPSの好例といえます。

UN-IATTはSTI for SDGsのためのロードマップ策定を世界各国で促進させるため、インド、ウクライナ（2021年から）、セルビア、エチオピア、ガーナ、ケニアの6か国をパイロット国として、「グローバル・パイロット・プログラム」を実施しています。このプログラムにおいて、日本は、2020年度から世界銀行への拠出を通じて、ケニアに対して、農業分野での支援を実施しています。加えて、2020年度から、国連

開発計画（UNDP）への拠出を通じ、途上国においてSTIによる社会課題解決へ向けた事業化検討を行う日本企業の支援を継続しています。

国連本部にて開催された第7回STIフォーラムの様子（2022年5月）

長年の支援でエネルギーの安定供給に貢献

ルワンダ

第三次変電及び配電網整備計画
無償資金協力（2018年9月〜2023年8月）

ルワンダの首都キガリでは、近年の急激な都市化と人口増加により電力需要が高まっています。しかし、電力供給設備の不足により、市内の主要変電所が過負荷状態となり、電力供給が不安定でした。そのため、キガリ市の経済活動および市民生活に大きな支障が生じていました。

そこで、日本は、2011年以降、無償資金協力を通じて変電所や配電網などハード面の整備を行うとともに、技術協力を通じて、効率的な電力システム開発のための電力公社の能力向上や設備維持管理能力の強化などソフト面の支援を実施し、必要な電力量が安定的かつ効率的に供給されるよう、支援してきました。

伸び続ける需要に対して、キガリ全域

新設されたガソギ変電所と配電線

に一層安定的かつ効率的に電力が供給できるよう、本事業では、キガリ市内に変電所1か所と配電線約20kmを新設し、市内の主要変電所の過負荷状態の改善を図っています。新設された配電線は、既存の配電線と並行し

変電所と配電線の仕組みを説明するコンサルタントの宇留野氏（写真：八千代エンジニアリング株式会社）

て引かれることから、配電線の1か所が破線した場合や1地域での急激な電力需要の増加等が起きても、停電の発生を防ぐことが可能になります。

このように、日本の長年の支援は、キガリ市内120万人への安定的な電力供給を通じて、同市の経済基盤整備と市民の生活環境改善に大きく貢献しています。

注85 41ページの用語解説を参照。

第Ⅲ部

地域別の取組

1	東アジア地域	……………………………………	92
2	南西アジア地域	……………………………………	98
3	大洋州地域	……………………………………	103
4	中南米地域	……………………………………	106
5	欧州地域	……………………………………	111
6	中央アジア・コーカサス地域	……………………………	114
7	中東・北アフリカ地域	……………………………	118
8	アフリカ地域	……………………………………	122

パラグアイ・イタプア県ヘネラル・アルティガス市にて実施した草の根・人間の安全保障無償資金協力「アルティガス保健センター・アクセス道路整備計画」落成式において、道路の完成を祝う地域住民と中谷駐パラグアイ日本国大使

1　東アジア地域

　東アジア地域には、カンボジアやラオスなどの後発開発途上国（LDCs）、インドネシアやフィリピンのように著しい経済成長を遂げつつも国内に格差を抱えている国、そしてベトナムのように市場経済への移行を進める国など様々な国が存在します。

　日本は、インド太平洋地域の中心に位置するこれらの国々と、政治・経済・文化関係を築き上げてきており、地域内の安定と発展が日本の安全と経済的繁栄に直結しています。こうした考えに立ち、日本は、東アジア諸国の多様な経済社会の状況や、必要とされる開発協力の内容の変化に対応しながら、開発協力を行っています。

増大する旅客需要に対応するため、施設の拡張・整備が行われたラオスのビエンチャン・ワッタイ国際空港（写真：JICA）

日本の取組

　日本は、質の高いインフラ投資を通じた経済社会基盤整備、制度や人づくりへの支援、貿易の振興や民間投資の活性化など、ODAと貿易・投資を連携させた開発協力を進めることで、この地域の目覚ましい経済成長に貢献してきました。近年は、基本的な価値を共有しながら、開かれた域内の協力・統合をより深めていくこと、青少年交流、文化交流、日本語普及事業などを通じた相互理解を推進し、地域の安定を確かなものとして維持していくことを目標としています。アジアを「開かれた成長センター」とするため、日本は、この地域の成長力を強化し、それぞれの国内需要を拡大するための支援を行っています。

　新型コロナウイルス感染症の世界的な拡大により、東アジア地域でも多くの国が社会的・経済的に大きな打撃を受けました。日本は、新型コロナの発生以降、東アジアの11か国に対し、総額約380億円の保健・医療関連機材の無償供与、技術協力を行っているほか、経済的影響を踏まえ、5か国に対し総額2,250億円の新型コロナ危機対応緊急支援円借款を供与しています。また、2022年1月以降、ベトナムおよびインドネシアに対し追加的に約446万回分の日本で製造

したワクチンを供与し、これまでに東アジア地域で二国間およびCOVAXファシリティ 注1 経由で供与したワクチンの合計は2,708万回分となりました。

■東南アジアへの支援

　ASEAN諸国 注2 は、日本のシーレーンに位置するとともに、2021年10月時点で約15,000の日系企業（事業所数）が進出するなど経済的な結びつきも強く、政治・経済の両面で日本にとって極めて重要な地域です。ASEANは、「ASEAN共同体」（2015年）を宣言し、域内の連結性強化と格差是正に取り組んでいます。また、「インド太平洋に関するASEANアウトルック（AOIP）」解説（2019年）には、法の支配や開放性、自由、透明性、包摂性がASEANの行動原理として謳（うた）われており、日本が推進する「自由で開かれたインド太平洋（FOIP）」と多くの本質的な原則を共有しています。2020年11月の日ASEAN首脳会議では「AOIP協力についての第23回日ASEAN首脳会議共同声明」を発出し、このことを確認するとともに、AOIPに記載された4分野（海洋協力、連結性、持続可能な開発目標（SDGs）、経済等）における実質的な協力およびシナジーの強化を通じて日ASEAN戦略的パートナーシップを一層強化することで一致しました。さらに、2021年に続き2022年11月の日ASEAN首脳会議では、AOIP協力の進展をまとめた報告書（プログレス・レポート）を公表し、共同声明

注1　62ページの用語解説を参照。
注2　ASEAN構成国は、ブルネイ、カンボジア、インドネシア、ラオス、マレーシア、ミャンマー、フィリピン、シンガポール、タイ、ベトナムの10か国。

マレーシアの障害者支援施設で自主製品作りを体験し、生産活動を通じた障害者の社会参加について話を聞くJICA海外協力隊員（写真：PDK BANDAR KULIM）

の発出以来、具体的な協力案件が計89件に上っていることを紹介しました（34ページの「開発協力トピックス」も参照）。

　日本は、このようにASEANの取組を踏まえて協力を進めており、連結性強化と格差是正を柱としつつ、インフラ整備、法の支配、海上の安全、防災、保健・医療、平和構築などの様々な分野でODAによる支援を実施してきました。また、開発分野において、民間や開発金融機関の資金力を活用する重要性が増していることも踏まえ、2019年、日ASEAN首脳会議において立ち上げた「対ASEAN海外投融資イニシアティブ」の下、質の高いインフラ投資、金融アクセス・女性支援、グリーン投資の分野において、中小企業支援などに関する民間セクターへの投融資拡大を通じ、ASEAN諸国の経済再生に貢献しています。また、2019年から2022年までの3年間でASEAN向けを中心として官民合わせて30億ドル規模の資金動員を目指し、JICAを通じて12億ドルの出融資を行うよう推進しています。

　連結性の強化に関しては、日本は、ASEAN域内におけるインフラ、制度、人の交流の3つの分野での連結性強化を目指した「ASEAN連結性マスタープラン2025」解説に基づいてASEANの連結性強化を支援しており、ASEANの一体性・中心性の強化を後押しするため、日ASEAN技術協力協定（2019年）に署名しました。同技術協力協定に基づき、2022年度までにサイバーセキュリティ（詳細は55ページを参照）、

海洋プラスチックごみ対策、国際公法、犯罪者処遇などに関する研修を実施しました。また、2020年に発表した「日ASEAN連結性イニシアティブ」に基づき、計約2兆円の陸海空の回廊連結性プロジェクトを中心にハード面でASEAN連結性強化を支援し、ソフト面では2020年から3年間で連結性強化に資する1,000人の人材育成を行っています。

　インフラ整備に関しては、日本は、「質の高いインフラ投資に関するG20原則」注3と東南アジア諸国に対するこれまでの支援の経験も踏まえ、質の高いインフラ投資の普及に努めています。その一例として、日本のODA事業によりフィリピンのマニラ首都圏に建設中であるフィリピン鉄道訓練センター（PRI）設立支援の取組が挙げられます。マニラでは都市鉄道の整備が進む一方で、整備された鉄道に関する高度な運営維持管理を実施できる人材を育成する持続的な仕組みが必要となっており、フィリピン政府は鉄道の人材育成・監督機関として、PRIを設立することとなりました。PRI設立のため、日本は、具体的には、有償資金協力による地下鉄整備事業におけるPRIの建設、無償資金協力によるシミュレーターなど研修に必要な機材の供与、技術協力による組織設立・能力強化支援を実施することにより、鉄道インフラ自体の整備のみならず、その維持管理や関連人材の育成に貢献しています。

　また、防災・災害医療分野に関しては、2009年以降、引き続き日・ASEAN統合基金（JAIF）注4により、ASEAN防災人道支援調整センター（AHAセンター）に対して、統合防災ICTシステムの構築、ASEAN緊急災害ロジスティックシステム（DELSA）構築、ASEAN緊急対応評価チーム（ERAT）の能力構築、AHAセンターエグゼクティブ（ACE）プログラムなどを通じたASEANにおける防災・災害対応能力の強化に貢献しています。日本は2016年からASEAN災害医療連携強化プロジェクト（ARCH）注5を実施しており、ASEAN各国の災害医療チームが参加する地域連携合同演習の開催や災害医療に関する標準手順書の作成など、多くの成果を出しています。また、世

注3　33ページの用語解説「質の高いインフラ」を参照。
注4　ASEAN共同体の設立を目指し、域内格差の是正を中心に統合を進めるASEANの努力を支援するため、2006年に設置された基金。日本は、2005年の日・ASEAN首脳会議において総額75億円（約70.1百万ドル）を拠出することを表明し、その後、2013年に「JAIF2.0」に総額1億ドルを拠出した。2019年、2020年、2021年および2022年にも「JAIF2.0」に追加拠出をしている。
注5　「One ASEAN, One Response：ASEAN Responding to Disasters as One」（2014年ASEAN防災担当大臣会議）の方針を実行できる仕組み作りのためのプロジェクト。2017年にはARCHで取り組んでいる活動の必要性が明確に盛り込まれた「災害医療にかかるASEAN首脳宣言（ALD）」（2017年）が採択された。

界保健機関（WHO）との研修の共同開催などを通じて、災害医療チームの世界基準にものっとったASEAN地域の災害医療分野の連携能力強化を進めています。

また、日本は、ASEAN感染症対策センターの設立のため、2020年、JAIFに約55億円（5,000万ドル）を拠出するなど、同センターの設立を全面的に支援しており、ASEAN地域における公衆衛生緊急事態への対応や新興感染症対策の準備・探知・対応能力の強化に貢献しています。2021年10月および2022年2月にはセンター運営の担い手となるASEAN各国の公衆衛生担当者向けの研修をオンラインで実施しました。また、センターへの専門家の派遣に向けた調整を進めてきています。これに加えて、日本はワクチン開発や医療物資調達を目的とした「新型コロナに関するASEAN対応基金」に対し、APT（ASEAN+3）基金からの拠出に加え、日本として100万ドルを拠出しました。

さらに、人材育成分野に関しては、2018年日ASEAN首脳会議で表明した「産業人材育成協力イニシアティブ2.0」に基づき、2019年から5年間で、AIなどのデジタル分野を含め、8万人規模の人材を育成することとしています。また、ASEAN地域における産業人材育成のため、日本独自の教育システムである「高専（高等専門学校）」をタイに設立して、日本と同水準の高専教育を提供する協力を実施しています。加えて、日本は、ASEANを含むアジア諸国との間で、日本の大学院への留学、日本企業でのインターンシップなどを通じ、高度人材の環流を支援し、日本を含むアジア全体のイノベーションを促進するための「イノベーティブ・アジア」事業を行っており、2017年度から2021年度までの5年間にわたりアジア全体から受入れを行いました。

また、東ASEAN成長地域（BIMP-EAGA） 注6 に対して、日本は経済協力、投資セミナー開催、招聘事業や「BIMP-EAGA＋日本」対話の実施などに取り組

マレーシア政府と協力したカイゼン普及

マレーシア

アフリカ諸国向けカイゼンを通じた生産性・競争力強化
技術協力（第三国研修）（2011年～2022年）

JICAは、1980年代から東南アジアで産業開発の促進に貢献すべく、カイゼン注1の手法を普及する協力を実施してきました。その中でも特にマレーシアではカイゼンが広く浸透し、現在の経済発展の一助となっています。

マレーシアは、2008年に生産性公社（MPC）を設立し、カイゼンの手法に基づく研修やコンサルティングなどを通じて同国企業の国際競争力を強化しています。さらにMPCは、この経験をいかして他の開発途上国にもカイゼンを普及し、産業の発展を支援する活動を行っています。

一方、アフリカ諸国でも、自国産業の発展には生産する製品の品質や生産性の向上が不可欠との認識が広まり、日本式のカイゼンへの注目が高まりました。これを受け、JICAは2005年以降、アフリカ諸国に対しカイゼンの手法を中心とした生産性向上の協力を行っています。

このような状況の中で、マレーシアは、日本が主導するアフリカ開発会議（TICAD）注2への協力として、2011年から現在まで本研修をアフリカ諸国に対して継続的に実施しています。具体的には、アフリカ諸国の政府関係者をマレーシアに招聘して、「整理・整頓・清掃・清潔・しつけ」（5S）などの理論や実践についての研修を行っており、JICAも資金面

および技術面から協力しています。これまでにアフリカの19か国から100名以上の研修員を受け入れ、マレーシアの経験や知見をいかした研修は高い評価を得ています。

本研修は、アフリカ諸国の開発に資するのはもちろんのこと、日本とマレーシアとのパートナーシップを強化することにもつながっ

マレーシア側の講師によるワークショップの様子の様子（写真：JICA）

ています。日本のカイゼンブランド普及にも貢献する有意義な三角協力注3であり、今後とも継続していくことを目指しています。

注1 41ページの 注32 を参照。
注2 127ページの「開発協力トピックス」を参照。
注3 109ページの用語解説を参照。

注6 1994年、ブルネイ、インドネシア、マレーシア、フィリピンによって当該4か国の開発途上地域の経済成長のため設立された地域枠組み。

ベトナムにおける「ディエンビエン省における山岳民族の女児と女性に対する人身取引予防事業」で、収入向上スキルを学ぶための女性グループの活動（写真：特定非営利活動法人ワールド・ビジョン・ジャパン）

東ティモールの草の根技術協力事業「コーヒー畑の改善事業」で、特定非営利活動法人パルシックの職員が老朽化した木の植え替えや土壌改良を目的に、コーヒー畑を視察する様子（写真：JICA）

んでいます。2021年にはインドネシア・パプア州のビアク島で漁港施設・市場が完工し、2022年には同漁港で水揚げされたマグロが日本に輸出されました。

ASEAN諸国の中でも特に潜在力に富むメコン地域 注7 に関しては、2009年以来、日本・メコン地域諸国首脳会議（日メコン首脳会議）を開催しています。そのうち、おおむね3年に一度、日本で会議を開催し、地域に対する支援方針を策定しています。

日本は、メコン地域の経済成長に欠かせない連結性強化を重視して取り組んでおり、カンボジアのシハヌークビル港開発、ラオスのビエンチャン国際空港の機能改善、ベトナムのホーチミン市都市鉄道の建設、タイのバンコク都市鉄道（レッドライン）の建設など、「東京戦略2018」 注8 の下でのプロジェクトを着実に実施しています。

また、2019年に発表した「2030年に向けた日メコンSDGsイニシアティブ」に基づき、メコン地域の潜在力を最適な形で引き出すため、国際スタンダードにのっとった質の高いインフラ投資も活用しながら、（ⅰ）環境・都市問題、（ⅱ）持続可能な天然資源の管理・利用、（ⅲ）包摂的成長の3つを優先分野として取り組んでいます。その具体的な取組として、「草の根・メコンSDGsイニシアティブ」を通じて、メコン諸国の地域に根差した経済社会開発およびSDGsの実現を支援しています。2021年12月には第1回日メコンSDGsフォーラムを開催し、各国における課題と取組を共有し、意見交換しました。日本としては、メコン地域をより持続的で、多様で、包括的なものとするため、引き続き「2030年に向けたSDGsのための

日メコンイニシアティブ」の下、メコン地域におけるSDGsを推進していきます。

また、新型コロナの影響でメコン諸国の経済が打撃を受け開発資金が不足する中、民間企業などが行う開発事業の実施を後押しするため、「メコンSDGs出融資パートナーシップ」を始めとする「5つの協力」（（ⅰ）民間セクターに対する出融資の推進、（ⅱ）小さなコミュニティに行き渡る草の根の無償資金協力、（ⅲ）法の支配に関する協力、（ⅳ）海洋に関する協力、（ⅴ）サプライチェーン強靭化に関する協力）を推進しています。

2022年ASEAN議長国であるカンボジアに対しては、11月のASEAN首脳会議の際に、地雷対策、上水道および医療廃棄物処理への支援に加え、新たな分野に関する支援としてサイバーセキュリティシステムの構築のための機材供与に関する支援の書簡を交換しました。ラオスでは、不発弾処理に必要となる機材の供与に関する署名を実施するとともに、炭素中立社会の実現のための長期のエネルギー移行マスタープラン策定を目的とした、「炭素中立社会に向けた統合的エネルギーマスタープラン策定プロジェクト」の採択・実施合意を行いました（同プロジェクトは2023年1月から開始）。

■ミャンマー支援

ミャンマーについては、2021年2月に発生したクーデター以降、日本政府はミャンマー国軍に対し、

注7 カンボジア、ラオス、ミャンマー、タイ、ベトナムの5か国に及ぶ地域。
注8 2018年の第10回日メコン首脳会議（東京）で採択された。日本の日メコン協力の方向性を示す。

日本の国際協力 95

（ⅰ）暴力の即時停止、（ⅱ）被拘束者の解放、（ⅲ）民主的な政治体制の早期回復について具体的な行動をとるように一貫して求めてきています。クーデター以後、ミャンマー国軍が主導する体制との間で新たに決定したODA案件はありません。

　他方、ミャンマーにおいては新型コロナの感染拡大やクーデターの影響により、人道状況の悪化がさらに著しくなっており、ミャンマー国民への人道支援が喫緊の課題になっています。日本としても、こうした状況を改善させるべく国際機関などを通じた人道支援を積極的に行っており、2022年2月には、多数の国際機関やASEAN事務局を通じて、食料、栄養、保健、水・衛生、シェルター、保護などの分野における支援、および新型コロナへの対応のための酸素濃縮器やマスクなどの個人防護具の供与などを決定し、2022年に順次実施しています（総額約1,850万ドル）。また、2022年4月には追加的な緊急支援を発表し、国際機関を通じて、食料、シェルター、水整備などの物資供与や設備の設置を実施しました（830万ドル）。加えて、2022年5月には、ジャパン・プラットフォーム（JPF）経由で日本のNGOを通じてミャンマーおよびタイにおいて食料・物資配布、水・衛生、保健・医療、保護、教育の分野で2億3,500万円を

日本の人道支援により設置された水道でミャンマーの村人が沐浴をする様子（写真：©ADRA Myanmar/2022）

上限として支援を行うことを決定し、事業が実施されています。今後も現地の状況と人道上の必要性・緊急性を踏まえ、国際機関やASEAN事務局、さらにはNGOと連携しながら、困難に直面しているミャンマー国民にしっかり寄り添うべく、支援を必要とするミャンマー国民に届く人道支援を積極的に行っていきます。

■対中ODAの終了

　対中ODAは2018年度をもって新規採択を終了し、2021年度末をもって継続案件を含めた全ての事業が終了しました。

用語解説

インド太平洋に関するASEANアウトルック（AOIP：ASEAN Outlook on the Indo Pacific）
インド太平洋におけるより緊密な協力のためのビジョンを創り出し、ASEANを中心とした地域枠組みを強化するイニシアティブ。新たなメカニズムの創設や既存のメカニズムの置き換えを目的とするものではなく、現在および将来の地域と世界に発生する課題により良く対処するため、ASEAN共同体の構築プロセスを強化することを意図したもの。日本が推進する「自由で開かれたインド太平洋（FOIP）」と多くの本質的な共通点を有している。

ASEAN連結性マスタープラン2025（MPAC 2025：Master Plan on ASEAN Connectivity 2025）
「ASEAN連結性マスタープラン」（2010年採択）の後継文書として、2016年のASEAN首脳会議にて採択された、ASEAN連結性強化のための行動計画。「ASEAN2025：共に前進する」（2015年採択）の一部と位置付けられている。同文書は、「持続可能なインフラ」、「デジタル・イノベーション」、「シームレスなロジスティクス」、「制度改革」、「人の流動性」を5大戦略としており、それぞれの戦略の下に重点イニシアティブが提示されている。

日本の開発協力の方針 東アジア地域の重点分野

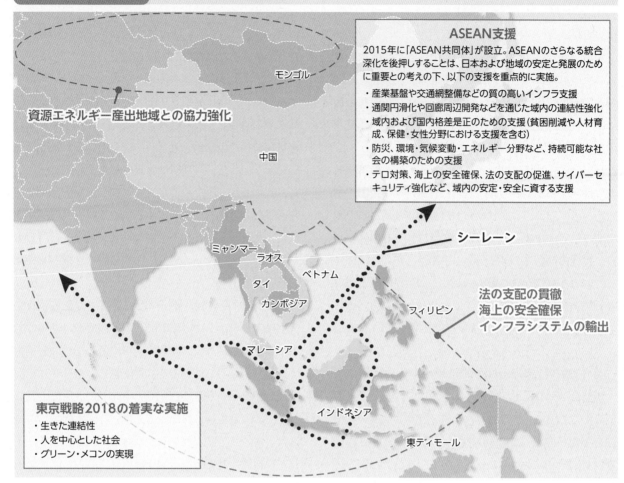

資源エネルギー産出地域との協力強化

モンゴル

中国

ミャンマー
ラオス
タイ
カンボジア
ベトナム
マレーシア
フィリピン
インドネシア
東ティモール

シーレーン

ASEAN支援

2015年に「ASEAN共同体」が設立。ASEANのさらなる統合深化を後押しすることは、日本および地域の安定と発展のために重要との考えの下、以下の支援を重点的に実施。

・産業基盤や交通網整備などの質の高いインフラ支援
・通関円滑化や回廊周辺開発などを通じた域内の連結性強化
・域内および国内格差是正のための支援（貧困削減や人材育成、保健・女性分野における支援を含む）
・防災、環境・気候変動・エネルギー分野など、持続可能な社会の構築のための支援
・テロ対策、海上の安全確保、法の支配の促進、サイバーセキュリティ強化など、域内の安定・安全に資する支援

法の支配の貫徹
海上の安全確保
インフラシステムの輸出

東京戦略2018の着実な実施

・生きた連結性
・人を中心とした社会
・グリーン・メコンの実現

第Ⅲ部

1
東アジア地域

南西アジア地域は、インドなどの巨大な市場を抱え、大きな経済的潜在力を有しています。東アジア地域と中東地域を結ぶ陸上・海上の交通路に位置するため、「自由で開かれたインド太平洋（FOIP）」の実現のためにも戦略的に重要な地域です。

一方、この地域には、インフラ整備、初等教育制度や保健・医療制度の整備、法制度整備、自然災害への対応などにおいて、取り組むべき課題が依然として多く残されています。特に貧困の削減は大きな問題であり、世界の貧困層の約3分の1が南西アジア地域に住んでいると言われています 注9 。日本は、同地域の有する経済的な潜在力をいかすとともに、貧富の格差をやわらげるため、多岐にわたる支援を行っています。

日本の取組

新型コロナウイルス感染症の拡大は、南西アジア地域の多くの国においても、社会的・経済的に深刻な影響をもたらしました。日本は、無償資金協力を通じて、バングラデシュ、ブータンおよびモルディブの医療機関などに対して、小型救急車や移動式X線撮影装置などの機材供与および研修などを実施しました。また、スリランカおよびモルディブについては、人的往来再開を見据え、感染症対策を講じた国境管理を行うために必要な施設整備および機材供与などを行い、人

インドの円借款「ジャルカンド州点滴灌漑（かんがい）導入による園芸強化事業」において、園芸作物栽培などの技術支援を受ける女性たち（写真：JICA）

材を育成するための無償資金協力を実施しました。

近年、インドは日本の円借款の最大規模の供与相手国であり、日本はインドにおいて、連結性の強化と産業競争力の強化に資する電力や運輸、投資環境整備、人材育成などの経済・社会インフラ整備の支援を行っています。また、持続的で包摂的な成長への支援として、気候変動対策だけでなく林産物の効果的活用などを通じた生計向上にも資する森林セクターへの支援、保健・医療体制整備や貧困対策など、様々な分野での支援を通じ、インドの成長において大きな役割を果たしています。

2022年3月には、デリーとムンバイ間を結ぶ貨物専用鉄道やチェンナイにおける地下鉄建設、連結性向上に資する道路建設、農家の所得向上のための農業生産基盤整備などに取り組む案件を含む、計7件、総額約3,120億円の円借款を供与しました。3月に実施された日印首脳会談においては、岸田総理大臣から本円借款7件の供与に言及するとともに、日本として、インドにおける質の高いインフラ整備に協力し、持続的な成長を後押ししたいと述べたのに対し、モディ・インド首相より謝意の表明がありました。

また、2022年5月には、日印首脳会談にあわせてムンバイ・アーメダバード間高速鉄道整備計画第三期円借款の署名を行い、引き続き、日・インドの旗艦プロジェクトである高速鉄道事業を着実に進展させていくことを確認しました。同計画が完了すれば、現在、在来線特急で最短でも5時間必要なムンバイ・アーメダバード間の移動が約2時間に短縮でき、料金は航空運賃の約半分になることが見込まれます（国際協力・コンベンションセンターの建設計画については102ページの「国際協力の現場から」を参照）。

近年発展が目覚ましく、日本企業の進出も増加しているバングラデシュとの間では、「日・バングラデシュ包摂的パートナーシップ」を推進するとともに、（ⅰ）経済インフラの開発、（ⅱ）投資環境の改善、および（ⅲ）連結性の向上を3本柱とする「ベンガル湾産業成長地帯（BIG-B）」構想の下、開発協力を進め

注9 世界銀行ホームページ（ただし、同ホームページにはアフガニスタンが含まれている）。
https://www.worldbank.org/ja/country/japan/brief/south-asia

こどもの学びを止めないために

ネパール

教育の質の向上支援プロジェクト
技術協力プロジェクト（2019年1月～2024年1月）

　ネパールでは、初等教育の就学率が96.6％に達している一方で、小学校低学年児童の算数の学力の低さが課題となっています。そこで、日本は、小学校低学年児童の算数の基礎学力向上を目指して、こどもたちが理解しやすい算数教材や教師用のハンドブックの作成、教員研修などの支援を行うことにしました。

　プロジェクトを開始した後、2020年からは新型コロナウイルス感染症の拡大のため長期間にわたって小学校が閉鎖され、こどもたちが継続的に学習する環境を整えるのが難しい状況でした。

ジュムラ郡タトパニ村の小学校で生徒が自習用教材を受け取った様子（写真：JICA）

　このような状況を受けて、こどもたちが自宅でも質の高い算数学習を継続できるように、ネパール教育省と協力して自習用教材を開発し、パイロット地域内の全ての小学1年生から3年生約7,600名に配布しました。対面の授業がなくてもこどもたちが勉強を進められるよう、教材には教科書の対応ページを示し、十分な例題やイラスト、演習問題を取り入れるなどの工夫を施しました。教材には、保護者や教員が使用するフィードバックシートも含まれており、これらのやり取りを通じて、これまでネパールではなかなか難しかった、保護者と教員間のコミュニケーションが活発になることも期待されます。

マホタリ郡ピパラ村の小学校で、自習教材の使い方の説明を受ける生徒たち（写真：JICA）

　このように、SDGsの目標の一つでもある「万人のための質の高い教育」の推進に向けて、新型コロナの影響で学習機会の確保が難しい状況であっても、こどもたちが取り残されることなく学力を伸ばすことができるように、現地に寄り添った支援を展開しています。

ています。2022年6月には、日本はバングラデシュに対して、連結性向上や経済インフラ整備のための支援として「ダッカ都市交通整備計画（5号線北路線）（第二期）」など2件、総額約1,659億円の円借款を供与しています。

　また、治安悪化を受けてミャンマー・ラカイン州からバングラデシュに流入してきた避難民については、日本はバングラデシュ政府が避難民を長期にわたって受け入れていることを評価するとともに、今後もホストコミュニティの負担軽減を含めた支援を継続していく旨を外相会談などで伝えており、ホストコミュニティおよび避難民に裨益する様々な支援を行ってきています。これまでのコックスバザール県への支援に加え、2022年1月には各国に先駆け、バシャンチャール島に移住した避難民に対し、国連難民高等弁務官事務所（UNHCR）および国連世界食糧計画（WFP）を通じて、食料や保健などの分野における合計200万ドルの緊急無償資金協力を実施しました。さらに、国際移住機関（IOM）や国連人口基金（UNFPA）など、他の国際機関とも連携し、避難民の生活環境全般

の改善支援を実施しました。日本NGO連携無償資金協力の枠組みを通じた日本のNGOによる支援としては、避難民を受け入れているホストコミュニティに対し、女性の生計向上やこどもの保護に係る支援を実施しています。また、ジャパン・プラットフォーム（JPF）を通じて生活に必要な物資の配布、衛生環境の改善、医療提供、女性およびこどもの保護などにも取り組んでいます。これらの避難民に対する日本の無償資金協力は約30.6億円に上ります。

　その他、日本は、バングラデシュに対し、若手行政官の人材育成などのための無償資金協力も実施しています。

　アジアと中東・アフリカをつなぐシーレーン上の要衝に位置するスリランカは、伝統的な親日国であり、日本は、「自由で開かれたインド太平洋（FOIP）」の実現に向けて、連結性強化や海洋分野などで同国との協力強化を進めてきています。また、日本は、過去の紛争の影響で開発の遅れている地域を対象に、生計向上や農業分野を中心とした産業育成・人材育成などの協力、および災害対策への支援を継続しています。

第Ⅲ部

2 南西アジア地域

バングラデシュにおける「コミュニティ主体の健康づくりプロジェクト」で実施した研修で、コミュニティクリニックの機能強化について議論するユニオン評議会（村落自治体）メンバー（写真：JICA）

アパレル産業の市場拡大と女性の雇用拡大を支援するパキスタンの技術協力プロジェクトで、コミュニティを訪問し、インタビュー調査を行うJICA専門家（写真：JICA）

スリランカでは2019年以降、大規模減税や、新型コロナ感染拡大による主要産業の観光業での観光客の大幅な減少などから、外貨準備高が減少し、医薬品や食料などの必需品の輸入供給が困難となったことで、人道状況が悪化しました。これを受けて日本政府は、2022年5月および9月に国際機関経由で食料、栄養、保健、衛生の人道支援を行う合計650万ドルの緊急無償資金協力を実施しました。

モルディブは、スリランカ同様、インド洋シーレーンの要衝に位置しており、日本は、FOIPの実現に向けて同国との協力強化を進めています。2022年には、島嶼国ゆえの治安の脆弱性を抱える同国に対して、警察保安機材にかかる無償資金協力や資源保全・廃棄物管理体制を強化するための無償資金協力を供与しました。

パキスタンは、世界第5位の人口を有し、アジアと中東の接点に位置するという地政学的重要性を有するとともに、テロ撲滅に向けた国際社会の取組において重要な役割を担っており、同国の安定的な発展は周辺地域、ひいては国際社会全体の平和と安定の観点からも重要です。

2022年6月以降の洪水被害を受けたパキスタンにおいて、急速に悪化する人道状況に緊急的に対処するため、日本は、国際機関を通じて、食料、シェルター・非食料援助物資、保健・医療、水・衛生などの分野において700万ドルの緊急無償資金協力を行ったほか、JICAを通じて、テントおよびプラスチックシートの緊急援助物資を供与しました。2023年1月には、秋本外務大臣政務官がパキスタン洪水支援国会合に参加し、パキスタンの復興とさらなる発展のため

に、国内手続を前提に、防災、保健・医療、農業分野を含め、約7,700万ドル規模の支援を実施していくことを表明しました。

その他、2022年には、野生株ポリオウイルスが常在する同国のポリオ撲滅に向けたワクチン接種を支援するための無償資金協力を供与したほか、パンジャブ州での下水道施設などの整備を支援する無償資金協力を供与しました。

伝統的な親日国であるネパールの民主主義の定着、安定と繁栄は、日本にとって、政治的・経済的に重要な南西アジア地域全体の安定を確保する上でも重要です。2015年の大地震以降、日本は同国における「より良い復興（Build Back Better）」の実現を後押ししています。日本の支援によって、橋、病院などの公共インフラ施設が完工済みであるほか、2022年10月までに住宅計約8万5千戸、学校計約270校が完工しました。加えて、同国政府の災害リスク削減に係る能力強化や、建築基準にのっとった建物の普及などに係る各種技術支援を実施中です。そのほか、2022年には経済成長・強靭化のための支援を含む2件の円借款、灌漑施設改修を含む2件の無償資金協力を供与しました（ネパールへの支援については99ページの「案件紹介」を参照）。

ブータンに対する日本の開発協力は、特に農業生産性の向上、道路網、橋梁などの経済基盤整備や、人材育成といった分野で、着実な成果を上げています。2022年には、重篤な感染症に対する診断・治療の質の改善と、感染症拡大の適切な防止を目指して、王立感染症センターの建設および医療機材整備に係る無償資金協力を供与しました。

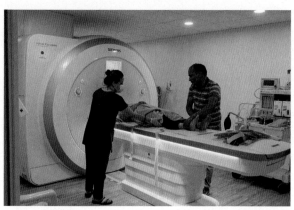

日本の無償資金協力で、ネパールのトリブバン大学教育病院へ供与された MRI（写真：JICA）

ブータン「道路斜面対策工能力強化プロジェクト」で、植物を植えて道路斜面の浸食や風化を防ぐ工法を現場で実践する専門家（写真：JICA）

日本の開発協力の方針　南西アジア地域の重点分野

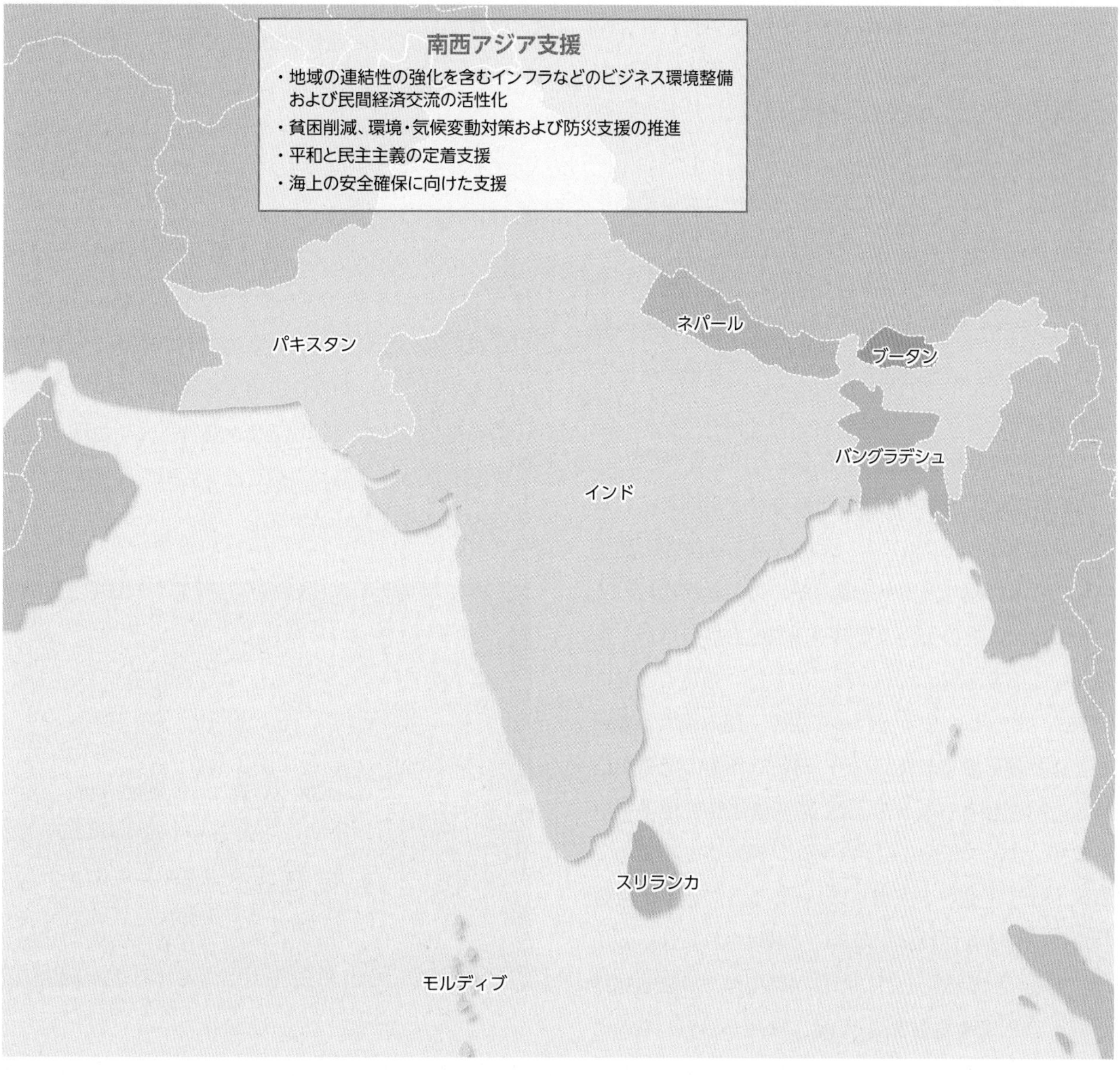

南西アジア支援

・地域の連結性の強化を含むインフラなどのビジネス環境整備および民間経済交流の活性化
・貧困削減、環境・気候変動対策および防災支援の推進
・平和と民主主義の定着支援
・海上の安全確保に向けた支援

パキスタン

ネパール

ブータン

バングラデシュ

インド

スリランカ

モルディブ

インドの聖地に文化・人的交流の拠点となる国際会議場を建設

ヴァラナシ国際協力・コンベンションセンターの外観（写真：JICA）

インドには世界中の人々を引き付ける魅力的な観光スポットが数多くあり、観光分野は同国の経済成長を牽引する産業の一つです。ウッタル・プラデシュ州ヴァラナシ市は、約3,000年の歴史があり、巡礼や観光を目的として国内外から年間約700万人が訪れる都市です。同市では、観光・文化イベントなどが多数開催されていましたが、大人数を収容できる施設がないことが課題となっていました。

2015年の日・インド首脳会談において、モディ首相より「ヴァラナシ市でのコンベンションセンター開発」への期待が表明されたことを受け、無償資金協力によりヴァラナシ国際協力・コンベンションセンター（VCC）の建設計画が進められることになりました。

2018年に開始された建設工事では、現地ならではの苦労がありました。「インドの人たちは時間の感覚が私たちとは異なっています。一つの工程が終わってから、初めて次の工程の準備や段取りを行うなど、作業効率の点で改善の余地がありました。そこで、常にモニタリングし、先手を打って次の工程の段取りを始めるなどが必要でした。」と、現場で作業の指揮を担当した株式会社フジタの田畑 貢氏は当時の様子を語ります。また、新型コロナウイルス感染症の拡大も工事に大きな影響を与えました。「ある日突然、町全体がロックダウンされました。いつ解除されるかも分からず、長期間現場にも近づけない時期がありました。」

こうした様々な課題を克服しながら、2021年に

VCCは無事完成に至りました。完成したVCCは、1,200人を収容し、最新の舞台・音響機器を備えたメインホールのほか、会議室や楽屋も備えています。デザインには、ヒンドゥー教のシンボルをモチーフにした美しい曲線が取り入れられ、これまでにないユニークかつインドの文化を取り入れた象徴的な建物となりました。「曲線を多用した難易度の高い建造物の建設に日本の高い技術力がいかされたと思います。」と、同社の太田正孝氏は語ります。また、本協力では、舞台装置の操作方法や文化行事の企画などを含めた運営面全般のノウハウも提供しました。

2021年7月に行われた完成式典にはインド側からモディ首相やウッタル・プラデシュ州首相らが出席し、日本側からは菅総理大臣（当時）のビデオメッセージが寄せられました。モディ首相は、完成したVCCがインドの叡智の象徴となるよう願いを込め、このセンターに「ルドラクシャ（＝「菩提樹の実」の意）」の愛称を与えました。

インドは2023年にG20の議長国を務め、各地で様々な会合が予定されています。VCCではそのような国際会議の開催のほか、文化交流・市民交流のための大規模な行事の開催が可能です。これにより、従来の観光客とは異なる目的で市を訪れる人々も増え、国際交流やさらなる観光振興を通じて市の発展に寄与することも期待されています。

完成式典に出席するモディ・インド首相（右から3番目）とビデオメッセージを送る菅総理大臣（当時）（写真：JICA）

3 大洋州地域

太平洋島嶼国は、日本にとって太平洋で結ばれた「隣人」であり、歴史的にも深いつながりがあります。また、これらの国は広大な排他的経済水域（EEZ）注10 を持ち、海上輸送の要であるとともに、かつお・まぐろ漁業に必要不可欠な漁場を提供しています。

太平洋島嶼国は比較的新しく独立した国が多く、経済的に自立した国家を築くことが急務です。また、経済が小規模で特定の産業に依存していること、領土が広い海域にまたがっていること、国際市場への参入が困難なこと、自然災害の被害を受けやすいことなど、小島嶼国に特有な共通の課題を抱えています。

日本の取組

太平洋島嶼国の政治的安定と自立的経済発展のためには、各国の社会・経済的な脆弱性を克服するための支援のみならず、地域全体への協力が不可欠です。日本は、太平洋島嶼国で構成される地域協力の枠組みである太平洋諸島フォーラム（PIF）注11 との協力を進めるとともに、1997年以降、3年ごとに、太平洋島嶼国との首脳会議である太平洋・島サミット（PALM）を開催しています 注12 。

2021年6月、第9回太平洋・島サミット（PALM9）の開催を前に、関係省庁間会議である「太平洋島嶼国協力推進会議」が開催され、オールジャパンでの太平洋島嶼国への取組を強化する方針が取りまとめられました。7月に開催されたPALM9では、首脳宣言の付属文書として、「太平洋のキズナの強化と相互繁栄のための共同行動計画」が採択されました。これを受けて2021年以降の3年間、（ⅰ）新型コロナウイルス感染症への対応と回復、（ⅱ）法の支配に基づく持続可能な海洋、（ⅲ）気候変動・防災、（ⅳ）持続可能で強靱な経済発展の基盤強化、および（ⅴ）人的交流・人材育成の5つの重点分野を中心に、太平洋島嶼国への支援を実施しています（太平洋島嶼国地域への支援

の事例として、77ページの「案件紹介」を参照）。

また、新型コロナの拡大を受け、日本は2022年2月、トンガに対し追加的に約7千回分の日本で製造したワクチンをCOVAXファシリティ注13 経由で供与し、これによりこれまで大洋州地域に対して供与したワクチンの合計は33万回分となりました。ほかにも、2022年末までに、太平洋島嶼国地域全体で、保健・医療関連機材の供与や、ワクチンを接種現場まで届けるためのコールド・チェーン注14 整備、ワクチン接種を実際に行う医療従事者の確保などを支援し、保健・医療体制の強化に貢献しています。さらに、経済の回復を支援するため、ソロモン諸島、パプアニューギニアおよびフィジーに対して総額525億円の新型コロナ危機対応緊急支援円借款を供与しました。新型コロナの流行後を見据えた経済活動の再開に向けて、感染症対策を講じた国境管理能力を強化する支援も実施しています。

また、2022年1月15日に発生した火山噴火および津波による被害を受けたトンガに対して、JICAを通じた緊急援助物資を供与するとともに、その輸送の

フィジー向け「新型コロナウイルス感染症危機対応緊急支援借款（フェーズ2）」の借款貸付契約調印式で握手を交わす川上駐フィジー日本国大使（左）、サイェド＝カイユム・フィジー首相代行兼外務大臣代行兼司法長官兼経済・公務員・通信・住宅・地域開発大臣（中央）、鈴木JICAフィジー事務所次長（右）（2022年2月22日）（写真：JICA）

注10 自国の領海の外側に設定できる経済的な権利が及ぶ水域。
注11 2022年12月現在、PIF加盟国・地域は、オーストラリア、ニュージーランド、パプアニューギニア、フィジー、サモア、ソロモン諸島、バヌアツ、トンガ、ナウル、ツバル、ミクロネシア連邦、マーシャル諸島、パラオ、クック諸島、ニウエ、フランス領ポリネシア、ニューカレドニアの15か国および2地域（キリバスはPIFを脱退）。
注12 2010年以降は、PALMの1年半後を目処に外務大臣が共同議長の下、PALM中間閣僚会合が開催されている。
注13 62ページの用語解説を参照。
注14 58ページの 注54 を参照。

火山噴火・津波による被害を受けたトンガに対して、自衛隊部隊による国際緊急援助隊を派遣。海上自衛隊「おおすみ」の船内で造水した水を輸送する陸上自衛隊CH-47機が到着した空港で、横断幕をもって迎える島民。（写真：防衛省）

ために国際緊急援助隊（自衛隊部隊）を派遣しまし

た。また、復興支援のため、廃棄物処理関連機材および水道インフラ整備機器を供与するとともに、防災無線・音響警報システムの供与、トンガ放送委員会の放送局の機材・施設の整備支援および施設整備案件の贈与限度額の引上げも決定しました（トンガに対する支援について、104ページの「案件紹介」も参照）。

日本は、今後も保健・医療システムの強化や新型コロナの影響を受けた経済の回復のための支援、さらには災害などの緊急事態における支援を米国、オーストラリアやニュージーランド、その他のパートナーとも連携しつつ行っていきます。これらの取組により、ポスト・コロナ時代に向けて、強靭で安定かつ繁栄した太平洋島嶼国地域を共に構築していきます。

災害情報伝達で命を守る

トンガ

全国早期警報システム導入及び防災通信能力強化計画
無償資金協力（2018年6月〜2023年4月）

南太平洋の島国トンガは、大小170余りの島々が4つの諸島を構成しており、サイクロンや地震、津波などの自然災害が多く、自然災害に対して世界で3番目に脆弱な国に位置付けられています注1。そのような状況にもかかわらず、住民への災害情報伝達に必要な機器が整備されておらず、住民の避難に遅れが生じていました。

首都から約600km離れたニウアス諸島まで情報伝達を可能にするAMラジオ放送システムのアンテナ建設の様子（写真：JICA）

そこで日本は、トンガ本土や離島をつなぐ早期警報システムやトンガ放送局の施設・機材の整備を開始しました。しかし、新型コロナウイルス感染症の影響により事業が遅れ、これらの機材の整備が完了する前の2022年1月に火山が噴火し、津波も発生しました。国内外の電話やインターネット通信が切断されたため、離島の状況把握や安否確認、災害情報の伝達に支障が生じました。本協力で整備予定であった早期警報システムが完成していれば、全国に災害警戒情報や安全情報の迅速な伝達が可能であったことから、未完成であったことが悔やまれるとともに、早期の完成がトンガ政府および国民から切望されました。

災害発生から約2か月後、日本の技術者が現地に再渡航し、被害を受けた施設や機材の復旧、残る機材の設置等を行

いました。2022年9月の完工式典において、トゥポウトア皇太子殿下は、「我々の使命は、自然災害による犠牲者を出さないよう準備することで、この早期警報システムによって将来影響を受ける人々を救うことができます」と述べられ、このシステムの重要性がトンガ国内で改めて強く認識されました。

本協力により、住民への津波警報到達時間は最大90分から8分以下に短縮され、津波ハザード地域の全住民にサイレン音が届くようになりました。

日本と太平洋島嶼国のパートナーシップ強化を目的の一つとする「第9回太平洋・島サミット（PALM9）」において、「気候変動・防災」は、日本が太平洋島嶼国と共に取り組んでいく今後3年間の重点分野の一つに挙げられています。日本は、これからも、自然災害に脆弱な太平洋島嶼国に対し、日本の防災の知見をいかした協力に取り組んでいきます。

遠隔起動型受信機（RAR）。サイレン警報音到達範囲の拡大・補完を目的に、設置された「屋内用サイレン端末」で、全国約500か所に導入。（写真：八千代エンジニヤリング株式会社・一般財団法人 海外通信・放送コンサルティング協力・国際航業株式会社共同企業体）

注1　世界リスク報告書（2021）による。

日本の開発協力の方針 大洋州地域の重点分野

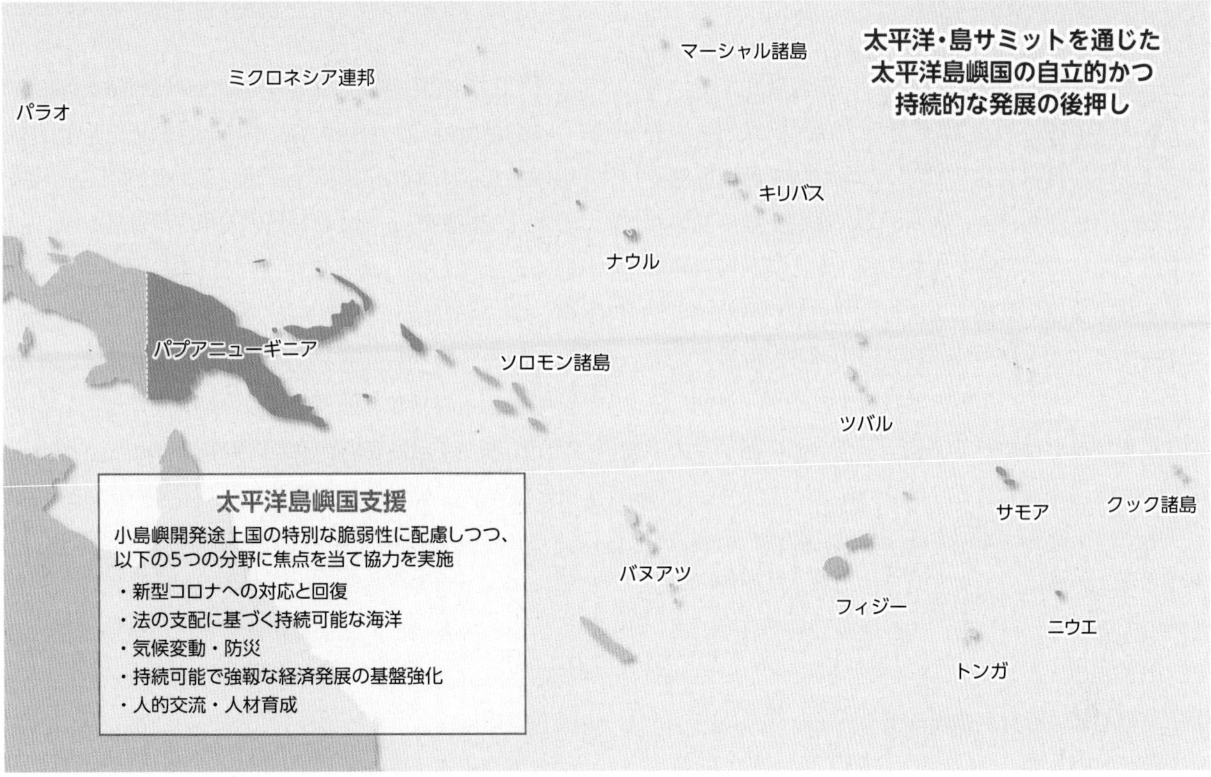

マーシャル諸島

太平洋・島サミットを通じた
太平洋島嶼国の自立的かつ
持続的な発展の後押し

ミクロネシア連邦

パラオ

キリバス

ナウル

パプアニューギニア

ソロモン諸島

ツバル

サモア

クック諸島

太平洋島嶼国支援
小島嶼開発途上国の特別な脆弱性に配慮しつつ、
以下の5つの分野に焦点を当て協力を実施
・新型コロナへの対応と回復
・法の支配に基づく持続可能な海洋
・気候変動・防災
・持続可能で強靱な経済発展の基盤強化
・人的交流・人材育成

バヌアツ

フィジー

ニウエ

トンガ

33か国で構成される中南米は、国際場裡において一大勢力を形成し、人口約6.5億人 注15 、域内総生産約5.5兆ドル 注16 （2021年）の巨大な成長市場を有しており、外交面および経済面で、戦略上重要な地域です。その多くが自由、民主主義、法の支配等の基本的価値を尊重し、鉱物・エネルギー資源や食料の供給源でもあることから、国際社会での存在感を着実に高めています。特に、世界の食料・エネルギー供給に深刻な影響がもたらされている現下の情勢において、中南米の重要性は増大しています。

一方で、中南米地域は、気候変動、防災、新型コロナウイルス感染症の拡大で明らかになった保健・医療分野での脆弱性、貧困等、国際社会共通の課題において、引き続き大きな開発ニーズを抱えており、小島嶼国特有の脆弱性を有する国も多く存在します。

中南米地域には、世界最大の約230万人の日系人の存在もあり、日本との人的・歴史的な絆は伝統的に強く、日本は中南米地域と長い間、安定的な友好関係を維持してきました。中南米地域が強靱で持続可能な発展を実現できるよう、各国の所得水準や実情を踏まえ、ニーズに配慮した、日本ならではの支援（質の高いインフラ、日本の経験をいかせる防災・減災、クリーンエネルギー技術、ボランティア等の技術協力による「顔の見える支援」等）を行うことで、上記の友好関係の維持・強化を図っています。

林外務大臣立ち合いの下、在エクアドル日本国大使公邸において行われた、6件計5,800万円の草の根・人間の安全保障無償資金協力贈与契約署名式の様子（2023年1月）

日本の取組

林外務大臣は、2022年に中南米各国との外相会談の機会を通じて、経済安全保障や環境問題を始めとする地球規模課題について一層の連携を深めていくことにつき確認しました。また、2023年1月にはメキシコ、エクアドル、ブラジルおよびアルゼンチンを訪問し、二国間の経済関係、協力・交流の強化とともに、国際社会が直面する現下の厳しい情勢を踏まえ、法の支配に基づく自由で開かれた国際秩序の維持・強化、そして気候変動対策など重要な国際課題への対応においてさらなる連携を図ることを確認しました。2022年に中南米諸国を訪問した副大臣や大臣政務官も、新型コロナの感染拡大による影響を受けた経済・社会の安定化の支援、保健・医療分野での協力継続のほか、強靱性の向上、デジタル化促進による変革（DX）や環境重視による変革（GX）を通じた中南米諸国の成長のための協力等について表明するなど、日本は中南米地域とのさらなる関係強化に努めています。

■防災・環境問題への取組

中南米地域は、豊かな自然に恵まれる一方、地震、津波、ハリケーン、火山噴火などの自然災害に見舞われることが多く、防災の知識・経験を有する日本の支援が重要です。

日本は、2021年にマグニチュード7.2の地震により被害を受けたハイチに対し、2022年、国連開発計画（UNDP）を通じ被災地の病院や警察署整備のための無償資金協力を実施しました。地震が頻発するエクアドル、ペルー、メキシコなど太平洋に面した中南米諸国に対しては、日本の防災分野の知見をいかした支援を行っています。また、2022年にハリケーン、洪水等の被害のあったキューバ、グアテマラ、ブラジル、ベリーズ、ホンジュラスに対して、緊急援助物資の供与を行いました。カリブ海の国々に対しては、自然災害や気候変動に対する島嶼国特有の脆弱性を克服するための様々な支援を行っており、2022年10月、スリナムに対し洪水対策を念頭に、排水ポンプ等日本企業

注15 世界銀行ホームページ　https://data.worldbank.org/indicator/SP.POP.TOTL?locations=ZJ
注16 世界銀行ホームページ　https://data.worldbank.org/indicator/NY.GDP.MKTP.CD?locations=ZJ

日本がチリに技術協力プロジェクト「新型コロナウイルス影響下における災害時の感染予防対策強化」で供与した避難用テント（写真：JICA）

の防災機材を供与する無償資金協力を実施しました。

また、日本は、環境問題への取組として、気象現象に関する科学技術研究や生物多様性の保全、リモートセンシングを利用したアマゾン熱帯林の保全など、幅広い協力を行っています。2022年3月、ペルーに対

し、固形廃棄物処理施設の整備に係る借款を供与しました。省エネルギー化の促進および温室効果ガスの排出削減の分野においても、日本は太陽光発電の導入支援を海外投融資などによりメキシコやブラジルなど複数の国で実施しているほか、2021年にはドミニカ共和国やパラグアイに対し、エネルギー効率化のための円借款を供与しました。

■ 経済・社会インフラの整備

日本は、中南米地域の経済・社会インフラ整備を進めるため、都市圏および地方における上下水道インフラの整備を積極的に行っています。2022年2月、パラグアイに対し、上水道の整備に係る無償資金協力を実施しました。また、官民連携で地上デジタル放送の日本方式（ISDB-T）注17 の普及に取り組んでおり、2022年12月時点で中南米の14か国が日本方式を採用しています。日本は、日本方式を採用した国々に対

一般公募 母子の命を守る日本のNGOの支援活動

ホンジュラス

テウパセンティ市における妊産婦ケア改善支援事業
日本NGO連携無償資金協力（2019年3月〜2022年2月）

ホンジュラス東部、エル・パライソ県の山間部に位置するテウパセンティ市には分娩可能な施設がなく、施設で出産するためには市外まで行かなければならない上、既存の保健医療施設では適切な妊婦健診も受けられないという課題があったため、妊産婦死亡率が他市より高い状況でした。

本事業では、特定非営利活動法人AMDA社会開発機構（AMDA-MINDS）が、安全な出産を確保するために、地域保健医療の最初の窓口となる保健所の整備・体制改善から妊婦への啓発に至るまで、幅広い支援活動に取り組みました。

エコー使用方法研修（実技）で、受講生の医師と看護師たちが画像での妊婦のお腹の見え方を確認する様子（写真：AMDA社会開発機構）

まず、AMDA-MINDSは、保健・医療提供体制を強化するために、8か所の保健所に対し、超音波診断装置（エコー）を始めとする医療機材や消耗品を提供し、必要な技術研修を行いました。エコーが設置された保健所では、週5日妊婦健診が実施できるようになりました。

また、AMDA-MINDSは、コミュニティ全体としての対応力を高めるために、90人の保健ボランティアおよび40人の伝統的産婆（助産師）に対し、救急救命・応急処置、周産期の健康などに関する研修を実施しました。彼らは自身の役割を認識し、研修で身に付けた知識と技術を活用して、延べ7,750人の地域住民に安全な出産に関する知識・情報を伝えました。

熱心に研修を受ける保健ボランティアたち（写真：AMDA社会開発機構）

こうした活動の結果、市全体で、妊婦健診を4回以上受診した妊婦が33%から74%に増加したほか、超音波検査を1回以上受診した妊婦が45%から80%に、産後健診受診率が65%から77%になるなどの成果を挙げました。住民が正しい保健知識を身近に得て、安全な周産期を過ごせる環境が整ったことで、市外での施設分娩率も70%から80%に増加し、地域全体で妊産婦をケアする体制が構築されました。コミュニティによる自主的な課題解決の取組を促すと同時に、行政サービスが地域社会へ効率的に提供されるよう仲介する、NGOならではの事業が実現しました。

注17 37ページの 注20 を参照。

して、円滑な導入に向けた技術移転や人材育成を行っています。

■ 保健・医療および教育分野での取組

　保健・医療分野でも、日本は中南米に対して様々な協力を行っています。中南米地域は医療体制が弱く、非感染性疾患、HIV／エイズや結核などの感染性疾患、熱帯病などがいまだ深刻な状態です。また、新型コロナの感染拡大により、迅速で的確な診断と治療が可能な体制の確立が求められています。

　2021年4月から2022年2月に、日本は、新型コロナ対策支援として、エクアドル、エルサルバドル、キューバ、グアテマラ、コロンビア、ジャマイカ、ハイチ、ドミニカ共和国、ニカラグア、パラグアイ、ベネズエラ、ベリーズ、ボリビア、ホンジュラスに対し、コールド・チェーン **注18** などの整備のための無償資金協力を行いました。また、2021年および2022年に、エクアドル、ドミニカ共和国およびホンジュラスに対し、新型コロナ危機対応のための借款を供与しました。

　2022年10月以降、首都を中心にコレラが急速に感染拡大していることに対し、2023年1月、日本は、ハイチに対し、国連児童基金（UNICEF）、国連世界食糧計画（WFP）、および国際赤十字・赤新月社連盟（IFRC）を通じて保健、水・衛生、食料等の分野において300万ドルの緊急無償資金協力を実施することを決定しました。

　ほかにも、日本は、中南米各国の日系社会に対して、日系福利厚生施設への支援や研修員の受入れ、JICA海外協力隊員の派遣などを継続して実施しています（ベリーズのJICA海外協力隊員について140ページの「案件紹介」を参照）。

　今も貧困が残存し、教育予算も十分でない中南米諸国にとって、教育分野への支援は非常に重要です。日本は、2021年から継続して、エルサルバドルに対し数学・算数教育の技術協力を実施しています。

■ 南南協力や地域共同体との協力

　アルゼンチン、チリ、ブラジルおよびメキシコの4か国は、南南協力**解説**で実績を上げています。日本は、これらの国とパートナーシップ・プログラムを交わし

ており、例えば、アルゼンチンと協力し、2022年においても中南米において中小企業支援を実施しました。そのほか、メキシコと協力し、中米北部諸国における非伝統的熱帯樹栽培システム導入を支援し、チリでは、三角協力**解説**を通じて中南米諸国の防災に資する人材育成を行っており、4,000人の当初目標を超えて、5,169人の人材育成を達成しました。また、ブラジルでは、日本の長年にわたる協力の結果、日本式の地域警察制度が普及しています。その経験を活用して、現在では三角協力の枠組みで、ブラジル人専門家が中米諸国に派遣され、地域警察分野のノウハウを伝えています。

　また、日本は、より効果的で効率的な援助を実施するため、中南米地域に共通した開発課題について、中米統合機構（SICA）やカリブ共同体（CARICOM）といった地域共同体とも協力しつつ、地域全体に関わる案件の形成を進めています。

■ 中米移民、ベネズエラ難民・移民支援

　中米地域は、貧困や治安の悪さから逃れて米国やメキシコへの移住を目指す移民の問題を抱えています。日本は、移民発生の根本原因である貧困、治安、災害などの分野における支援を実施しています。また、エルサルバドル、グアテマラ、ホンジュラス、メキシコに対し、国際移住機関（IOM）やWFPと連携し、移民の自発的帰還の促進や移民流出防止、帰還移民の社会への再統合のための支援を行っています。

　ベネズエラの経済・社会情勢の悪化により、2022年9月までに約710万人のベネズエラ難民・移民が主に周辺国に流出しました。受入れ地域住民の生活環

日本の支援によって完成した上水施設の引渡式。上水が通水したことに歓喜する地元住民と在ボリビア大使館員。

注18 58ページの **注54** を参照。

境が悪化したり、地域情勢が不安定になる状況が発生したりしましたが、対応が十分にできていないことが課題となっています。2022年2月、日本は、ベネズエラ本国に加え、避難民を受け入れている周辺国のコロンビアおよびエクアドルに対し、国連難民高等弁務官事務所（UNHCR）を通じて、脆弱な人々の保護や職業訓練などの社会的統合支援の実施を発表しました。また、2022年9月、悪化するベネズエラ国内の人道状況を踏まえ、UNICEFを通じ、学校およびその周辺への手洗い施設の衛生環境の整備等の協力実施を発表しました。

用語解説

南南協力（三角協力）
より開発の進んだ開発途上国が自国の開発経験、人材、技術、資金、知識などを活用して、ほかの途上国に対して行う協力。自然環境・言語・文化・経済事情や開発段階などが似ている国々に対して、主に技術協力を行う。また、ドナーや国際機関がこのような途上国間の南南協力を支援する場合は「三角協力」という。

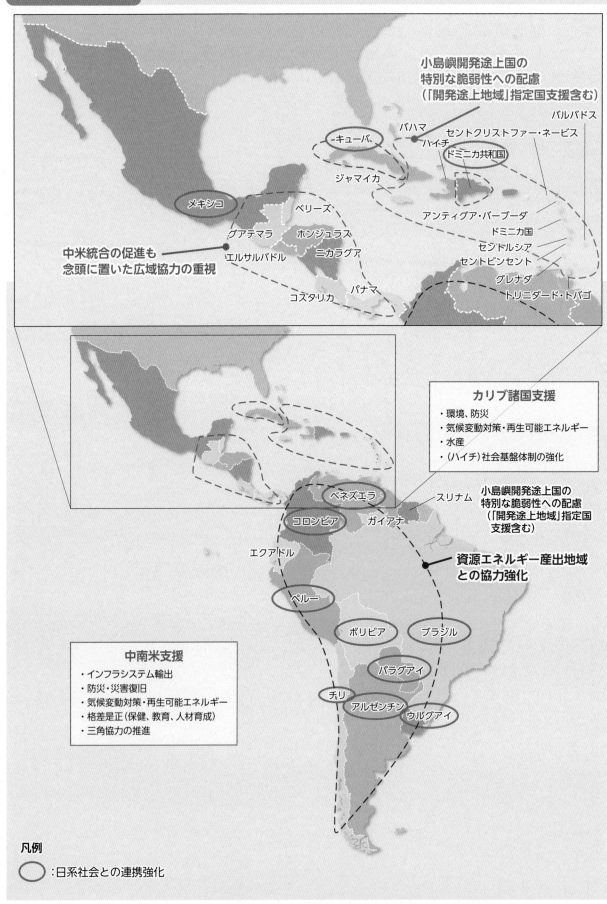

小島嶼開発途上国の
特別な脆弱性への配慮
(「開発途上地域」指定国支援含む)

バハマ
キューバ
ハイチ
ジャマイカ
ドミニカ共和国
バルバドス
セントクリストファー・ネービス
メキシコ
ベリーズ
グアテマラ
ホンジュラス
エルサルバドル
ニカラグア
コスタリカ
パナマ
アンティグア・バーブーダ
ドミニカ国
セントルシア
セントビンセント
グレナダ
トリニダード・トバゴ

中米統合の促進も
念頭に置いた広域協力の重視

カリブ諸国支援
・環境、防災
・気候変動対策・再生可能エネルギー
・水産
・(ハイチ)社会基盤体制の強化

小島嶼開発途上国の
特別な脆弱性への配慮
(「開発途上地域」指定国
支援含む)

ベネズエラ
コロンビア
スリナム
ガイアナ
エクアドル
ペルー
ボリビア
ブラジル
パラグアイ
チリ
アルゼンチン
ウルグアイ

**資源エネルギー産出地域
との協力強化**

中南米支援
・インフラシステム輸出
・防災・災害復旧
・気候変動対策・再生可能エネルギー
・格差是正(保健、教育、人材育成)
・三角協力の推進

凡例

◯ :日系社会との連携強化

5 欧州地域

過去に共産主義体制にあった中・東欧、旧ソ連の多くの国々は、現在、市場経済に基づいた経済発展に取り組んでいます。日本は、欧州諸国を、人権、民主主義、市場経済、法の支配などの基本的価値を共有する重要なパートナーと認識しており、欧州全体の一層の安定と発展に貢献するため、経済インフラの再建や環境問題などへの取組を支援しています。また、欧州連合（EU）を始めとする欧州所在の地域国際機関との間で、対話・協力の継続・促進や人的ネットワークの構築を通じ、総合的な関係強化を図ってきています。

2022年2月以降のロシアによるウクライナ侵略を受けて、ウクライナおよびその周辺国を中心に深刻な人道危機が発生し、2022年12月時点でも事態好転の見通しは立たず、サプライチェーンの分断やエネルギー・食料価格の高騰など、世界的に人々の生活に深刻な影響が発生しています。日本は、これら人道状況への対応、ウクライナの復興・再建を見据えた中長期的な支援などを進めています（2022年2月以降のウクライナ関連の支援については、2ページの第Ⅰ部1ウクライナ情勢を受けた日本の取組を参照）。

📊 日本の取組

日本は、人権、民主主義、市場経済、法の支配などの基本的価値を共有する国々との関係をさらに強化し、欧州全体の一層の安定と発展に貢献するため、経済インフラの再建や環境問題などへの取組を支援しています。

西バルカン諸国 注19 は、1990年代の紛争の影響で改革が停滞していましたが、ドナー国・国際機関などの復興支援および各国自身による改革の結果、復興支援の段階から卒業し、現在は持続的な経済発展に向けた支援が必要な段階にあります。結束する欧州を支持する日本は、欧州連合（EU）などと協力しながら開発協力を展開しており、「西バルカン協力イニシアティブ」注20（2018年）の下、同諸国がEU加盟に向けた必要な社会経済改革などを支援しています。

セルビアでは、民間セクター開発、環境保全、経済社会サービスの向上を重点事項として、質の高い経済成長を促進する支援を行っています。2020年11月より実施している「ベオグラード市公共交通改善プロジェクト」では、市民の主要な移動手段である公共交通（バス、トラム、トロリーバス）の運行の効率化や運賃収受改善等に向けた取組を通じ、市公共交通部の能力強化を行い、同市が目標とする環境に優しい公共交通システムの構築を目指しています。また、西部のシド市では、発生源分別、廃棄物の減量化を含む3R（Reduce＝廃棄物の発生抑制、Reuse＝再利用、Recycle＝再資源化）の推進を通じて中小自治体における効率的で持続可能な一般廃棄物管理のモデルを確立し、広域廃棄物管理システムを推進することを目的とした廃棄物管理能力向上プロジェクトを実施しています。

コソボおよびモンテネグロに対しては、森林火災などの自然災害リスクを削減するための国家森林火災情報システム（NFFIS）および生態系を活用した防災・減災（Eco-DRR）による災害リスク削減のための能力強化プロジェクトを実施しています。

また、日本は、新型コロナウイルス感染症の拡大を受けて、脆弱な保健・医療体制を強化することを目的に、2020年以降、アルバニア、ウクライナ、北マケドニア、コソボ、セルビア、ボスニア・ヘルツェゴビ

アルバニアにおいて、ディヴィアカ・カラヴァスタ国立公園における生態系の管理をすることによる公園管理モデルの構築を指導する日本人専門家（写真：JICA）

注19 アルバニア、北マケドニア、コソボ、セルビア、ボスニア・ヘルツェゴビナ、モンテネグロの6か国。
注20 西バルカン諸国のEU加盟に向けた社会経済改革を支援し、民族間の和解・協力を促進することを目的とする取組。

ナ、モルドバ、モンテネグロの8か国に対して、総額12億円の保健・医療関連機材の供与を実施しています。

これらの支援を実施する一方、日本は、欧州地域内の経済発展の格差を踏まえ、EUに加盟した国々は援助対象国から卒業したものとして、支援を段階的に縮小するとともに、それらの国がドナー国として域内の開発途上国に対する開発協力に一層積極的に取り組むことを促しています。

日本によるウクライナの公共放送局設立が災害時・非常時の報道体制構築に寄与

ウクライナ

公共放送組織体制強化プロジェクト
(1) 無償資金協力（2019年4月）、(2) 技術協力プロジェクト（2017年1月～2022年3月）

マスメディアが、権力の監視や国民の知る権利の保障などの役割を果たすには、政府および市場から独立した公共放送局の育成が必要です。ウクライナでは、2017年1月にキーウの国営テレビ局と22の地方放送局、ラジオ局、映画製作会社等の計32社が統合したウクライナ放送局（PBC）が設立されました。しかし、政府の広告塔のイメージが強く、平均視聴率1パーセント以下という状況が続き、スタッフの能力向上とコンテンツ改善が急務となっていました。

人形劇番組撮影風景（写真：JICA）

専門家によるワークショップの様子
（写真：JICA）

そこで、日本は、PBCスタッフに対し、教育・文化番組制作能力の強化、災害時・非常時の報道体制の構築支援を実施しました。加えて、放送用資機材も供与しました。

2022年2月のロシアによるウクライナ侵略後、PBCは戦火を避けて拠点を移しながらも、現在に至るまで、ニュース報道を中心に放送を継続しています。プロジェクトを通じたPBCキーウ本局と全国の支局との情報ネットワーク構築、緊急時における報道のあり方をまとめた緊急報道マニュアルの整備などが、戦時下における放送の継続に寄与しています。

加えて、記者の意識改革も、PBCの戦時下の緊急報道を支えています。プロジェクトを通じて、政府機関と情報チャネルを築くための訓練を行ったことで、多くのPBC記者の意識が、旧ソ連時代から持っていた「情報とは、政府が一方的に都合のいいものだけを提供してくるもの」から、「情報は記者が自分で取りに行くもの」へと変わりました。日本の支援はこのような形でもウクライナに貢献しています。

日本の開発協力の方針 欧州地域の重点分野

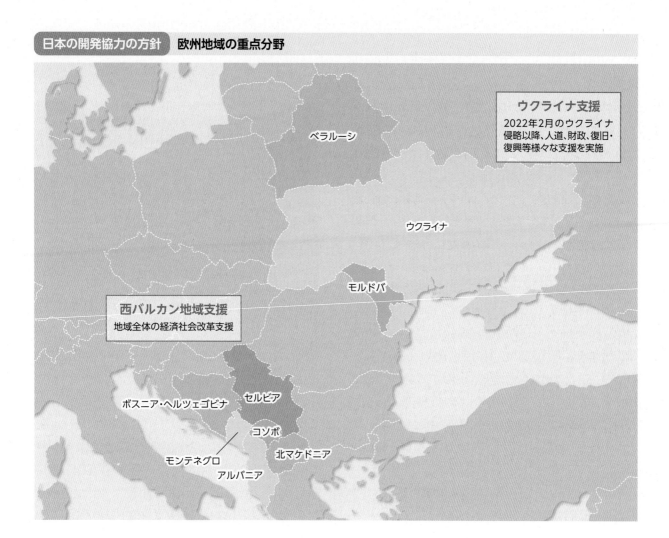

中央アジア・コーカサス地域は、東アジア、南アジア、中東、欧州、ロシアを結ぶ地政学的な要衝に位置し、その発展と安定は、ユーラシア地域全体の発展と安定にも大きな意義を有しています。また、この地域は、石油、天然ガス、ウラン、レアアースなどの豊富な天然資源を有する戦略的に重要な地域です。同時に、地政学的に、周辺の大国の影響や近隣諸国の治安の影響を受けやすい地域でもあります。

1991年の独立以来、中央アジア・コーカサス各国は市場経済体制への移行と経済発展に向け取り組んできていますが、旧ソ連時代の経済インフラの老朽化や、市場経済化のための人材育成、保健・医療などの社会システムの構築などの課題を抱えています。加えて、2022年のロシアによるウクライナ侵略に関連する対ロシア制裁の影響により、物流の制約を含め、経済的・社会的な影響を受けており、対応を迫られています。

日本は、中央アジア・コーカサス地域の自由で開かれた持続可能な発展に向けた協力を行っています。

日本の取組

日本は、中央アジア・コーカサス諸国のこれらの課題解決に向けた取組を支援するため、インフラ整備、人材育成、保健・医療を始めとする基礎的社会サービスの再構築など多様な分野で支援を行っています。

特に、中央アジア諸国との関係では、日本は2004年から「中央アジア＋日本」対話を立ち上げ、自由で開かれた国際秩序を維持・強化するパートナーである中央アジアの平和と安定に寄与することを目的とした域内協力を促進しています。2022年12月に東京で開催された「中央アジア＋日本」対話・第9回外相会合では、中央アジア5か国の持続可能な発展の達成に向けて、「人への投資」および「成長の質」に重点を置いた新たな発展モデルに沿った協力を推進することとしました。コーカサス諸国との関係では、2018年に発表した「コーカサス・イニシアティブ」に基づき、基本方針として（ⅰ）国造りを担う人造り支援と、（ⅱ）インフラ整備やビジネス環境整備を通じた

「中央アジア＋日本」対話・第9回外相会合（2022年12月）

魅力的なコーカサス造りのための支援を、協力の2つの柱としています。

人材育成支援としては、日本は2022年までに中央アジア・コーカサス諸国から約12,100名の研修員を受け入れるとともに、同諸国に約3,300名の専門家を派遣しています。また、若手行政官等の日本留学プロジェクトである人材育成奨学計画や、開発大学院連携プログラム、日本人材開発センターによるビジネス人材育成などを通じて、国造りに必要な人材の育成を支援しています。

基礎的社会サービスについては、日本は新型コロナウイルス感染症対策支援として、中央アジア・コーカサス地域の8か国に対して、保健・医療関連機材の供与のため、2022年12月までに総額約32億円の無償資金協力を実施しているほか、2022年1月以降、タジキスタンおよびウズベキスタンに対し、約70万回分のワクチンをCOVAXファシリティ 注21 経由で供与しました。加えて、キルギスに対して約10億円の非感染性疾患の診断のための医療機材を、ウズベキスタンに対して約8億円の医療機材および医学教育機材を供与しました。

また、タジキスタンでは、「ピアンジ県・ハマドニ県上下水道公社給水事業運営能力強化プロジェクト」で確立された、従量制給水システムの全国展開の指導のために、給水政策アドバイザー専門家が派遣されています（詳細は115ページの「案件紹介」を参照）。

その他、隣接するアフガニスタンの情勢などを踏ま

注21 62ページの用語解説を参照。

コミュニティでの効果的な栄養指導の方法を話し合うウズベキスタンの看護師と日本人専門家（写真：JICA）

え、中央アジア地域に対し、国境管理、麻薬対策、暴力的過激主義防止などの支援も行っています。

安全な水を、安定供給

タジキスタン

ピアンジ県・ハマドニ県上下水道公社給水事業運営能力強化プロジェクト
技術協力プロジェクト（2017年4月～2021年6月）

タジキスタンの南部に位置するハトロン州では、旧ソ連時代に建設された給水施設の老朽化が進み、安全な水を利用できる住民が約47％にとどまっていました。特にピアンジ県とハマドニ県では、多くの住民が飲み水や生活水として、灌漑用水や浅井戸などの劣悪な水を利用していました。

こうした状況を打開するため、日本は2008年から2016年にかけて、無償資金協力により、両県の給水施設を改修・拡張しました。また、これら施設が適切に運用、維持管理されるよう、2017

現地の上下水道公社の技術者を対象に、井戸ポンプの維持管理研修を実施するJICA専門家（写真：JICA）

年から本協力を実施しました。両県の各上下水道公社の能力強化と経営改善を目的に、給水事業運営に必要なデータの整備、給水施設の適切な運転・維持管理についての指導を行いました。

特に、料金徴収の仕組みについては、それまでの定額制から政府が推奨する従量料金制に転換することに成功しました。これらの協力の結果、24時間、安全で安定的な水の供給が可能となりました。また、給水対象人口を増やすことで、上下水道公社の料金収入が増加（ピアンジ県では1.65倍）するなど、経営が大きく改善しました。ハトロン州での

従量料金制の導入は初めてであり、日本の知見と制度を応用した料金徴収システムは「ピアンジ県・ハマドニ県モデル」として確立され、さらなる普及・拡大が期待されています。

タジキスタンは国際社会で水分野に積極的に関与しており、2022年6月に首都ドゥシャンベで国連と共に国際会議[1]を開催し、2023年3月にはニューヨークで国連の会議[2]の共同議長をオランダと共に務める予定です。2022年6月の会議では、本協力の成果が共有されたほか、本田外務大臣政務官（当時）より、日本で開催されたアジア・太平洋水サミット[3]における「熊本水イニシアティブ」の報告が行われました。本協力を通じて、両国は水分野での連携を深めており、国際的イニシアティブにおいても存在感を示しています。

従量料金制の導入により、新たに導入された水道メーターを検針する検針員の様子（写真：JICA）

注1 「持続可能な開発のための水」国際行動の10年に関する第2回ハイレベル国際会議。
注2 国連2023水に関する中期レビュー会議。
注3 65ページの「開発協力トピックス」を参照。

日本の開発協力の方針　中央アジア・コーカサス地域の重点分野

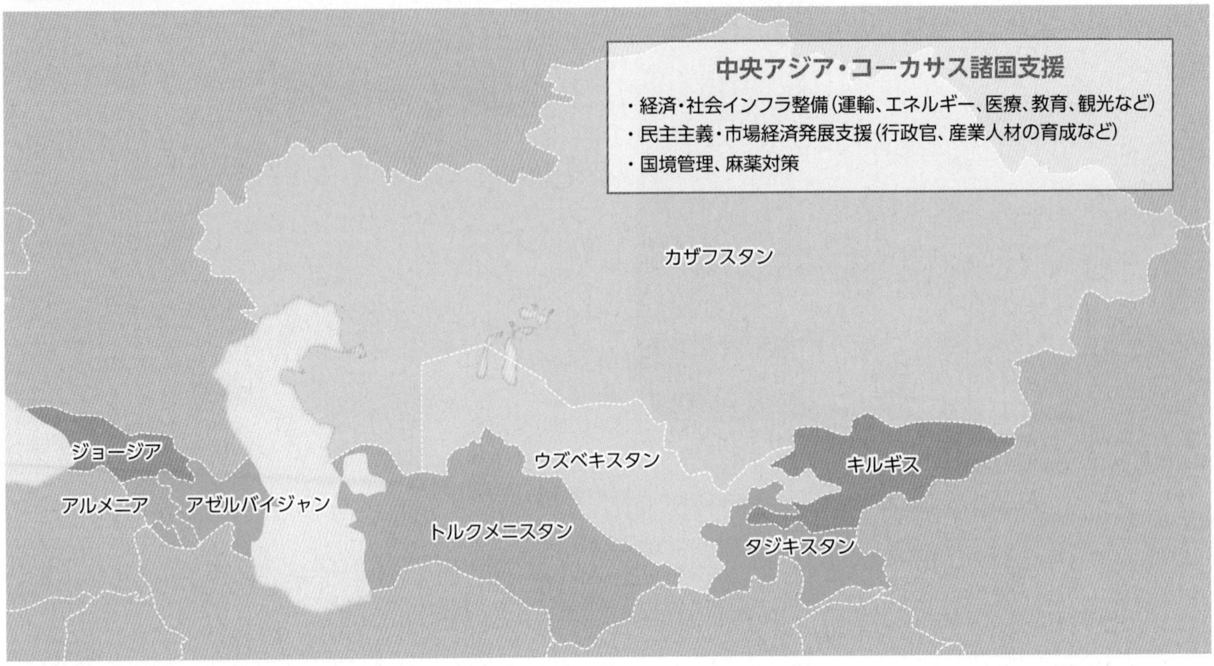
中央アジア・コーカサス諸国支援
・経済・社会インフラ整備（運輸、エネルギー、医療、教育、観光など）
・民主主義・市場経済発展支援（行政官、産業人材の育成など）
・国境管理、麻薬対策
カザフスタン
ジョージア
アルメニア
アゼルバイジャン
ウズベキスタン
トルクメニスタン
キルギス
タジキスタン

日本の有機肥料技術指導で農業振興に貢献
～キルギス農業大学土壌作物分析センターを通じて技術普及・確立を目指す～

キルギスは、ソ連崩壊後の1991年に独立した国です。農業は主要産業の一つですが、独立後、集団農業の解体と行政機能の低下によって、農家への技術支援や化学肥料といった農業資材の配給が止まってしまいました。国内では化学肥料が製造されていないため、高価で不安定な輸入に頼らざるをえず、農家は十分な肥料を購入することも困難な状況でした。その結果、技術の衰退や土壌肥沃度の低下が、農作物の収量や品質の低下を招き、人口の約60%といわれる農業従事者の収入は著しく減少しています。

こうした状況を改善するために、帯広畜産大学発のベンチャー企業として発足し、大学の研究成果を活用したバイオガスプラント事業の実績があるバイオマスリサーチ株式会社は、有機肥料作りの技術指導などを通じて、有機農業の普及を目指すJICAの草の根技術協力事業を2013年から実施しています。2022年2月には、キルギスにおける有機農業技術の確立と普及を目指す「国立農業大学における土壌・作物分析技術人材育成プロジェクト」が、3年6か月の計画で始まりました。

長年にわたってキルギスでの事業に従事するバイオマスリサーチ株式会社の執行役員である西崎邦夫氏は、次のように語ります。「日本の技術を活用し、農家が容易に入手できる家畜糞尿を利用して有機肥料を開発し、普及させることを目指して、協力が始まりました。高価で手が出なかった肥料が、これまで投棄していた家畜の糞尿から得られることで歓迎されました。その有機肥料を痩せた土地に使ってみたところ、作物の収穫量が倍増しました。収穫量が目

キルギス農業大学の「土壌作物分析センター」にて有機農業指導者に講義している西崎氏

現地の農家に対して堆肥作りの技術指導をしている様子

に見えて増えていくことから堆肥の取り合いになるほどでした。こうした経験から、有機肥料を普及することにより、キルギスの農業振興に貢献できるのではないかと考えたのです。キルギスと北海道は気候風土や産業など共通点が多く親近感もあり、目の前で苦労されている農家に協力したい、ひいては国全体の農業振興に貢献したい、そんな思いから協力を続けています。」

協力を通じて、数多くの有機肥料セミナーも開催されました。環境に優しく、効果とコストの面からも良い有機肥料の使用は、作物の品質や収量の向上、農家の収入向上にもつながることから、有機農業に取り組む農家数も増加しています。キルギスにおける有機農業の普及などへの功績が認められ、2016年、西崎氏は、キルギス国立農業大学から名誉教授の称号を授与されました。

2019年には、キルギスで有機農業推進法が成立し、国を挙げて有機農業を促進していく方針が立てられました。「キルギスで有機農業を今後さらに普及するためには、土壌をきちんと分析して、最小量の肥料で豊かな作物ができるような技術の確立が必要です。現在行っているのは、このために不可欠な土壌・作物の分析技術の確立と、技術を伝達するために重要なツールとなる各種マニュアル類の整備、技術を普及する指導者の育成です。」と西崎氏は語ります。

有機農法で作られた作物は付加価値も高く、今後は輸出も含めた新しいマーケットでの販売も視野に入れているとのことです。キルギスの成長を後押しする技術としても、有機農法に大きな期待が寄せられています。

7 中東・北アフリカ地域

日本は原油輸入の約9割を中東・北アフリカ地域に依存しており、世界の物流の要衝である同地域は、日本の経済とエネルギーの安全保障の観点から、極めて重要です。また、高い人口増加率で若年層が拡大し、今後成長が期待される潜在性の高い地域です。

同時に同地域は、中東和平問題に加え、「アラブの春」以降の政治的混乱、イランを巡る緊張の高まりなど、様々な課題を抱えています。例えば、シリアでは戦闘が継続し、多くの難民・国内避難民が生まれ、周辺国も含めた地域全体の安定に大きな影響を及ぼしています。加えて、2021年8月のアフガニスタンにおけるタリバーン復権後は、同国および周辺国においても人道ニーズが高まっています。また、「イラクとレバントのイスラム国（ISIL）」のような暴力的過激主義の拡散のリスクも今なお各地に残存しています。

国際社会の責任ある一員として、日本はこれまで、ODA等を通じて、中東地域の平和と安定に大きく貢献してきており、今後も、これまで各国と築いてきた良好な関係をいかし、中東の緊張緩和と情勢の安定化に向け、積極的な外交努力を展開していきます。

日本の取組

この地域の平和と安定は、日本を含む国際社会全体の安定と繁栄にとって極めて重要です。持続的な平和と安定の実現に向けて、経済的支援や人材育成などを通じて支援していくことが求められています。

チュニジアのジェランディ外務・移民・在外チュニジア人大臣と会談する林外務大臣（2022年8月）

■シリア・イラクおよびその周辺国に対する支援

国際社会の懸案事項であるシリア問題について、日本は、2022年5月に開催された「シリアおよび地域の将来の支援に関する第6回ブリュッセル会合」において表明した、総額約9,000万ドルの支援を速やかに実施しました。この支援には、シリアおよびその周辺国に対する人道支援や社会安定化といった分野への支援が含まれています（44ページの「国際協力の現場から」も参照）。

イラクに対しては、日本は、イラク経済の根幹である石油・ガス分野や基礎サービスである電力・上下水道分野において、円借款などを通じた支援や、技術協力を通じた人づくりへの支援を実施しています。加えて、イラクが安定した民主国家として自立発展するため、ガバナンス強化支援にも取り組んでいます（第Ⅱ部2-1（3）民主化支援も参照）。

2011年のシリア危機発生以降、日本のシリア・イラクおよびその周辺国に対する支援の総額は約33億ドルとなっています。このように、絶えず人道状況が変化している同地域において、日本は時宜に即した効果的な支援を実施しています（第Ⅱ部2-2（1）平和構築と難民・避難民支援も参照）。

また、日本は、人材育成や難民の自立支援に向けた取組も行っています。日本は、将来のシリア復興を担う人材を育成するため、2017年度から2022年までに125名のシリア人留学生を受け入れました。

■イエメン支援

イエメンでは、紛争の長期化により、全人口の約8割が何らかの人道支援を必要とする「世界最悪の人道危機」に直面しています。こうした中、日本は、これまで主要ドナー国として、2015年から2022年までの8年間で、国際機関を通じて総額約4億ドル以上の人道支援を実施してきました。2022年も国際機関を通じた人道支援に加え、イエメンの自立的な安定化を後押しするための人材育成支援として、イエメンからの国費外国人留学生の受入れ、JICAによるイエメン人専門家を対象とした研修など、日本での教育・研修を実施しています。また、人々が経済活動を行えるような環境を整備するための支援として、アデン港の機

能強化支援を実施しています（アデン港の支援について、34ページの「開発協力トピックス」も参照）。

■アフガニスタン支援

2021年8月にタリバーンにより実権が掌握されて以降、同国内および周辺国で人道ニーズが一段と高まっている中、日本は、国際会議に積極的に参加し、日本の人道支援の方針を表明するとともに、援助従事者の安全や人道アクセスの確保の重要性を強調しています。2022年3月に開催された国連、英国、ドイツ、カタール共催による人道状況に関するハイレベル・プレッジング会合（林外務大臣がビデオメッセージにて参加）では、タリバーンが女子中等教育の再開を延期したことを受け、同措置の即時撤回を求め、性別に関わらず全ての国民があらゆるレベルの教育を受ける権利が保障されなければならない旨を強調しました。しかしその後も、タリバーンによる女性・女児の権利に対する制限の強化が報告されており、日本は国際社会と協調して、状況改善に向けたタリバーンへの働きかけを継続しています。

日本は、2021年8月以降、国際機関やNGOなどを通じて、シェルター、保健、水・衛生、食料、農業、教育等の分野で3.3億ドル以上の支援を決定・実施しています。この支援の中には、2022年6月に発生したアフガニスタン東部における地震被害に対する緊急援助も含まれています。

日本は2001年以降、アフガニスタンの持続的・自立的発展のため、二度の閣僚級支援会合のホスト（2002年、2012年）や、人道、保健、教育、農業・農村開発、女性の地位向上など、様々な分野で開発支

チュニジアをゲートウェイとした対アフリカ三角協力

チュニジア

(1) 品質/生産性向上プロジェクト、(2) 社会経済発展の要因としての人間の安全保障
(1) 技術協力（2009年9月～2013年3月（フェーズ1）、2016年1月～2021年12月（フェーズ2））、(2) 国際機関拠出・出資金（2021年3月～2022年9月）

第8回アフリカ開発会議（TICAD 8）注1が開催されたチュニジアでは、様々な専門分野における豊かな人材をいかして、アフリカ諸国を対象とした三角協力が進められています。

本邦研修において、実際にカイゼンを導入するクリーニング会社を見学するチュニジア人研修員（写真：JICA）

チュニジアは、JICAによる技術協力を通じて、2006年から産業部門のカイゼン注2に取り組んでいます。これまでに、約100社が作業効率化のために整理整頓や動線の見直しなどのカイゼン手法を実施し、生産性の向上につながっています。チュニジアはその知見をいかして、2021年12月、リビアに対しカイゼン研修を実施しました。この研修にはリビア経済省代表や企業家など約30名が参加し、リビアにおけるカイゼン導入の足掛かりとなりました。チュニジア産業省は、チュニジアをハブとしてアフリカにカイゼンを普及するため、国内外から研修生を受け入れるためのカイゼン・センターの設立を目指しています。

日本の地域警察活動もチュニジアからアフリカ諸国へ広がりを見せています。日本はチュニジアでUNDPを通じて、警察署に対する市民のアクセス改善などを目的に、日本の交番のような「身近な警察」を根付かせる取組を行っています。2022年7月に「身近な警察」に関するアフリカ会議が

チュニスで開催され、アフリカ17か国、11の国際機関などから計320名が参加しました。

このほかにも保健・医療分野などで、チュニジアを舞台として日本とチュニ

「身近な警察」に関するアフリカ会議に出席するサブサハラ・アフリカの治安当局関係者

ジアの知見を、アフリカ各国に共有するための第三国研修が行われています注3。

チュニジア政府は教育に力を入れており、エンジニアや医師などの専門的な人材が豊富です。彼らの多くはアラビア語に加え、フランス語や英語を話すことができます。このような豊かな人材をいかしながら、チュニジアをゲートウェイとして、日本の技術や知見がアフリカ諸国に伝えられることが期待されます。

注1 127ページの「開発協力トピックス」を参照。
注2 41ページの 注32 を参照。
注3 技術協力「アフリカ諸国のための保健医療機器管理」および「アフリカの都市のための廃棄物管理と都市衛生」において、それぞれ適切な医療機材の使用や衛生分野に関する第三国研修を実施。

援を行ってきました。今後のアフガニスタン支援については、上述の人道支援を迅速に実施します。また、国際社会と緊密に連携しながら、タリバーンへの働きかけを行い、アフガニスタンの人々のニーズをしっかりと見極めた上で適切に対応していきます。

■中東和平（パレスチナ支援）

日本は、パレスチナに対する支援を中東和平における貢献策の重要な柱の一つと位置付け、1993年のオスロ合意以降、総額22億ドル以上の支援を実施しています。具体的には、東エルサレムを含むヨルダン川西岸地区の社会的弱者やガザ地区の紛争被災民に対して、その厳しい生活状況を改善するため、国際機関やNGOなどを通じた様々な人道支援を行ってきました。2022年4月にはパレスチナのガザ地区における新型コロナウイルス感染症の流行や洪水被害によって大きく悪化した人道状況を受け、国連パレスチナ難民救済事業機関（UNRWA）を通じて、335万ドルの緊急無償資金協力を実施しました。また、2022年7月から9月にかけて、パレスチナの食料安全保障を改善し、開発課題の解決に寄与することなどを目的として、UNRWAおよびWFPを通じて、800万ドル規模の支援を実施しました。

日本は、将来のパレスチナ国家建設に向けた準備と、パレスチナ経済の自立化を目指して、パレスチナの人々の生活の安定・向上、財政基盤の強化と行政の質の向上など、幅広い取組を行っています。例えば、「平和と繁栄の回廊」構想の旗艦事業であるジェリコ農産加工団地（JAIP）入居企業に対し金融支援を実施しています。また、パレスチナ開発のための東アジア協力促進会合（CEAPAD）注22の枠組みで2022年3月には、企業間取引を促進するため、パレスチナ企業31社と日本企業7社、ベトナム企業56社を結ぶオンラインミーティングを開催しました。

■北アフリカ地域への支援

モロッコでは、2021年5月に、同国の長期国家開発戦略に位置付けられる「新発展モデル」が策定・公表され、教育分野について、基礎教育の質の改善が急

務とされていました。このため、2022年7月に、モロッコ政府への財政支援を通じて教育分野の改革実施を支援し、こどもの学習環境の改善を目的とした220億円の円借款の供与に関する交換公文が署名されました（エジプトでの取組については、68ページの「国際協力の現場から」を参照）。

チュニジアでは、日本式の品質・生産性向上の取組であるカイゼンの普及や、日本が普及を推進してきた「身近な警察」の導入、さらには医療分野の第三国研修の開催など、同国の経験や豊かな人材をいかしつつ、アフリカ諸国を対象とした三角協力が進められています（詳細は、119ページの「案件紹介」を参照）。

また、2022年8月、林外務大臣は、総理特使として第8回アフリカ開発会議（TICAD 8）に出席するため、チュニジアを訪問しました（TICAD 8について、127ページの「開発協力トピックス」を参照）。同国訪問中、林大臣は、サイード大統領への表敬、ジェランディ外務・移民・在外チュニジア人大臣との会談や両国間での技術協力協定および二国間クレジット制度（JCM）に係る協力覚書の署名を行いました。

■新型コロナウイルス感染症に対する支援

2022年、日本は、新型コロナ対策として様々な支援を実施しました。イランに対し、追加的に約70万回分の日本で製造したワクチンをCOVAXファシリティ注23経由で供与し、これまでに中東・北アフリカ地域に対して供与したワクチンの合計数は516万回となりました。2月、コールド・チェーン整備が喫緊の課題となっているエジプトに対し、UNICEFと連携してワクチン保冷用冷蔵車等の機材供与や現地医療チームの訓練などを実施しました。また10月には、アフガニスタンに対して、ワクチン接種の持続的な実施を目的として、コールド・チェーンの機材整備を行う支援を決定しました。チュニジアでは、ポスト・コロナを見据えた経済社会活性化に向け、公衆衛生上の脅威に対応するため、UNICEFを通じて、デジタルでの予防接種情報管理体制を整備するための支援を実施しています。

注22 「二国家解決」による和平実現に向けて、東アジア諸国のリソースや経済発展の知見を動員しパレスチナの国造りを支援すべく、2013年2月に日本が立ち上げた地域協力枠組み。
注23 62ページの用語解説を参照。

日本の開発協力の方針 中東・北アフリカ地域の重点分野

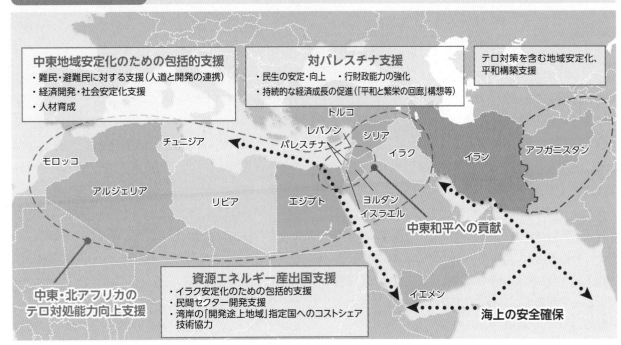

中東地域安定化のための包括的支援
・難民・避難民に対する支援（人道と開発の連携）
・経済開発・社会安定化支援
・人材育成

対パレスチナ支援
・民生の安定・向上　　・行財政能力の強化
・持続的な経済成長の促進（「平和と繁栄の回廊」構想等）

テロ対策を含む地域安定化、
平和構築支援

トルコ
チュニジア　　レバノン　　シリア
　　　　　　パレスチナ　　イラク　　イラン　　アフガニスタン
モロッコ
アルジェリア
リビア　　エジプト　　ヨルダン
　　　　　　　　　　イスラエル
　　　　　　　　　　中東和平への貢献

中東・北アフリカの
テロ対処能力向上支援

資源エネルギー産出国支援
・イラク安定化のための包括的支援
・民間セクター開発支援
・湾岸の「開発途上地域」指定国へのコストシェア
　技術協力

イエメン
海上の安全確保

第Ⅲ部

7
中東・北アフリカ地域

2050年には世界の人口の4分の1を占めると言われるアフリカは、若く、希望にあふれ、ダイナミックな成長が期待できる大陸です。一方、貧困、脆弱な保健システム、テロ・暴力的過激主義の台頭など、様々な課題にも直面しています。こうした課題に対応するため、アフリカ諸国は、アフリカ自身の新たな開発アジェンダである「アジェンダ2063」注24 に基づき、持続可能な開発に取り組んでいます。ロシアによるウクライナ侵略など国際社会の根幹を揺るがす動きが続き、これまで以上に国際社会が一致して対応することが重要になる中で、国際社会におけるアフリカの重要性もますます高まっており、アフリカ諸国との協力を一層推進していく必要があります。

チュニジアで開催された第8回アフリカ開発会議（TICAD 8）の開会式において、テレビ会議方式でスピーチを行う岸田総理大臣と総理特使として対面形式で出席する林外務大臣（2022年8月）

日本の取組

日本はアフリカ開発会議（TICAD）解説などを通じて、長年にわたり、アフリカの発展に貢献しています。2022年8月にチュニジアで開催されたTICAD 8には、岸田総理大臣がオンラインの形で全てのセッションで発言し、林外務大臣も、総理特使として対面で参加しました。この機会を活用し、岸田総理大臣は、サイード・チュニジア大統領、サル・セネガル大統領、ファキ・アフリカ連合委員会（AUC）委員長などと計10か国、林外務大臣は、8名の首脳級を含

む計21か国の代表と二国間会談を実施しました。二国間関係に加え、ロシアによるウクライナ侵略、不透明・不公正な開発金融について議論を行いました。また、新型コロナウイルス感染症からの早期の回復や食料安全保障、北朝鮮問題や安保理改革などの問題についても、国際場裡も含めた連携を確認しました。

また、日本は、「人への投資」、「成長の質」を重視し、今後3年間で官民合わせて300億ドル規模の資金を投入し、グリーン投資、投資促進、開発金融、保健・公衆衛生、人材育成、地域の安定化、食料安全保障に取り組むことを表明しました。人材育成においては、産業、保健・医療、教育、農業、司法・行政等の幅広い分野で30万人の育成を目指します。日本は、「共に成長するパートナー」として、「人」に注目した日本らしいアプローチで取組を推進し、アフリカ自身が目指す強靭なアフリカを実現していきます（TICAD 8について、127ページの「開発協力トピックス」を参照）。

■経済

TICAD 8において、日本は新型コロナ、ウクライナ危機からのより良い回復を実現し、人々の生活を守るため、自由で開かれた国際経済システムを強化するとともに、各国のグリーン成長を支援し、強靭で持続可能なアフリカの実現を目指していくこと、また、活力ある若者に焦点を当て、民間企業・スタートアップの進出を後押ししていくことを表明しました。

質の高い成長の実現に向けた「人への投資」として、日本はこれまで、ビジネスの推進に貢献する産業人材の育成を行ってきており、ABEイニシアティブ注25 では、JICAを通じてアフリカの若者約2,000人に研修の機会を提供しています。産業人材のほかにも、技術協力を通じたICT人材の育成や、Project NINJA注26 によるスタートアップ・起業家支援なども行っています。

また、連結性の強化に向け、3重点地域注27 を中心に、質の高いインフラ投資の推進にも取り組んでい

注24 「持続可能な開発のための2030アジェンダ」が採択された2015年、アフリカ連合（AU）首脳会合において採択。
注25 41ページの用語解説を参照。
注26 41ページの 注33 を参照。
注27 東アフリカ・北部回廊、ナカラ回廊、西アフリカ成長の環にわたる3地域。

「タンザニア国コメ振興及び普及・研修システム強化に向けた情報収集・確認調査」で実施した農業機械研修で、コンバインハーベスターの操作方法を学ぶタンガ州モンボ地区の農民たち（写真：JICA）

ます。デジタル・トランスフォーメーション（DX）を活用し、インフラ整備やワンストップ・ボーダーポスト（OSBP）等を通じた物流の改善や、世界税関機構（WCO）と協力して国境管理や関税等徴収の分野での能力構築支援などを実施しています（南スーダンの架橋建設に関する日本の支援については、30ページの「国際協力の現場から」を参照）。

ロシアによるウクライナ侵略の継続により、食料・肥料・エネルギー価格が高騰し、アフリカにおける食料危機が深刻化していることを受け、2022年7月、アフリカ諸国に対して約1.3億ドルの食料支援を決定しました。また、中長期的な食料生産能力の強化のため、コメの生産量の倍増に向けた支援やAfDBの緊急食糧生産ファシリティへの約3億ドルの協調融資、今後3年間で20万人の農業人材育成を目指した能力強化支援などを行っています。日本は、食糧援助等の短期的支援と、農業生産能力向上等の中長期的支援の双方を通じて、引き続きアフリカの食料安全保障強化に貢献していきます（コメ増産支援について、84ページの「国際協力の現場から」を、官民連携による先進農業技術の導入支援について、139ページの「案件紹介」を参照）。

■社会

TICAD 8では、人口増加が続くアフリカにおいて、一人ひとりを大切にした息の長い取組を通じて、人間

の安全保障、SDGs、アジェンダ2063を踏まえ、顕在化した格差の是正と質の高い生活環境の実現を目指していくことを表明しました。

新型コロナ対策は引き続きアフリカの大きな課題です。日本は、COVAXファシリティ 注28 への財政的貢献やワクチンの現物供与、コールド・チェーン 注29 整備等のラスト・ワン・マイル支援、ワクチン接種に対する忌避感情改善のための取組、ワクチンの域内製造・供給・調達支援など、包括的かつきめ細かい日本らしい取組を進めています。日本は、ガーナ、カメルーン、ケニア、シエラレオネ、セネガル、ナイジェリアおよびマラウイに対しCOVAXファシリティ経由で約252万回分以上の日本で製造したワクチンを供与しました。また、ポスト・コロナを見据えた経済社会活性化に向け、新型コロナを含む公衆衛生上の脅威に対応するため、アフリカ7か国 注30 に対し、国連児童基金（UNICEF）を通じてデジタルを活用した予防接種情報管理体制を整備するための支援も実施しています。さらに、新型コロナを含む感染症対策の拠点となる現場への支援を強化すべく、アフリカ疾病対策センター（CDC）などとも連携しながら、医療人材の育成にも取り組んでいます。

TICAD 8の機会に発表したグローバルファンドに対する最大108億ドルのプレッジを始めとする国際機関等を通じた支援や二国間支援を通じ、日本は、引き続きアフリカにおける保健システムの強化に取り組んでいきます。また、将来の公衆衛生危機に対する予防・備え・対応も念頭に、「誰の健康も取り残さない」という信念の下、アフリカにおけるユニバーサル・ヘルス・カバレッジ（UHC）の達成に向け貢献していきます（ウガンダでの給水衛生環境改善の取組について、124ページの「案件紹介」を参照）。

経済成長には、成長の担い手たる「人づくり」が重要であり、若者や女性を含め、質の高い教育へのアクセス向上に取り組んでいます。TICAD 8では、STEM教育 注31 を含む質の高い教育を900万人に提供すること、400万人の女子の教育アクセスを改善することを表明しました。日本は、技術協力等を通じて就学促進、包摂性の向上、給食の提供等に取り組ん

注28 62ページの用語解説を参照。
注29 58ページの 注54 を参照。
注30 チュニジア、ウガンダ、コンゴ共和国、コンゴ民主共和国、ベナン、マラウイ、南スーダンの7か国。
注31 66ページの 注65 を参照。

ウガンダ

ウガンダ西部におけるコンゴ民主共和国難民・ホストコミュニティ^{注1} への給水衛生環境改善支援事業
ジャパン・プラットフォーム（JPF）^{注2}（2021年2月〜2021年10月）

　アフリカ最大の難民受入国ウガンダでは、増加する難民と地元住民が共存する難民居住地区での支援が求められています。主にコンゴ民主共和国難民を受け入れているチャカⅡ難民居住地区では、増加する人口に対して必要な給水量が足りておらず、難民と地元住民は川や水たまりなどから水を汲まざるを得ないなど、安全な水へのアクセスが課題となっています。学校でも、増加した生徒数に対しトイレや手洗い場が不足しているほか、生理用品が買えず学校を休んでしまうなどの「生理の貧困」が際立っています。

　こうした状況を踏まえ、特定非営利活動法人ピースウィンズ・ジャパン（PWJ）は、JPFの助成を受けて、給水衛生環境改善を支援しました。まず、給水網を延伸し、給水場を設置して、約3,000人が蛇口から水を汲めるようにしました。また、給水設備が適切に維持管理されるよう、住民で構成される水管理委員会に研修を実施しました。

　学校ではトイレや手洗い場、更衣室^{注3}の建設に加え、女子生徒400人を戸別訪問^{注4}して月経衛生管理キット^{注5}を配付しました。また、学校衛生クラブの男女の生徒を対象に月経衛生知識や再利用可能なナプキンの作り方などの研修も行いました。

月経衛生管理キットを受け取った女子生徒たち（写真：特定非営利活動法人ピースウィンズ・ジャパン）

再利用可能な生理用ナプキンを作る学校衛生クラブの生徒たち（写真：特定非営利活動法人ピースウィンズ・ジャパン）

　生徒からは「新型コロナの影響で生活がますます厳しくなり、生理用品を買ってもらえなかったので嬉しい」、「再利用可能なナプキンの作り方を他の生徒や家族に伝えたい」などの声が聞かれました。

　人道危機に迅速に対応するJPF資金を活用し、支援が届いていない人々や喫緊の課題に対してきめ細やかな支援を実施できるNGOの強みをいかした本事業は、難民と地元住民の共存を支え、TICAD^{注6}で掲げる3つの柱の一つ、「平和と安定」にも通じます。ピースウィンズは、今後も世界各地で活動を続けていきます。

注1　難民を受け入れている地域で、元々住んでいる人々のことを指す。
注2　JPFについては、145ページの用語解説を参照。
注3　女子生徒が月経時に体や服を洗ったり、着替えができる場。女子生徒が周囲の目を気にせずに気軽に利用できるように、女性職員の執務室としても活用し、女子生徒が月経衛生について相談できる場も提供できるよう配慮している。
注4　新型コロナウイルス感染症拡大によるロックダウン中のため戸別訪問を行った。
注5　女子生徒を対象とした再利用可能な生理用ナプキン、ショーツ、洗濯用石鹸、バケツ。
注6　TICADについては、127ページの「開発協力トピックス」を参照。

できています。例えば、学校、保護者、地域社会と協働してこどもの学習環境を改善する「みんなの学校プロジェクト」は、2004年の開始以降、アフリカ9か国・約7万校の小中学校に広がっています。

　アフリカでは、急速に進む都市化に伴う様々な課題への対応も急務となっています。日本は、「アフリカのきれいな街プラットフォーム」^{注32}の下、廃棄物管理を通じた公衆衛生の改善を推進するとともに、JICA-JAXA熱帯林早期警戒システム（JJ-FAST）による森林の定期監視を行うなど、気候変動対策を含む環境問題にも取り組んでいます（ニジェールでの緑化活動について、141ページの「案件紹介」を参照）。

■平和と安定

　TICAD 8では、「アフリカの平和と安定に向けた新たなアプローチ（NAPSA）」^{解説}の下、経済成長・投資や生活向上の前提となる平和と安定の実現に向けて、アフリカ自身の取組を後押ししていくことを表明しました。

　平和で安定した社会や持続可能な成長は、法の支配があって初めて成し遂げることができます。日本は、警察官への研修や国境管理支援等、法の支配の維持・強化に向けた協力を行っています。加えて、司法・行政分野の制度構築、ガバナンス強化のための人材育成、公正で透明な選挙の実施や、治安確保に向けた支

注32　80ページの用語解説を参照。

無償資金協力により設立された女性と少女の起業家育成エンパワーメントハブで、研修受講後にスタートアップキットの一部としてミシンを受け取るナイジェリアの女性（写真：UN Women）

援などを行っています。平和と安定の礎となる行政と住民の間の相互理解・協力関係を促進するため、コミュニティ・レベルでの行政と住民が協働する取組支援も行っています。

また、日本は、アフリカ自身の仲介・紛争予防努力を、アフリカのPKO訓練センターにおけるPKO要員の能力強化やアフリカ連合（AU）等の地域機関への支援を通じて後押ししています。2008年以降、アフリカ15か国内のPKO訓練センター等が裨益するプロジェクトに対し1.1億ドル以上の支援を行い、約60名の日本人講師を派遣し、施設の訓練能力強化や研修の実施などを支援しています。

サヘル地域においては、NAPSAの下、サヘル諸国の行政制度の脆弱性に焦点を当てながら、治安維持能力強化につながる機材の提供、制度構築に携わる人材育成、若者の職業訓練・教育機会の提供、PKO人材の育成強化などを通じて、同地域の平和と安定に貢献しています。例えば、サヘル地域の安定のため、国連開発計画（UNDP）を通じてリプタコ・グルマ地域 注33 住民に対する支援を行うなど行政サービスの改善に向けた取組を実施しており、コミュニティの基盤強化に貢献しています。

南スーダンにおいて日本は、2011年の独立以来、同国の国造りを支援しています。現在は、国連南スーダン共和国ミッション（UNMISS）の司令部に国際平和協力隊員として自衛官を派遣しています。日本は、東アフリカの地域機構である政府間開発機構（IGAD）などを通じて、南スーダン自身のイニシアティブである和平プロセスへの支援も行っており、インフラ整備や人材育成支援、食糧援助などの支援と並んで、南スーダンにおける平和の定着と経済の安定化に大きな役割を果たしています。

また、国民の融和、友好と結束を促進するため、南スーダン国青年・スポーツ省による国民体育大会「国民結束の日」の開催への支援を、第1回大会（2016年）から毎年行っています。2022年は、3月に第6回大会を開催し、全国を代表する20歳未満の372名が参加しました。また、10月には「スポーツを通じた平和促進プロジェクト」の一環で、南スーダン国青年・スポーツ省、一般教育・指導省、スポーツ競技連盟から計14名を日本に招聘し、スポーツ庁などの行政機関や教育機関への訪問を含む研修を実施しました。参加者は、視察先での体験や意見交換などを通じて、人々の融和、人材育成等に対するスポーツの力を再認識しました。今後も、平和の定着を同国の国民が実感し、再び衝突が繰り返されないように、国際社会が協力して、南スーダンの平和の定着を支援していくことが重要です。

用語解説

アフリカ開発会議（TICAD：Tokyo International Conference on African Development）
1993年に日本が立ち上げたアフリカ開発に関する首脳級の国際会議。国連、国連開発計画（UNDP）、世界銀行、アフリカ連合委員会（AUC）との共催により、アフリカ開発におけるアフリカ諸国の「オーナーシップ」と国際社会による「パートナーシップ」の理念を具現化するもの。2022年8月には、チュニジアでTICAD 8が開催され、20名の首脳級を含むアフリカ48か国が参加。

アフリカの平和と安定に向けた新たなアプローチ（NAPSA：New Approach for Peace and Stability in Africa）
2019年8月に横浜で開催されたTICAD 7において、日本が提唱した新たなアプローチ。アフリカのオーナーシップの尊重および紛争やテロなどの根本原因に対処するとの考えの下、アフリカ連合（AU）や地域経済共同体（RECs）などによる紛争の予防、調停、仲介といったアフリカ主導の取組、制度構築・ガバナンス強化、若者の過激化防止対策や地域社会の強靱化に向けた支援を行うもの。

注33 テロ攻撃が頻発しているニジェール、ブルキナファソ、マリの3か国国境地帯。

アフリカ地域における日本の取組

①経済：新型コロナ、ウクライナ危機からのより良い回復を実現し、人々の生活を守るため、自由で開かれた国際経済システムを強化するとともに、各国のグリーン成長を支援し、強靭で持続可能なアフリカの実現を目指す。また、活力ある若者に焦点を当て、民間企業・スタートアップの進出を後押し。

②社会：アフリカで人口増加が続く中、一人ひとりを大切にし、人への投資を強化する息の長い取組を実施。人間の安全保障、SDGs、アジェンダ2063を踏まえ、顕在化した格差の是正と質の高い生活環境の実現を目指す。

③平和と安定：アフリカのオーナーシップを尊重しつつ、人間の安全保障および平和と安定を阻害する根本原因にアプローチする「アフリカの平和と安定に向けた新たなアプローチ（NAPSA）」の下、経済成長・投資や生活向上の前提となる平和と安定の実現に向けたアフリカ自身の取組を後押しし。人々が安心して暮らせる社会の実現を目指す。

海上安全保障分野の取組
・海上保安能力構築支援
・巡視艇の供与
・港湾インフラの整備

東アフリカ・北部回廊開発

ナカラ回廊開発

西アフリカ「成長の環」

地域安定化に向けた取組
・避難民に対する支援
・コミュニティ基盤強化のための支援
・司法・行政分野での人材育成

UHC推進のための協力
・保健医療人材の育成
・域内拠点ラボの機能強化、ネットワーク構築
・母子保健、栄養分野での取組強化

質の高いインフラ投資
・三重点回廊を中心とした広域総合開発
・域内連結性の強化
・OSBP、国境管理能力強化等を通じた物流改善

凡例 ：紛争やテロの脅威にさらされる地域
：UHC推進国

開発協力トピックス ⑤ アフリカと「共に成長するパートナー」として～TICAD 8～

アフリカ開発会議（TICAD）は、アフリカの開発をテーマとする国際会議で、1993年以降、日本政府が主導し、国連、国連開発計画（UNDP）、世界銀行およびアフリカ連合委員会（AUC）と共同で開催するものです。2022年8月27日から28日にはチュニジアで第8回アフリカ開発会議（TICAD 8）が開催され、20名の首脳級を含むアフリカ48か国の代表などが参加しました。

TICAD 8において、岸田総理大臣は、アフリカの潜在性を世界の成長の原動力と捉え、「人への投資」や「成長の質」を重視し、今後3年間で官民合わせて300億ドル規模の資金を投入し、（1）グリーン投資、（2）投資促進、（3）開発金融、（4）保健・公衆衛生、（5）人材育成、（6）地域の安定化、（7）食料安全保障の分野での取組を行うことを表明しました。また、「経済」、「社会」、「平和と安定」の3つの全体会合に加え、ビジネス・フォーラムを開催し、同フォーラムには日本企業およびアフリカ企業からそれぞれ約100名が参加し、日本とアフリカとのビジネス関係の強化を議論しました。会合最終日には、今後の日・アフリカ関係やポスト・コロナ時代のアフリカの持続的な成長に向けた道標となる「TICAD 8チュニス宣言」が採択されました。

アフリカの持続的な成長を後押しするべく、今後3年間で、日本は上記7つの分野での取組を中心に、アフリカ各国のニーズに沿った様々な支援を実施していきます。例えば、（3）「開発金融」について、アフリカ開発銀行（AfDB）との協調枠組み（EPSA5）注1の下、債務健全化に着実かつ顕著な前進が見られる国を支援するため、新

金属製品を製造する日本企業でインターンシップを行うABEイニシアティブ注4留学生（写真：JICA・株式会社サンテック）

基礎教育アクセス、教育の質、男女間公平性改善に向け、コミュニティ参加型の教育・学校運営モデルの開発を支援（マダガスカル）（写真：JICA）

たに設置する特別枠最大10億ドルを含め、最大50億ドルの資金協力を表明しました。そのほか、日本は、公正かつ透明な開発金融の実現に向け、アフリカ各国政府や国際機関と連携し、債務管理能力構築の支援を行っています。

（7）「食料安全保障」については、ウクライナ情勢の影響を受けた食料危機に対応するため、アフリカに対し総額1.3億ドルの食料支援を実施したほか、中長期的な食料生産能力の強化に向け、AfDBの緊急食糧生産ファシリティへの約3億ドルの協調融資を行うことを表明しました。また、長期的な食料生産拡大に向けた取組として、これまで日本は、コメ生産量の倍増を目標に、「アフリカ稲作振興のための共同体（CARD）」注2を通じてアフリカ自身の穀物生産能力を強化するとともに、「市場志向型農業振興（SHEP）注3」アプローチによる園芸作物の生産普及を通じて、アフリカの小規模農家の所得向上を支援しています。TICAD 8では、これらの取組を通じて、計20万人の農業分野の人材を育成する旨を表明しました。

日本は、これからもアフリカと「共に成長するパートナー」として、アフリカ自身が目指す強靱で持続可能なアフリカを実現していくため、力強く後押ししていきます。

注1　37ページの用語解説を参照。
注2　84ページの「開発協力の現場から」を参照。
注3　87ページの用語解説を参照。
注4　41ページの用語解説を参照。

（単位：百万ドル）

順位	国名または地域名	二国間政府開発援助								
		贈　与				政府貸付等			合計（支出純額）	合計（支出総額）
		無償資金協力	国際機関経由	技術協力	計	貸付実行額(A)	回収額(B)	(A)−(B)		
	アジア地域合計	538.09	368.16	430.39	1,336.65	9,183.52	5,107.37	4,076.14	5,412.79	10,520.16
	東アジア地域合計	380.52	148.80	265.71	795.03	3,109.65	3,615.38	-505.73	289.30	3,904.68
	（ASEAN合計）*1	367.84	113.65	239.84	721.34	3,092.40	2,778.22	314.17	1,035.51	3,813.73
1	フィリピン	23.43	8.79	55.19	87.41	1,087.65	442.15	645.50	732.91	1,175.06
2	インドネシア	96.59	20.41	34.68	151.68	881.41	1,347.19	-465.78	-314.10	1,033.10
3	カンボジア	54.97	16.71	23.34	95.02	375.42	11.44	363.98	459.00	470.44
4	ベトナム	79.23	9.03	45.69	133.95	305.64	602.78	-297.14	-163.19	439.59
5	ミャンマー	71.40	42.44	37.03	150.87	253.76	0.20	253.56	404.43	404.63
6	タイ	15.01	2.16	18.52	35.69	179.69	279.12	-99.42	-63.73	215.38
7	ラオス	14.83	13.96	16.92	45.71	8.81	5.68	3.14	48.85	54.53
8	モンゴル	7.25	21.11	12.73	41.08	13.32	35.35	-22.04	19.05	54.40
9	東ティモール	2.70	8.11	6.96	17.76	3.94	−	3.94	21.70	21.70
10	マレーシア	11.70	0.14	8.47	20.31	−	89.67	-89.67	-69.36	20.31
11	中国	−	−	1.26	1.26	−	801.80	-801.80	-800.55	1.26
12	※ブルネイ	0.68	−	0.01	0.69	−	−	−	0.69	0.69
	東アジアの複数国向け*2	2.73	5.93	4.93	13.59	−	−	−	13.59	13.59
	南西アジア地域合計	122.56	144.55	133.29	400.40	5,443.53	1,315.64	4,127.89	4,528.29	5,843.93
1	インド	15.99	41.87	62.46	120.32	3,262.16	995.21	2,266.95	2,387.27	3,382.48
2	バングラデシュ	29.32	49.77	22.93	102.02	1,963.64	112.74	1,850.90	1,952.92	2,065.66
3	スリランカ	2.71	12.35	7.42	22.49	154.83	206.05	-51.21	-28.73	177.32
4	ネパール	19.33	14.17	11.88	45.38	45.76	−	45.76	91.14	91.14
5	パキスタン	29.25	11.35	18.99	59.58	16.40	0.03	16.37	75.95	75.98
6	モルディブ	23.73	1.37	1.13	26.22	−	−	−	26.22	26.22
7	ブータン	2.23	−	7.94	10.18	0.75	1.62	-0.87	9.31	10.93
	南西アジアの複数国向け*3	−	13.67	0.54	14.20	−	−	−	14.20	14.20
	中央アジア・コーカサス地域合計	34.54	22.95	25.30	82.79	381.89	136.43	245.46	328.25	464.69
1	ウズベキスタン	6.50	0.20	6.37	13.06	375.84	40.53	335.31	348.37	388.90
2	タジキスタン	9.46	12.51	8.30	30.28	−	−	−	30.28	30.28
3	キルギス	6.99	2.71	6.91	16.62	0.83	4.83	-4.00	12.62	17.44
4	アゼルバイジャン	2.48	1.20	0.25	3.93	5.22	32.97	-27.75	-23.81	9.16
5	アルメニア	4.47	3.61	0.44	8.52	−	10.23	-10.23	-1.71	8.52
6	カザフスタン	3.71	−	1.05	4.76	−	37.98	-37.98	-33.22	4.76
7	トルクメニスタン	−	2.71	0.49	3.20	−	1.99	-1.99	1.21	3.20
8	ジョージア	0.93	−	1.03	1.96	0.00	7.91	-7.91	-5.95	1.96
	中央アジア・コーカサスの複数国向け	−	−	0.46	0.46	−	−	−	0.46	0.46
	アジアの複数国向け*4	0.47	51.87	6.09	58.42	248.44	39.92	208.52	266.94	306.86
	大洋州地域合計	76.14	63.04	21.46	160.63	458.92	0.55	458.36	619.00	619.55
1	パプアニューギニア	10.16	11.91	5.43	27.51	318.15	−	318.15	345.67	345.67
2	フィジー	1.74	0.38	2.62	4.74	117.07	0.55	116.51	121.25	121.81
3	ソロモン諸島	23.01	2.10	3.29	28.40	22.78	−	22.78	51.17	51.17
4	パラオ	11.11	0.40	1.52	13.03	0.92	−	0.92	13.95	13.95
5	トンガ	12.56	0.29	0.87	13.72	−	−	−	13.72	13.72
6	サモア	4.22	2.67	1.66	8.55	−	−	−	8.55	8.55
7	バヌアツ	3.51	−	1.70	5.21	−	−	−	5.21	5.21
8	ツバル	3.16	−	0.02	3.18	−	−	−	3.18	3.18
9	ミクロネシア連邦	1.97	−	0.70	2.67	−	−	−	2.67	2.67

| 順位 | 国名
または地域名 | 二国間政府開発援助 | | | | | | | 合計
(支出純額) | 合計
(支出総額) |
| | | 贈　与 | | | | 政府貸付等 | | | | |
		無償資金 協力	国際機関 経由	技術協力	計	貸付実行額 (A)	回収額 (B)	(A) − (B)		
10	キリバス	0.74	0.38	0.26	1.37	−	−	−	1.37	1.37
11	ナウル	1.12	−	0.02	1.14	−	−	−	1.14	1.14
12	マーシャル諸島	0.68	−	0.41	1.09	−	−	−	1.09	1.09
13	※クック諸島	1.08	−	0.00	1.08	−	−	−	1.08	1.08
14	ニウエ	1.03	−	0.00	1.03	−	−	−	1.03	1.03
15	[トケラウ]	−	−	0.00	0.00	−	−	−	0.00	0.00
	大洋州の 複数国向け	0.04	44.91	2.97	47.92	−	−	−	47.92	47.92
	中南米地域合計	**92.95**	**44.08**	**110.68**	**247.71**	**463.70**	**231.01**	**232.69**	**480.40**	**711.41**
1	ブラジル	0.77	−	30.30	31.06	281.86	65.93	215.93	247.00	312.93
2	パナマ	0.08	−	2.85	2.93	72.62	9.54	63.08	66.01	75.55
3	パラグアイ	4.25	0.08	5.22	9.55	35.38	33.06	2.32	11.87	44.93
4	エルサルバドル	4.76	−	6.87	11.64	27.08	24.43	2.65	14.29	38.71
5	グアテマラ	0.83	5.61	4.80	11.24	13.46	12.80	0.66	11.90	24.70
6	ボリビア	13.02	−	10.25	23.26	0.31	−	0.31	23.58	23.58
7	ペルー	11.55	−	9.04	20.59	1.51	46.97	-45.46	-24.87	22.10
8	ニカラグア	6.35	7.09	3.03	16.47	0.71	−	0.71	17.18	17.18
9	コスタリカ	0.44	2.97	0.88	4.28	12.71	22.93	-10.22	-5.93	16.99
10	ホンジュラス	8.31	4.01	3.24	15.56	0.45	−	0.45	16.01	16.01
11	エクアドル	8.22	−	2.55	10.76	5.23	3.92	1.30	12.07	15.99
12	キューバ	5.16	2.97	2.03	10.16	−	−	−	10.16	10.16
13	アルゼンチン	4.72	−	4.11	8.83	−	1.87	-1.87	6.96	8.83
14	ハイチ	2.10	4.20	0.43	6.72	−	−	−	6.72	6.72
15	セントルシア	5.36	−	1.02	6.39	−	−	−	6.39	6.39
16	メキシコ	−	0.04	5.06	5.10	−	−	−	5.10	5.10
17	ベネズエラ	4.71	−	0.27	4.98	−	−	−	4.98	4.98
18	ドミニカ共和国	0.43	0.09	3.76	4.27	−	3.91	-3.91	0.36	4.27
19	セントビンセント	1.82	1.55	0.11	3.49	−	−	−	3.49	3.49
20	ドミニカ国	2.71	−	−	2.71	−	−	−	2.71	2.71
21	コロンビア	1.13	−	1.52	2.65	−	−	−	2.65	2.65
22	※チリ	0.36	−	1.76	2.12	−	0.92	-0.92	1.20	2.12
23	ジャマイカ	0.08	−	0.68	0.76	1.21	4.62	-3.41	-2.65	1.97
24	アンティグア・ バーブーダ	1.82	−	0.04	1.86	−	−	−	1.86	1.86
25	グレナダ	1.82	−	0.01	1.83	−	−	−	1.83	1.83
26	※ウルグアイ	1.01	−	0.22	1.23	−	−	−	1.23	1.23
27	ガイアナ	0.77	−	0.06	0.82	−	−	−	0.82	0.82
28	ベリーズ	0.20	−	0.46	0.66	−	−	−	0.66	0.66
29	スリナム	0.12	−	−	0.12	−	−	−	0.12	0.12
30	※バルバドス	−	−	0.10	0.10	−	−	−	0.10	0.10
31	※セントクリスト ファー・ネービス	0.07	−	−	0.07	−	−	−	0.07	0.07
32	※トリニダード・ トバゴ	−	−	0.01	0.01	−	−	−	0.01	0.01
33	※バハマ	−	−	0.01	0.01	−	−	−	0.01	0.01
	中南米の 複数国向け	−	15.48	9.98	25.46	11.17	0.12	11.06	36.52	36.63
	欧州地域合計	**15.18**	**4.93**	**12.71**	**32.82**	**63.84**	**45.67**	**18.17**	**50.99**	**96.66**
1	セルビア	0.90	−	2.64	3.54	59.27	1.26	58.01	61.55	62.81
2	ウクライナ	2.64	4.50	2.14	9.28	0.94	26.38	-25.44	-16.16	10.22
3	ボスニア・ ヘルツェゴビナ	5.91	0.43	0.69	7.04	3.14	6.84	-3.70	3.34	10.18
4	アルバニア	2.00	−	2.46	4.45	0.38	6.42	-6.04	-1.58	4.83
5	コソボ	0.50	−	2.34	2.85	−	−	−	2.85	2.85

右側余白：第Ⅲ部　8　アフリカ地域

順位	国名 または地域名	援助形態 二国間政府開発援助							
		贈　与				政府貸付等		(A) − (B)	合計 (支出純額)	合計 (支出総額)
		無償資金 協力	国際機関 経由	技術協力	計	貸付実行額 (A)	回収額 (B)			
6	北マケドニア	1.61	−	1.09	2.70	−	4.77	-4.77	-2.06	2.70
7	モルドバ	1.39	−	0.73	2.11	0.10	−	0.10	2.22	2.22
8	モンテネグロ	0.08	−	0.50	0.58	−	−	−	0.58	0.58
9	ベラルーシ	0.15	−	0.01	0.16	−	−	−	0.16	0.16
	欧州の複数国向け*5	−	−	0.11	0.11	−	−	−	0.11	0.11
	中東・北アフリカ 地域合計	60.83	588.59	53.87	703.29	1,248.49	740.83	507.66	1,210.95	1,951.78
1	イラク	1.13	50.48	4.63	56.23	403.15	171.25	231.90	288.13	459.38
2	エジプト	12.64	13.19	13.04	38.87	330.29	191.20	139.09	177.96	369.16
3	モロッコ	0.28	0.67	2.40	3.35	229.98	85.56	144.42	147.78	233.33
4	アフガニスタン	4.71	196.95	10.87	212.53	−	−	−	212.53	212.53
5	ヨルダン	6.67	18.01	4.62	29.30	107.49	61.36	46.13	75.43	136.79
6	トルコ	0.78	13.33	0.58	14.70	89.49	145.98	-56.49	-41.78	104.19
7	[パレスチナ]	26.04	58.36	6.96	91.36	−	−	−	91.36	91.36
8	シリア	−	84.02	3.63	87.65	−	−	−	87.65	87.65
9	チュニジア	0.16	1.35	2.79	4.31	82.23	76.57	5.67	9.97	86.54
10	イエメン	2.07	64.46	0.23	66.77	−	−	−	66.77	66.77
11	イラン	−	41.55	2.81	44.36	−	1.84	-1.84	42.52	44.36
12	レバノン	−	16.30	0.36	16.66	−	6.35	-6.35	10.32	16.66
13	リビア	−	14.70	0.02	14.71	−	−	−	14.71	14.71
14	アルジェリア	−	1.00	0.23	1.23	−	0.73	-0.73	0.50	1.23
15	※サウジアラビア	−	−	0.30	0.30	−	−	−	0.30	0.30
16	※アラブ首長国連邦	−	−	0.01	0.01	−	−	−	0.01	0.01
17	※クウェート	−	−	0.01	0.01	−	−	−	0.01	0.01
18	※バーレーン	−	−	0.00	0.00	−	−	−	0.00	0.00
19	※オマーン	−	−	0.00	0.00	−	−	−	0.00	0.00
	中東小計*6	41.41	543.47	35.02	619.90	600.13	386.78	213.35	833.25	1,220.03
	北アフリカ小計*7	13.09	30.90	18.48	62.47	642.50	354.05	288.45	350.92	704.97
	中東・北アフリカの 複数国向け*8	6.34	14.22	0.37	20.92	5.86	−	5.86	26.78	26.78
	サブサハラ・アフリカ 地域合計	349.66	357.90	278.66	986.22	705.57	61.51	644.06	1,630.28	1,691.79
1	モーリシャス	16.40	1.17	2.42	19.99	275.72	8.96	266.76	286.75	295.71
2	ケニア	6.92	12.01	23.57	42.51	200.30	14.29	186.01	228.52	242.81
3	ルワンダ	13.13	2.28	12.55	27.96	42.98	−	42.98	70.93	70.93
4	モザンビーク	17.73	5.51	12.46	35.70	34.00	−	34.00	69.70	69.70
5	ウガンダ	20.63	8.64	15.09	44.37	22.03	3.67	18.36	62.73	66.39
6	ブルキナファソ	29.79	28.13	5.94	63.85	−	−	−	63.85	63.85
7	エチオピア	18.57	19.77	15.03	53.36	7.60	−	7.60	60.96	60.96
8	スーダン	22.55	16.04	10.35	48.94	−	−	−	48.94	48.94
9	コンゴ民主共和国	14.40	17.15	10.58	42.13	−	−	−	42.13	42.13
10	タンザニア	13.41	1.48	10.39	25.28	16.46	−	16.46	41.74	41.74
11	南スーダン	15.56	20.27	5.89	41.71	−	−	−	41.71	41.71
12	マダガスカル	10.87	4.82	12.02	27.70	13.98	−	13.98	41.68	41.68
13	セネガル	16.35	0.75	14.86	31.96	7.55	−	7.55	39.50	39.50
14	コートジボワール	0.85	1.88	7.67	10.40	23.86	−	23.86	34.26	34.26
15	カメルーン	4.89	11.60	6.19	22.67	11.36	−	11.36	34.03	34.03
16	ガーナ	8.07	12.07	11.62	31.75	0.00	−	0.00	31.75	31.75
17	ナイジェリア	10.15	14.27	6.49	30.91	−	5.20	-5.20	25.71	30.91
18	ザンビア	8.13	4.92	10.76	23.81	2.65	−	2.65	26.46	26.46
19	ニジェール	2.91	12.05	7.10	22.06	−	−	−	22.06	22.06
20	ソマリア	−	20.89	0.85	21.74	−	−	−	21.74	21.74
21	マラウイ	7.29	3.69	8.69	19.67	−	−	−	19.67	19.67

順位	国名 または地域名	二国間政府開発援助							合計 (支出純額)	合計 (支出総額)
		贈　与			計	政府貸付等				
		無償資金 協力	国際機関 経由	技術協力		貸付実行額 (A)	回収額 (B)	(A) − (B)		
22	リベリア	10.79	5.93	1.14	17.86	−	−	−	17.86	17.86
23	ジンバブエ	6.02	8.64	2.95	17.62	−	−	−	17.62	17.62
24	マリ	2.73	12.57	1.00	16.31	−	−	−	16.31	16.31
25	シエラレオネ	0.05	10.49	5.51	16.06	−	−	−	16.06	16.06
26	ボツワナ	4.72	0.33	2.53	7.57	5.56	4.30	1.26	8.83	13.13
27	ナミビア	8.65	2.36	1.54	12.55	−	8.55	-8.55	4.00	12.55
28	ジブチ	6.32	2.81	2.69	11.82	−	−	−	11.82	11.82
29	ブルンジ	3.19	6.82	1.17	11.18	−	−	−	11.18	11.18
30	ギニア	4.46	2.22	3.15	9.84	−	−	−	9.84	9.84
31	チャド	−	9.44	0.04	9.48	−	−	−	9.48	9.48
32	ベナン	4.24	1.62	2.97	8.83	−	−	−	8.83	8.83
33	コンゴ共和国	4.19	4.15	0.44	8.78	−	−	−	8.78	8.78
34	モーリタニア	4.76	1.75	1.61	8.13	−	−	−	8.13	8.13
35	アンゴラ	4.73	1.24	2.03	7.99	−	−	−	7.99	7.99
36	カーボベルデ	5.15	−	0.06	5.21	2.43	−	2.43	7.64	7.64
37	エスワティニ	3.95	2.32	1.08	7.34	−	1.84	-1.84	5.51	7.34
38	南アフリカ	0.47	1.29	5.03	6.79	−	0.43	-0.43	6.36	6.79
39	中央アフリカ	−	6.42	0.03	6.45	−	−	−	6.45	6.45
40	ガボン	3.15	0.65	2.35	6.15	−	−	−	6.15	6.15
41	ギニアビサウ	−	5.96	0.07	6.03	−	−	−	6.03	6.03
42	ガンビア	3.05	2.59	0.24	5.89	−	−	−	5.89	5.89
43	トーゴ	2.98	0.30	0.76	4.04	−	−	−	4.04	4.04
44	レソト	1.13	2.50	0.41	4.04	−	−	−	4.04	4.04
45	サントメ・ プリンシペ	3.81	−	0.01	3.83	−	−	−	3.83	3.83
46	エリトリア	−	1.96	0.40	2.35	−	−	−	2.35	2.35
47	コモロ	−	0.90	0.10	1.00	−	−	−	1.00	1.00
48	赤道ギニア	0.09	−	0.03	0.12	−	−	−	0.12	0.12
49	※セーシェル	−	−	0.06	0.06	−	−	−	0.06	0.06
	サブサハラ・アフリカ の複数国向け*9	2.43	43.27	28.74	74.44	39.08	14.28	24.81	99.25	113.53
	複数地域にまたがる 援助等	31.86	668.98	1,517.86	2,218.71	2.25	−	2.25	2,220.96	2,220.96
	合計	1,164.70	2,095.70	2,425.63	5,686.03	12,126.28	6,186.94	5,939.34	11,625.37	17,812.31

(注)
・順位は支出総額の多い順。
・四捨五入の関係上、合計が一致しないことがある。
・[−] は、実績が全くないことを示す。
・ここでいう「無償資金協力」は、日本が実施している援助形態としての無償資金協力ではない。
・複数国向け援助とは、調査団の派遣やセミナー等、複数の国にまたがる援助を含む。
・複数地域にまたがる援助等には、複数地域にまたがる調査団の派遣等、地域分類が不可能なものを含む。
・マイナスは貸付などの回収額が供与額を上回ったことを示す。
・※は「開発途上地域」指定国、[　]は地域名を示す。
*1　（ASEAN合計）は、インドネシア、カンボジア、タイ、フィリピン、ブルネイ、ベトナム、マレーシア、ミャンマー、ラオスを対象とした援助額の合計。
*2　「東アジアの複数国向け」の実績には、DACの基準に基づく数値を使用しているため、ミャンマーを含む複数国向けの実績が含まれていない。
*3　「南西アジアの複数国向け」の実績には、DACの基準に基づく数値を使用しているため、アフガニスタンを含む複数国向け、およびミャンマーを含む複数国向けの実績が含まれている。
*4　「アジアの複数国向け」の実績には、DACの基準に基づく数値を使用しているため、一部の中東地域を含む複数国向けの実績が含まれている。
*5　「欧州の複数国向け」の実績には、DACの基準に基づく数値を使用しているため、トルコを含む複数国向けの実績が含まれている。
*6　中東小計は、アフガニスタン、アラブ首長国連邦、イエメン、イラク、イラン、オマーン、クウェート、サウジアラビア、シリア、トルコ、バーレーン、[パレスチナ]、ヨルダン、レバノンを対象とした援助額の合計。
*7　北アフリカ小計は、アルジェリア、エジプト、チュニジア、モロッコ、リビアを対象とした援助額の合計。
*8　「中東・北アフリカの複数国向け」の実績には、DACの基準に基づく数値を使用しているため、アフガニスタンを含む複数国向け、トルコを含む複数国向け、および北アフリカとサブサハラ・アフリカにまたがる複数国向けの実績が含まれていない。
*9　「サブサハラ・アフリカの複数国向け」の実績には、DACの基準に基づく数値を使用しているため、一部北アフリカおよびサブサハラ・アフリカにまたがる複数国向けの実績が含まれている。

第IV部

多様なアクターとの連携促進および開発協力の発信取組

1 多様なアクターとの連携強化のための取組 …………… 134

2 開発協力の発信に向けた取組 ………………………… 148

3 開発協力の適正性確保のための取組 ……………… 153

インドのグジャラート州ガンジナガルの配属先の学校で、ラグビーを指導するJICA海外協力隊員（写真：JICA）

1　多様なアクターとの連携強化のための取組

(1) 民間企業との連携

　日本政府は、日本企業の持つ総合力が、外務省やJICAのODA事業等においてもさらに発揮されるよう、日本の民間企業の優れた技術・知識・経験・資金を効果的に活用するよう努めています。また、民間の知見やノウハウをODAの案件形成の段階から取り入れたり、基礎インフラはODAで整備し、投資や運営・維持管理は民間で行うといったように、官民で役割を分担したりし、民間による投資事業等との連携を促進しています。民間企業との連携を強化して、より効率的・効果的な事業を行うことで開発効果を高めていきます。

ア　事業・運営権対応型無償資金協力

　2014年度から、日本政府は、施設建設から運営・維持管理までを民間企業が関与して包括的に実施する公共事業に無償資金協力を供与することを通じ、日本企業の事業権・運営権の獲得を促進し、日本の優れた技術・ノウハウを開発途上国の開発に役立てることを目的とする事業・運営権対応型無償資金協力を導入しました。2022年度にはカンボジアのプンプレック上水道拡張計画に関する交換公文の署名が行われました。

イ　日本の強みを活かす円借款の改善

　日本政府は、日本の優れた技術やノウハウを活用し、開発途上国への技術移転を通じて「顔の見える援助」を促進するため、本邦技術活用条件（STEP：Special Terms for Economic Partnership）を導入し、適用範囲の拡大、金利引き下げなど制度を改善し

てきました。また、日本企業が参画する官民連携（PPP：Public-Private Partnership）方式を活用したインフラ整備案件の着実な形成と実施を促進するため、途上国政府の施策の整備と活用を踏まえエクイティバックファイナンス（EBF）円借款 **注1** や採算補塡（VGF）円借款 **注2** なども導入しています。近年、日本企業の円借款事業の受注が増加しており、日本企業の海外展開の後押しにもなっています。

　そのほか、日本政府は、「質の高いインフラパートナーシップ」 **注3** のフォローアップ策として、円借款の手続の迅速化や新たな借款制度の創設など、円借款や海外投融資の制度改善を行っています。例えば、通常は3年を要する円借款における政府関係手続期間を、重要案件については最短で約1年半にまで短縮しました。また、JICAの財務健全性を確保することを前提として、外貨返済型円借款の中進国以上への導入、ドル建て借款およびハイスペック借款 **注4** を創設しました。また、日本政府は、「質の高いインフラ

インドの弱視のこどもたちが視力回復のための訓練装置を使用する様子（中小企業・SDGsビジネス支援事業）

注1　EBF（Equity Back Finance）円借款は、開発途上国政府・国営企業等が出資をするPPPインフラ事業に対して、日本企業も事業運営主体に参画する場合、途上国の公共事業を担う特別目的会社（SPC：Special Purpose Company）に対する途上国側の出資部分に対して円借款を供与するもの。

注2　VGF（Viability Gap Funding）円借款は、途上国政府の実施するPPPインフラ事業に対して、原則として日本企業が出資する場合において、SPCが期待する収益性確保のため、途上国がSPCに供与する採算補塡（VGF）に対して円借款を供与するもの。

注3　2015年に発表。日本の経済協力ツールを総動員した支援量の拡大・迅速化、アジア開発銀行（ADB）との連携、国際協力銀行（JBIC）の機能強化等によるリスク・マネーの供給拡大、「質の高いインフラ投資」の国際スタンダードとしての定着を内容の柱としている。

注4　2016年のG7伊勢志摩サミットで「質の高いインフラ投資の推進のためのG7伊勢志摩原則」を取りまとめたことに基づき、「質の高いインフラ」の推進に資すると特に認められる案件に対し、譲許性の高い円借款を供与するもの。

輸出拡大イニシアティブ」 注5 において、手続迅速化のさらなる推進を発表し、フィージビリティ調査開始から着工までの期間を最短1年半に短縮するとともに、事業期間の「見える化」を図るなど、迅速な円借款の案件形成ができるよう、引き続き制度改善に努めています。

ウ 民間提案型の官民連携支援スキーム

加えて、日本政府およびJICAは、民間企業の意見や提案を積極的に取り入れるべく、「中小企業・SDGsビジネス支援事業」や「協力準備調査（海外投融資）」といった民間提案型の官民連携支援スキームも推進しています。

■中小企業・SDGsビジネス支援事業

中小企業・SDGsビジネス支援事業解説は、民間企業の自由な発想に基づいたアイデアを開発協力に取り込み、ビジネスを通じた現地の課題解決や多様なパートナーとの連携を進めることを目的としています。JICAホームページで年2回公示を行い、企業から提出された企画書の内容を踏まえJICAが採択します。

2021年度第二回公示では、13か国における合計24件の事業（基礎調査：7件、案件化調査：「中小企業支援型」12件、「SDGsビジネス支援型」2件、普及・実証・ビジネス化事業：「中小企業支援型」1件、「SDGsビジネス支援型」2件）が採択されました。2022年度公示では、より使い勝手が良く、効果の高い事業とするため、試行的な制度改編を行い、従来の「普及・実証・ビジネス化事業」に加え、新たに「ニーズ確認調査」および「ビジネス化実証事業」を募集しました（135ページの「案件紹介」、138ページの「匠の技術、世界へ」も参照。事業の仕組み、対象分野・国などについては、JICAホームページ 注6 を参照）。

廃棄物を製品化し貧困削減

ザンビア

(1) 東部州ムフエ郡バナナペーパー製造事業拡大計画、(2) バナナの茎を活用した持続可能なパルプ事業基礎調査
(1) 草の根・人間の安全保障無償資金協力（2015年12月〜2018年4月）、(2) JICA「中小企業・SDGsビジネス支援事業」（2021年11月〜2023年1月）

ザンビアの農村部の貧困解消のため、株式会社ワンプラネット・カフェは、廃棄されるバナナの茎に着目し、2011年にバナナペーパーの事業に着手しました。現地の農園から廃棄されるバナナの茎を買い取り、茎から繊維を抽出して、紙の原料にしています。「廃棄物」に価値が付いたことで、バナナ農家の所得向上につながっています。

バナナの茎から繊維を取り出す機械を操作する同社の現地スタッフ（写真：JICA）

日本は、ODAを通じて、同社の取組を後押ししています。草の根・人間の安全保障無償資金協力では、ザンビアでの手すきのバナナペーパー作りに向けて、工場の拡張、研修ルームの設置を行いました。中小企業・SDGsビジネス支援事業では、バナナの茎の繊維を、紙の直接的な原料となるパルプに加工するための調査を支援しています。

ザンビアで生産されたバナナ繊維は日本に送られ、1,500年以上の和紙製造の歴史がある越前和紙の工場でバナナペーパーを製造しています。日本の印刷会社や紙製品のメーカーとの協働により、世界中でバナナペーパーの利用が広がっています。製造された「ワンプラネット・ペーパー®」は、紙として日本初のフェアトレード認証を受け、名刺、コスメブランドの包装紙、卒業証書などで幅広く使われています。

また、同社はザンビア農村部の人々の収入向上を目指した研修や野生動物の保護活動にも取り組んでいます。貧困解消により、違法な森林伐採、野生動物の密猟・違法取引の抑制も期待されています。

このようにザンビアでは、官民が連携して新たな雇用創出や収入向上による貧困削減に取り組んでいます。

現地の雑貨店で販売されるバナナペーパーを使ったカード（写真：JICA）

注5 2016年のG7伊勢志摩サミットで発表。アジアを含む世界全体のインフラ案件向けに、その後5年間の目標として、オールジャパンで約2,000億ドルの資金等を供給すると同時に、さらなる制度改善やJICA等関係機関の体制強化と財務基盤の確保を図っていくことを盛り込んでいる。

注6 https://www.jica.go.jp/priv_partner/activities/sme/index.html

ODAを通じた日本企業の海外展開支援（概要）

<u>無償資金協力</u>
- ✓ プロジェクト型の無償資金協力では、近年、日本企業の事業権・運営権の獲得を目的にした事業も一部実施。
- ✓ 調達代理方式の無償資金協力では、多くの事業で日本企業（製造、商社等）の製品を活用。

<u>円借款</u>
- ✓ 2021年度は、日本企業（建設、電気、運輸、商社等）の受注率は約63％（外貨建て調達部分）。
- ✓ 2021年度は、総額で約4,700億円の円借款を本邦技術活用条件（STEP）の下で実施。

<u>海外投融資</u>
- ✓ 2011年以降2021年度末までに実施した海外投融資事業は60件（約5,200億円）。

<u>協力準備調査（海外投融資）</u>
- ✓ 協力準備調査の提案を日本の民間法人（建設、運輸、商社等）から公募し、JICA海外投融資の活用を前提とした事業の計画策定を支援。2010年度から現在までの間に76件実施。

<u>中小企業・SDGsビジネス支援事業</u>
- ✓ 途上国の開発ニーズと日本企業の製品・技術とのマッチングのため、日本企業（製造、建設等）による調査・普及実証等を支援。2010年から現在までの間に1,389件採択。

■ **協力準備調査（海外投融資）**

　近年、官民協働による開発途上国のインフラ整備および民間事業を通じた経済・社会開発の動きが活発化しています。JICAは、海外投融資での支援を念頭に民間資金を活用した事業の形成を図るため協力準備調査（海外投融資）を実施しています。途上国における事業参画を検討している民間企業から事業提案を広く公募し、事業計画策定のためのフィージビリティ調査を支援しています（事業の仕組み、対象分野・国などについては、JICAホームページ 注7 を参照）。2022年はアジアおよびアフリカ地域において4件の事業が採択されています。

■ **「JICA海外協力隊（民間連携）」**

　2012年に創設した「JICA海外協力隊（民間連携）」では、これまでに126名が38か国に派遣され、企業の海外展開を積極的に支援しています。派遣された隊員は、隊員活動を通して、その国特有の商習慣や市場ニーズを把握し、帰国後の企業活動へ還元することが期待されています。

エ　**海外投融資**

　海外投融資 注8 は、開発効果の高い事業を開発途上国で行う企業に対し、民間金融機関から十分な資金が得られない場合に、JICAが必要な資金を出資・融資するものです。2021年度末までに計60件の出・融資契約を調印しており、多くの日本企業も参画しています（事業の仕組み、対象分野・条件などについては、JICAホームページ 注9 を参照）。最近の好事例としては、2021年に調印されたベトナムでの陸上風力発電事業（融資事業）やケニアでの廃棄物バイオリサイクル事業（インパクト投資事業）があります。前者は、クアンチ省において再生可能エネルギーの導入促進のためにプロジェクトファイナンスを行うものであり、温室効果ガスの削減に寄与します。また、ベトナムにおける民間主体の風力発電事業のモデルケースとして後続案件への投資の呼び込みも期待されます。後者は、ナイロビにおいて、増加する廃棄物を適切に収集し、飼料・肥料・バイオ燃料等へのリサイクル促進を図る事業に出資を行うものであり、アフリカの多くの国々が抱える廃棄物処理および農業生産性に係る社会課題の解決を目指すものです。また、対ASEAN海外投融資イニシアティブなどを通じ、新型コロナウイルス感染症の影響によって金融アクセスが困難となった女性事業者や中小零細企業に向けた支援にも積極的に取り組んでいます（対ASEAN海外投融資イニシアティブについては93ページも参照）。

　日本の開発協力は、多様なアクターとのパートナーシップの下で推進されています。開発協力の実施にあたっては、JICAとその他の公的資金を扱う機関（株

注7 https://www.jica.go.jp/priv_partner/activities/psiffs/index.html
注8 支援対象分野は、（1）インフラ・成長加速、（2）SDGs・貧困削減、（3）気候変動対策。
注9 https://www.jica.go.jp/activities/schemes/finance_co/loan/index.html

図表Ⅳ-2　ODAを活用した官民連携支援スキーム

●政府間で企画・立案される案件とは別途、民間のアイデアや活力をいかした企業提案型事業として、（1）および（2）を実施　→　具体的なビジネス展開

| 基礎情報収集・ビジネス展開仮説立案 | → | ニーズ検証・ソリューション検証 | → | 受容性検証・収益性検証 | → | 提供体制構築・オペレーション設計／改善 |

（1）「中小企業・SDGsビジネス支援事業」

ニーズ確認調査（新制度）
・基礎情報を収集し、開発途上国のニーズと自社製品／サービスとの適合性の検証を実施
・初期的な事業計画を策定（8か月程度）

上限1,000万円＋コンサルティングサービス（※）
※JICAがコンサルタントを選定、契約　[中小・中堅企業／スタートアップ]

普及・実証・ビジネス化事業（継続実施）
・技術・製品やビジネスモデルの検証・普及活動を通じ、事業計画案を策定（1～3年程度）

上限1億円／1.5億円／2億円（コンサルタント関連経費込）　[中小・中堅企業／スタートアップ]

上限5,000万円（コンサルタント関連経費込）　[大企業]

ビジネス化実証事業（新制度）
・製品／サービスに対する顧客の受容性を確認した上で、現地パートナーを確保してビジネスモデルを策定し、収益性の検証と製品／サービス提供体制・オペレーションの構築を実施
・より精緻化された事業計画を策定（1年4か月程度）

上限2,000万円＋コンサルティングサービス（※）
※JICAがコンサルタントを選定、契約　[中小・中堅企業／スタートアップ]　[大企業]

（2）「協力準備調査（海外投融資）」

将来的には、JICA「海外投融資」の活用を前提とした現地での事業化を念頭に置いた調査を支援対象とする。

予備調査
事業の基本スキーム等や、具体的な案件形成および事業実施に向けた情報収集を支援
（委託契約の上限：3,000万円）

本格調査
より高い確率で海外投融資につながると見込まれる案件について、法務、環境社会配慮や事業のファイナンス基礎情報までを網羅した事業性の調査を支援
（委託契約の上限：1.2億円）

（※）予備調査→本格調査と移行して実施することを想定しているが、予備調査もしくは本格調査のみを行うことも可能

開発協力との連携

円借款
無償資金協力
技術協力

海外投融資
開発効果の高い事業を行う民間企業などへ出資・融資を提供

その他政府資金（OOF）の活用

途上国の情報収集や相談をしたい

PARTNER
国際キャリアの総合情報サイト

貿易・投資促進アドバイザー
現地のビジネス環境等についての情報を提供

自社の将来を担う人材を育成・確保したい

JICA海外協力隊（民間連携）
自社の社員を育成のために途上国へボランティアとして派遣

ABEイニシアティブ
アフリカ留学生へのインターンシップ等を通じたネットワーキング

式会社国際協力銀行（JBIC）、株式会社日本貿易保険（NEXI）、株式会社海外交通・都市開発事業支援機構（JOIN）、株式会社海外通信・放送・郵便事業支援機構（JICT）等）との間の連携を強化するとともに、政府が、民間部門を含む多様な力を動員・結集するた

めの触媒としての役割を果たすことが重要です。

なお、国連開発計画（UNDP）および国連児童基金（UNICEF）などの国際機関も、途上国における豊富な経験と専門性をいかし、日本企業による包摂的ビジネス解説を支援しています。

用語解説

中小企業・SDGsビジネス支援事業
民間企業からの提案に基づき、開発途上国の開発ニーズと企業が有する優れた製品・技術等とのマッチングを支援し、途上国での課題解決に貢献するビジネスの形成を後押しするもの。2022年度公示では、従来の「普及・実証・ビジネス化事業」に加え、新たに「ニーズ確認調査」および「ビジネス化実証事業」を募集。新制度ではJICAがコンサルタントと共に企業によるビジネス化を支援する形態に改編し、企業がビジネス化に向けた調査に集中できる環境整備を図っている。また、本事業は、日本の中小・中堅企業の海外展開を支援するのみならず、日本国内の経済や地域活性化を促進することも期待されている（137ページの図表Ⅳ-2も参照）。

包摂的ビジネス（Inclusive Business）
包摂的な市場の成長と開発を達成するための有効な手段として、国連および世界銀行グループが推奨するビジネスモデルの総称。社会課題を解決する持続可能なBOPビジネスを含む。

フィリピンで増加中の腎臓病対策に貢献
～日本企業の低たんぱく米製造の技術を供与～

　フィリピンでは、国家保健計画が策定され、健康保健普及のための国民健康保健プログラムなど様々な施策の実施を通じて、保健医療水準が向上しています。しかし、国民の健康を蝕む疾病の種類も変化しており、フィリピンの死亡原因トップ10の半分を生活習慣病が占め、肥満による糖尿病や慢性腎臓病を患う人が増加しています。そのため、

現地スタッフに低たんぱく米の品質検査方法を指導する株式会社バイオテックジャパンの社員（左）（写真：（株）バイオテックジャパン）

これらの疾病対策のための食生活の改善、食事療法の導入・普及が求められていました。

　新潟に本社を置く、株式会社バイオテックジャパンは、低たんぱく米を長年にわたって研究・開発し、販売してきました。しかし、人口減少により日本の市場が頭打ちになっており、海外への事業展開を考えていました。同社は、英語で意思疎通ができ、米の消費量が日本よりも多いフィリピンに着目し、2014年にフィリピンへ出張し、糖尿病や腎臓病患者への食事療法の市場を調査しました。そして、低たんぱく米の導入によりフィリピンの人々の食生活の改善を支援できると考えました。海外展開への足がかりとなる現地ビジネスパートナー探しに苦労する中、突破口となったのは、JICAの中小企業海外展開支援事業（現在の中小企業・SDGsビジネス支援事業）の活用でした。「慢性腎臓病患者の食事療法用低たんぱく米導入のための普及・実証事業」が採択されたことをきっかけに、事業展開は一気に加速しました。江川 穣 社長は、「今までは門前払いだったようなところでも、JICAの事業であると伝えるとすぐに面談してもらえ、アポイントメントの取れ方が全く違い驚きました。これまで長年にわたって培ってきたJICAの信用の素晴らしさを痛感しました。」と、JICA事業活用のメリットを語ります。

　本事業では、フィリピン稲研究所（PhilRice）と協働し、フィリピンの長粒米を使用した低たんぱく米の製造に取り組みました。しかし、日本で主流の短粒米とは性質が異なるため、たんぱく質含有量を低減させる処理過程でお米が割れるなど、日本の技術を移転する

にはいくつもの難題があり、長粒米の品種選定にも大変苦労しました。「フィリピンの硬質の水は、日本の軟水と比べて処理も難しく、コメの味や食感の好みも日本とは異なるため、フィリピンの人たちの好みに合うよう、何度も試作を重ねました。」と江川社長は語ります。

　そうした努力の結果、フィリピン米での低たんぱく米製造技術が確立し、現在は国立食品栄養研究所（FNRI）との連携で、現地の医師や栄養士に低たんぱく米の効果を説明するなど食事療法の普及に努めています。このように、ODAは、中小企業の海外展開を支援するとともに、開発途上国の課題解決にも貢献しており、現地の医師からは「フィリピンでもようやく低たんぱく米の製造が実現したことを本当にうれしく思います。」など、感謝の声も聞かれています。

低たんぱく米の展示会を開催し普及に努める様子。手軽に栄養管理ができる食事として医療関係者から注目を集めた。（写真：（株）バイオテックジャパン）

一般公募　日系企業のアフリカ進出を後押し

タンザニア、ケニア、コートジボワール、ガーナ、ナイジェリア

アフリカ地域先進農業技術の導入を通じた機械化振興等にかかる情報収集・確認調査
JICA情報収集・確認調査（2022年2月～2024年2月）

アフリカ諸国で労働人口の多くが従事する農業は、経済成長と貧困削減のために最も重要な分野の一つです。しかし、農家の多くはいまだ伝統的な手法を用いており、機械化を含む農業生産性の向上や農産品の品質向上が大きな課題となっています。

2019年8月に開催されたTICAD 7[注1]で提唱された「アフリカ農業イノベーション・プラットフォーム構想」[注2]でも、「先進農業技術の導入促進」が優先アクションの一つとして掲げられました。

これを受けて、農業生産性や農産品の品質向上に貢献することを目的とした日・アフリカ農業イノベーションセンター（AFICAT）[注3]が設立されることになりました。本事業では、日本企業の進出ニーズが高いタンザニア、ケニア、コートジボワール、ガーナ、ナイジェリアの5か国で、AFICATの稼働に向けた情報収集・確認調査として、コメに関連する農業機械の活用を中心にパイロット活動を実施しています。

ナイジェリアでは、ナサラワ州ラフィアで、本田技研工業株式会社が政府関係者や小規模農家向けにセミナーを実施し、実機でのデモンスト

ナイジェリアにて、本田技研工業株式会社による、現地農家、農業省関係者向けの耕うん機のデモンストレーションの様子（写真：（株）かいはつマネジメント・コンサルティング）

レーションを通じて、小型耕うん機の使用方法やメンテナンス方法を紹介しました。参加した農家からは、「労働時間短縮に役立つ」などの感想が寄せられ、農業機械化推進への期待が高まりました。

本事業を通じて得られた知見から、AFICATの本格稼働に向けて必要な実施体制が提案されることになります。AFICATは、今後も、日本の農業関連企業のアフリカ進出の足掛かりとなるとともに、日本の製品・技術によるアフリカ諸国の農業機械化の促進、農業生産性の向上、農産品の品質向上を推進することが期待されています。

タンザニアにて、株式会社ケツト科学研究所による、農業省関係者向けのオンラインセミナーの様子。同社の農業機械製品について活発な質問・意見交換が行われた。（写真：（株）かいはつマネジメント・コンサルティング）

注1　TICADについては、127ページの「開発協力トピックス」を参照。
注2　生産性向上、農民のエンパワーメント、高付加価値化の農業分野の3本柱の強化・連携促進を目指す構想（Agriculture Innovation Platform in Africa：AIPA）。
注3　アフリカ諸国における先進農業技術の導入や農業機械化の推進を日・アフリカの官民連携で実施するために設置された枠組み。農業資機材の展示・実証や人材育成・イノベーションの拠点となることが期待される。

（2）JICA海外協力隊（JICAボランティア事業）

1965年に発足し、半世紀以上の実績を有するJICA海外協力隊（JICAボランティア事業）は、累計で98か国に54,400人以上を派遣しています。まさしく国民参加型の事業であり、日本の「顔の見える開発協力」として開発途上国の発展に貢献してきました。

本事業は、途上国の経済・社会の発展のみならず、現地の人たちの日本への親しみを深めることを通じて、日本とこれらの国との間の相互理解・友好親善にも寄与しており、国内外から高い評価を得ています。また、グローバルな視野を身に付けた協力隊経験者が日本の地方創生や民間企業の途上国への進出に貢献するなど、協力隊経験の社会還元という側面も注目されています。

日本政府は、こうした取組を促進するため、帰国隊員の進路開拓支援を行うとともに、現職参加の普及・浸透に取り組むなど、より多くの人が本事業に参加し

水質検査キットを使いルワンダの地元住民に成分説明をするコミュニティ開発隊員（水の防衛隊）（写真：JICA）

幸せの架け橋になる！

ベリーズ

JICA 海外協力隊（現職参加）　職種：音楽
（2015年6月～2017年3月）森　美緒氏（京都府教育委員会）

ベリーズ南部に位置するトレド郡には、音楽の専門教育を受けた教員が不在でした。私は、トレド・コミュニティ実業高等学校に配属され、音楽の授業の実施や同僚教員への技術指導に取り組みました。活動中には、情操教育の重要性を理解した同僚教員から「合唱部を作って大会に出よう！こどもたちに自信をつけてあげたい！」と提案を受けました。希望生徒15名ほどでコンテストに挑戦し、見事全国大会に出場しました。また、日本文化普及のため、5つの学校でワークショップ、3つの地域でイベントを実施し、総勢1,500を超える人々によさこいや浴衣の着付けなどを楽しんでもらうことができました。JICA海外協力隊の活動を通して、「こどもや地域の幸せは、色んな立場の垣根を越え、みんなで協力し創り上げるもの」ということを学びました。

立ち上げた合唱部が地域予選のコンテストに出場している様子（写真：森美緒）

現在は、亀岡市の高校に音楽科教員として復職しています。音楽の授業だけでなく、亀岡市役所や大学または民間企業と高校生をつなぎ、SDGsについての協働授業注1の企画・運営に力を入れています。

任地プンタゴルダで開催した日本文化イベントの様子（写真：森美緒）

世界や社会が目まぐるしく変化している中、日本の生徒たちを取り巻く環境や彼らが抱えている問題も様々です。そのような今だからこそ、学校や教員だけでなく様々な立場の人々が協働することで、新たな幸せを生み出せると思います。これからも、協力隊の経験をいかして、学校と地域社会にある「壁」をなくし様々なつながりを生み出せる人間として活動していきたいと思います。

注1　学校だけではできない実践的で実感を伴った学びを実現するため、社会の課題解決に取り組む事業者・NPO等が、専門的な知識や技術などをいかして学校と一緒に授業を実施すること。

やすくなるよう努めています（現職参加の協力隊員の活躍については140ページの「案件紹介」を参照）。

新型コロナウイルス感染症への対応については、2020年3月に活動中の全隊員が一斉に帰国後、同年11月から渡航を再開し、2022年12月までに61か国に赴任しました。新型コロナの再拡大に伴い、計画的な新規派遣が困難となり、2021年秋募集は中止しましたが、2022年春・秋募集はいずれも実施され、派遣国の感染状況を踏まえながら順次派遣を行っています。例えば、活動を再開しているルワンダにおいては、安全な水の確保と給水施設の維持管理システム整備、水利用に関する幅広い活動に取り組む「水の防衛隊」の活動のほか、コーヒー栽培の技術指導、マーケティング強化、次世代の担い手の育成等に取り組む「コーヒー隊員」の活動を実施しています。

（3）日本のNGOとの連携

日本のNGOは、開発途上国・地域において様々な分野で地域住民が直接裨益する開発協力活動を実施しています。地震・台風などの自然災害や紛争等の現場においても、迅速かつ効果的な緊急人道支援活動を展開しています。NGOは、途上国それぞれの地域に密着し、現地住民の支援ニーズにきめ細かく対応することが可能であり、政府や国際機関による支援では手の届きにくい草の根レベルでの支援を行うことができます。日本政府は、こうした「顔の見える開発協力」を行う日本のNGOを開発協力における重要なパートナーと位置付け、NGOが行う事業に対する資金協力、NGOの能力向上に資する支援、NGOとの対話の3点を柱に連携を進めています（国際協力とNGOについては外務省ホームページ注10 も参照）。

注10　https://www.mofa.go.jp/mofaj/gaiko/oda/shimin/oda_ngo.html

ア　NGOが行う事業に対する資金協力

日本政府は、日本のNGOが開発途上国・地域において、開発協力事業および緊急人道支援事業を円滑かつ効果的に実施できるよう、様々な協力を行っています。

■ 日本NGO連携無償資金協力

日本政府は、日本NGO連携無償資金協力として、日本のNGOが途上国で実施する経済社会開発事業に資金を提供しています。事業の分野も保健・医療・衛生、農村開発、障害者支援、教育、防災、地雷・不発弾処理等、幅広いものとなっています。この枠組みを通じて、2021年度は日本の51のNGOが、35か国・1地域において、総額約57億円の事業を96件実施しました（107ページの「案件紹介」も参照）。

■ ジャパン・プラットフォーム（JPF）

ジャパン・プラットフォーム（JPF）解説は、日本のNGO、経済界および政府が協力し、NGOの緊急人道支援活動を支援・調整する組織です。2021年度には、イラク・シリア人道危機対応支援、アフガニスタ

ネパールのパンチカール市で、土壌検査の説明をする特定非営利活動法人ラブグリーンジャパンの現地職員（草の根技術協力）

ン人道危機対応支援、ミャンマー避難民人道支援、パレスチナ・ガザ地区人道危機緊急対応支援、南スーダン難民緊急支援、エチオピア紛争被災者支援、新型コロナウイルス感染症対策緊急支援、サイクロン・セローージャ被災者支援、フィリピン台風ライ被災者支援など、20のプログラムで94件の事業を実施しました（ウクライナ関連の支援は第Ⅰ部を参照）。2022年12月時点で45のNGOが加盟しています（124ページの「案件紹介」も参照）。

都市を綺麗に、土地を緑に、生活を豊かに

ニジェール

ニジェール国ニアメ首都圏における有機性ゴミによる緑化活動
JICA草の根技術協力事業（草の根協力支援型）（2021年9月～2024年9月）

サハラ砂漠の南縁に位置するニジェールでは、土地が荒廃する砂漠化が深刻で、農作物や畜産物の生産量低下の原因になっています。農業・牧畜業の就労人口が8割を超えるニジェールでは、多くの住民にとって飢餓や貧困に直結する深刻な問題です。

京都大学の大山修一教授は、20年にわたり、ニジェール環境・砂漠化対策省や地域住民と協働しながら、砂漠化の対処と同時に飢餓や貧困問題の解決に取り組んでいます。本事業では、大山教授の長年の研究により裏付けされた緑化モデルをもとに、分別回収した都市の家庭ごみを使って、荒廃地を緑化する活動を行っています。都市の有機ごみを荒廃地に投入することで、季節風で飛ばされてくる砂が堆積し、ま

以前は荒廃地だった新しい放牧地で家畜の世話をする夏休み中の男の子（写真：大山修一）

たシロアリの活動が活発化し土壌が改善されます。ごみに混ざっているビニール袋は、農業用のビニールシートの役割を果たし、乾燥地で貴重な水分の蒸発を防ぎ、植物の生育を助けます。

ニジェール環境・砂漠化対策省職員に都市ごみによる緑化メカニズムを説明する大山教授（写真：JICA）

これまでに36区画（21ヘクタール）の荒廃地が、住民の希望に応じて放牧地や畑、森林に造成されました。家畜の放牧地や作物の耕作地が増えたことで、職が生まれ、住民の現金収入につながっています。また、緑地の拡大により、緑地をめぐる農耕民と牧畜民の争いが減少しています。

本事業は、荒廃地の緑化による砂漠化の防止、都市のごみ問題の解決、地域住民の貧困削減、地域の平和と安定といった様々な問題の解決に貢献しています。

■NGO事業補助金

日本政府は、日本のNGOへの補助金交付事業を実施しています。対象となる事業は、開発協力事業の案件発掘・形成および事業実施後の評価を実施する「プロジェクト調査事業」、国内外において国際協力活動の拡大や深化に資する研修会や講習会などを実施する「国内における国際協力関連事業」ならびに「国外における国際協力関連事業」の3つです。2021年度には、6つの日本のNGOに対して、NGO事業補助金を交付し、プロジェクト形成調査および事後評価、オンラインを含む国内外でのセミナーやワークショップなどの事業を実施しました。

■JICAの草の根技術協力事業

草の根技術協力事業は、日本のNGO/市民社会組織（CSO）、地方公共団体、大学、民間企業等の団体が、これまでの活動を通じて蓄積した知見や経験に基づいて提案する国際協力活動を、JICAが提案団体に業務委託してJICAと団体の協力関係の下に実施する共同事業です（制度の詳細や応募の手続等は、JICAホームページ 注11 を参照）。草の根技術協力事業は約90か国を対象に、毎年200件程度を実施しています（141ページの「案件紹介」も参照）。

イ　NGOの能力向上に資する支援

国際協力において、政府以外の主体の活動および民間資金活用の重要性が高まる中、日本のNGOの組織体制や事業実施能力をさらに強化し、人材育成を図ることを目的として、外務省は、以下の取組を行っています。

■NGO相談員制度

外務省の委嘱を受けた全国各地の経験豊富なNGO団体（2021年度は15団体に委嘱）が、市民やNGO関係者から寄せられるNGOの国際協力活動、NGOの設立、組織の管理・運営、開発教育の進め方などに関する質問や相談に対応しました。

■NGOインターン・プログラム／NGOスタディ・プログラム

外務省は、人材育成を通じた組織強化を目的として、NGOインターン・プログラムおよびNGOスタディ・プログラムを実施しています。NGOインターン・プログラムは、将来的に日本の国際協力NGOで活躍しうる若手人材の育成を目的としており、2021年度は、計7人がインターンとしてNGOに受け入れられました。

NGOスタディ・プログラムは日本の国際協力NGOに所属する中堅職員が国内外で研修を受け、研修成果を所属団体や他のNGOに広く共有し、日本のNGO全体の能力強化に寄与することを目的としており、2021年度は、このプログラムにより4人が研修を受けました。

■NGO研究会

NGOが直面する共通の課題をテーマとして、調査・研究、セミナー、ワークショップ、シンポジウムなどを行い、具体的な改善策を報告・提言することによって、組織や能力の強化を図ります。2021年度は、「国際協力における「現地化（ローカリゼーション）」の世界的動向調査・分析および日本の国際協力NGOにおける同テーマ推進のための課題と可能性の検討」と「SDGs時代におけるNGOの人権尊重と能力強化の施策調査・研究」の2つのテーマに関する研究会を実施しました。この活動の報告書や成果物は外務省のホームページ 注12 に掲載されています。

ウ　NGOとの対話（NGO・外務省定期協議会およびNGO-JICA協議会）

NGO・外務省定期協議会解説については、2021年度は新型コロナ拡大の影響等により全体会合は開催されませんでしたが、小委員会の「連携推進委員会」が2021年8月および2022年1月に計2回、「ODA政策協議会」が2022年3月に1回開催されました（NGO・外務省定期協議会の詳細および議事録などについては外務省ホームページ 注13 を参照）。

また、JICAは、NGOとJICAの対話と連携を目的とするNGO-JICA協議会を実施しており、2021年

注11　https://www.jica.go.jp/partner/kusanone/index.html
注12　https://www.mofa.go.jp/mofaj/gaiko/oda/shimin/oda_ngo/houkokusho/kenkyukai.html
注13　https://www.mofa.go.jp/mofaj/gaiko/oda/shimin/oda_ngo/taiwa/kyougikai.html

国際協力の現場から

6

一般公募

タイと日本の「学び合い」による高齢化対策

～湯河原町、野毛坂グローカル (NGO) など多団体連携により
地域主導の高齢者ケアを普及～

タイでは、2015年に10%強であった高齢化率が、2022年には14%を超え、急速な高齢化が進んでいます。しかし、国の年金や介護保険などの制度整備だけでは十分な対応が難しいことから、地域・自治体レベルで高齢者ケアの取組を活性化させることが重要となっています。

神奈川県湯河原町は、県内で最も高齢化率が高い一方で、要介護率は比較的低く、「元気な高齢者」が多い町です。国際交流が盛んな同町は、2019年に、タイ・ブンイトー市と高齢者福祉や観光の分野で「相互協力に関する覚書」を交わしました。湯河原町は、高齢者福祉の分野で長年タイに支援を行っているNGO野毛坂グローカルと連携して、ブンイトー市に対し、相互の訪問やオンラインセミナーを通じて、地域ごとの特徴やニーズに根ざした高齢者ケアを活性化させるための協力を行っています。

具体的には、ブンイトー市は、湯河原町、野毛坂グローカル、タイのタマサート大学などとの協力の下、高齢者デイケアセンターを整備するとともに、在宅介護や民間の入居型施設と連携を図り、包括的な高齢者ケアの提供に努めています。湯河原町は、同町が取り組んでいる福祉政策や町内事業者の高齢者ケア関連の知見からアドバイスを行い、野毛坂グローカルは、タイへの支援を通じて築いた人脈やタイの自治体が抱える課題に対する理解をもとに、日タイの自治体や大学間の仲介役として連携を促進するなど、地方自治体とNGOのそれぞれの強みをいかした協力を行っています。また、本協力を通じて、

日本の専門家とオンラインでつないで現地でリハビリテーション研修を実施する野毛坂グローカルのスタッフ（写真：野毛坂グローカル）

ブンイトー市の包括的な高齢者ケアを普及するためのネットワーク署名式。ブンイトー市を含むタイの9か所の自治体および湯河原町などが参加した。（写真：野毛坂グローカル）

高齢者福祉に関する学び合いの場としてブンイトー市に設立された自治体研修センターには、国内外の様々な機関が見学や研修に訪れ、国を越えた学び合いの場となるとともに、タイの地元住民同士の交流・学び合いの場にもなっています。これらの取組は、日本政府が進めるアジア健康構想の下、日本国際交流センター（JCIE）と東アジア・アセアン経済研究センター（ERIA）が創設したアジア健康長寿イノベーション賞大賞[注1]を受賞しました。

自治体同士の協力を重視する湯河原町の内藤喜文参事は、「湯河原町が教えるのではなく、学び合うという柔軟な姿勢で臨んでいます。自治体レベルの取組を相互に学び合うことで信頼関係の構築にもつながっています。」と語ります。こうした取組を通じて築かれた協力関係の下、湯河原町では、観光案内所に日本語と英語に堪能なタイ国籍の2名の職員を迎えています。外国人観光客対応力のある職員の活躍により、同町において国際交流が促進され、観光業のさらなる発展が期待されます。

2022年度からは湯河原町がJICA草の根技術協力を受託して、ブンイトー市で実施されている包括的高齢者ケアを、タイ国内の自治体に普及する活動をしています。タイの自治体ネットワークに湯河原町が加わることで、タイ国内の自治体間の相互の学びネットワークが拡大しています。これからも、タイ・日本の多団体の協力により、地域主導の高齢者ケアがタイ全土に普及することが期待されます。

注1 日本を含むアジア14か国・地域より、高齢化による様々な課題の解決となる革新的な取組（プログラム、サービス、製品、政策）を表彰している。

度はオンラインで2回実施され、1回目は36団体、2回目は94団体がそれぞれ参加しました（NGO-JICA協議会の詳細および議事録などについてはJICAホームページ 注14 を参照）。

（4）地方公共団体との連携

　開発途上国においては、急速な経済発展が進む中で、大都市のみならず、地方都市においても、都市化の進展とともに、水、エネルギー、廃棄物処理、都市交通、公害対策分野等の都市問題に対応するニーズが急増しています。このような中で、様々な分野で知見を蓄積している日本の地方公共団体が、途上国のニーズにきめ細かに対応することは、途上国の開発にとって大変有益です。このため、日本政府は地方公共団体のODAへの参画を推進してきました。また、地方公共団体も、日本の地域の活性化や国際化の促進のため、地方の産業を含めた地方公共団体の海外展開を積極的に推進しています 注15 （具体的事例については、143ページの「国際協力の現場から」も参照）。

（5）大学・教育機関との連携

　日本政府は、大学が有する開発途上国の開発に貢献する役割、国際協力を担う人材を育成する役割、日本の援助哲学や理論を整理し、発信する役割など、援助の理論整理、実践、国民への教育還元までの援助のサイクル全般への広い知的な側面において、大学と協力し、連携を図っています。実際に、様々な大学と共同で、技術協力や円借款、草の根技術協力を始めとする事業を推進しています。

　一例をあげると、日本政府は、途上国の経済社会開発の中核となる高度人材の育成を目的とする人材育成奨学計画（JDS）を通じて、途上国の若手行政官等を留学生として国内累計41大学で受け入れています。これまでに入学した留学生は、修士課程と博士課程合わせて5,000名を超えます。また、タイにおける産業人材育成のため、日本独自の教育システムである「高専（高等専門学校）」の設立・運営を通じて、日本と同水準の高専教育を提供する協力を実施しています。さらに、ASEAN諸国に対しては、JICAの技術協力プロジェクトとして、アセアン工学系高等教育ネットワーク（AUN/SEED-Net）プロジェクト解説を実施しており、日ASEAN大学間のネットワーク強化や産業界との連携、周辺地域各国との共同研究などを行っています（68ページの「国際協力の現場から」も参照）。

　加えて、外務省・JICAは文部科学省、科学技術振興機構（JST）、日本医療研究開発機構（AMED）と連携し、「地球規模課題対応国際科学技術協力プログラム（SATREPS）」注16 を実施しており、日本と途上国の大学・研究機関等の間で国際共同研究が行われています（実績については38ページの科学技術・イノベーション促進、研究開発を、エルサルバドルおよびメキシコでの協力については76ページおよび82ページの「匠の技術、世界へ」を参照）。

　こうした大学との連携は、途上国の課題解決における学術面での能力向上に寄与していることに加え、海外からの研修員が日本の大学で研修・研究することで、日本の大学の国際化にも貢献しています。

注14 https://www.jica.go.jp/partner/ngo_meeting/index.html
注15 ODAを活用した地方公共団体の海外展開支援：https://www.mofa.go.jp/mofaj/gaiko/oda/about/page23_000707.html
注16 41ページの用語解説を参照。

用語解説

ジャパン・プラットフォーム（JPF）
大規模災害時や紛争により大量の難民・国内避難民等が発生したときなどに日本のNGOによる迅速で効果的な緊急人道支援活動を支援・調整することを目的として、2000年にNGO、政府、経済界の連携によって設立された緊急人道支援組織。JPFは、日本政府から供与されたODA資金や企業・市民からの寄付金を活用して、大規模な災害が起きたときや、紛争により大量の難民・国内避難民等が発生したときなどに、生活物資の配布や生活再建などの緊急人道支援を実施する。

NGO・外務省定期協議会
NGOと外務省との連携強化や対話の促進を目的とし、ODAに関する情報共有やNGOとの連携の改善策などに関して定期的に意見交換する場として、1996年度に設けられた。全体会議、ODA政策協議会と連携推進委員会の2つの小委員会で構成。

アセアン工学系高等教育ネットワーク
（AUN/SEED-Net：ASEAN University Network/Southeast Asia Engineering Education Development Network）
ASEANに加盟する10か国における工学分野のトップレベルの26大学と、日本の支援大学14校から構成される大学ネットワークとして、2001年に発足。東南アジアと日本の持続的な発展のために、工学分野で高度な人材を輩出するべく様々な研究・教育活動を実施している。このプロジェクトは、東南アジア諸国の政府や大学、本邦大学の協力の下、JICAを通じて主に日本政府が支援を行っている。

（6）諸外国・国際機関との連携
ア　G7・G20開発問題における連携

2022年5月、ベルリンにおいてG7開発大臣会合が開催され、開発分野の諸課題が議論されました。日本からは鈴木外務副大臣（当時）が出席し、ウクライナの人々や周辺国に寄り添った支援につき国際社会で連携していくことを再確認しました。また、質の高いインフラ投資の推進や開発金融における課題への対処、開発途上国のオーナーシップを尊重した効果的・公正なエネルギー移行の推進、ジェンダー平等および女性のエンパワーメントの推進について議論しました。そして、アフリカへの食料支援等の日本の支援を紹介するとともに、アフリカの可能性に着目した質の高い成長を後押しし、8月のTICAD 8において、アフリカ自身が主導する開発のため取り組む決意を表明しました。

また、鈴木外務副大臣（当時）は、佐藤厚生労働副大臣（当時）と共に開発大臣・保健大臣合同会合に出席し、途上国におけるワクチン・治療・診断への公平かつ持続可能なアクセスの促進および途上国におけるパンデミックの予防・備え・対応の強化について議論しました。日本は、途上国のワクチン接種データ管理、感染症対策を講じた国境管理体制、感染症廃棄物処理の3つの柱に焦点を当てた支援を、インド太平洋地域を中心に最大1億ドル規模で実施していく旨を述べました。

6月に開催されたG7エルマウ・サミットには岸田総理大臣が出席し、開発金融をめぐる問題やインフラ資金ギャップを含む国際経済の課題に関し議論が行われました。岸田総理大臣からは、途上国の債務問題は一層深刻化しており、G7として有効な解決策を見出す必要がある旨を述べました。また、全ての債権国が遵守すべき透明性、開放性、ライフサイクルコストを考慮した経済性、債務持続可能性を含む「質の高いインフラ投資に関するG20原則」の実効性を高めていくことが重要である旨を述べ、さらに議論を深めていくことを呼びかけました。議論の結果、G7は、「グローバル・インフラ投資パートナーシップ」を通じて、今後5年間で6,000億ドルを動員し、世界のインフラ投資ギャップの縮小を目指すことを確認しました。また、ロシアによるウクライナ侵略に伴うグローバルな食料危機への対応として、G7は世界の食料および栄養の安全保障を強化すること、そのために45億ドルを追加で提供することを確認しました。

G20においては、9月にインドネシアのブリトゥンで、G20開発大臣会合が開催され、日本からは武井外務副大臣が出席し、ロシアによるウクライナ侵略を非難するとともに、「質の高いインフラ投資に関するG20原則」の実施、開発資金の透明性・公平性の確保、国際ルール・スタンダードの遵守の重要性等に

インドネシア・ブリトゥンで開催されたG20開発大臣会合で発言する武井外務副大臣（2022年9月）

G7開発大臣会合で発言する鈴木外務副大臣（当時）（2022年5月）

ついて発言しました。また、武井外務副大臣は各国出席者と個別に意見交換し、開発分野における連携を確認しました。

10月のG20バリ・サミットでは、日本からは岸田総理大臣が出席し、ロシアによるウクライナ侵略を強く非難し、ロシアによる核の脅しも使用もあってはならない旨を訴えるとともに、食料・エネルギー価格の高騰により深刻な影響を受けるアジア、アフリカ、中東等の国々への食料支援を含む緊急支援を一段と強化する考えである旨を述べました。また、多国間主義の下、途上国での新型コロナ対策の取組などに対し、総額50億ドル規模の包括的な支援を行ってきたことを紹介しつつ、今なお新型コロナのパンデミックは終わっておらず、我々は対応の手を止めてはならない旨を強調しました。議論の総括として発出されたG20バリ首脳宣言では、より強い回復と強靭性のための包摂的で質の高いインフラ投資の必要性が認識されるとともに、透明性と相互説明責任の重要性に留意しつつ、革新的資金メカニズムを強化することにより、2030アジェンダの実施に向けた資金ギャップに対処する必要性が強調されました。

イ 主要ドナーとの対話

日本は、主要ドナーとの間で対話を実施し、お互いの優先課題・政策について意見交換を行っています。2022年2月、日独開発政策局長級意見交換を実施し、ドイツと日本はそれぞれ2022年と2023年のG7議長国であり、密に連携していくことを確認しました。また、双方の開発協力政策、開発途上国におけるインフラ開発、気候変動対策、新型コロナへの対応などの地球規模課題について意見交換を行いました。

7月、鈴木外務副大臣（当時）はサージャン・カナダ国際開発大臣とテレビ会談を行いました。両者は、ウクライナ支援や食料安全保障の問題におけるG7間での緊密な連携を含め、国際場裡における協力について意見交換を行いました。さらに、両者は、2021年5月の日・カナダ外相会談で発表された「自由で開かれたインド太平洋に資する日本及びカナダが共有する優先協力分野」の具体化を加速することで一致しました。

伝統的に開発協力を担ってきた経済協力開発機構（OECD）開発援助委員会（DAC）諸国に加え、近年、中国、インド、インドネシア、サウジアラビア、トルコ、ブラジル、南アフリカなどの新興国も途上国に対して支援を行い、開発課題に大きな影響力を持つようになっています。日本は、新興国を含む諸国とも連携し、これらの新興国から途上国に対する援助（南南協力）が効果的に促進されるよう、新興国への支援（三角協力）も行っています（南南協力（三角協力）の事例について119ページの「案件紹介」を参照）。

なお、中国との関係では、2021年6月、第2回日中開発協力局長級協議を開催し、中国の対外援助、様々な開発課題に関して意見交換しました。

また、開発協力を効果的・効率的に進めていくための取組として、ドナー国のみならず、途上国、国際機関、民間セクター、市民社会、地方公共団体等の様々な開発主体が一同に会して話し合う「効果的な開発協力に関するグローバル・パートナーシップ（GPEDC）」があります。2022年12月には、第3回GPEDCハイレベル会合が開催され、オーナーシップの尊重、成果重視、幅広いパートナーシップ、援助の透明性・相互説明責任といった効果的な開発協力のための4原則の重要性が改めて確認されました。

ウ 国際機関との連携

日本は、様々な開発および人道上の課題に対応するため、国際機関との連携を進めています。岸田総理大臣は、2022年5月にテドロス世界保健機関（WHO）事務局長と電話会談を行いました。また、7月に訪日したビーズリー国連世界食糧計画（WFP）事務局長、シュタイナー国連開発計画（UNDP）総裁の表敬を受け、11月には訪日したラッセル国連児童基金（UNICEF）事務局長の表敬を受けました。林外務大臣は、4月に訪日したサンズ・グローバルファンド事務局長、10月に訪日したラザリーニ国連パレスチナ

難民救済事業機関（UNRWA）事務局長、11月に訪日したグランディ国連難民高等弁務官と会談しました。また、鈴木外務副大臣（当時）は、3月に訪日したバークレーGaviワクチンアライアンス事務局長と会談しました。

　また、国際機関との連携による支援を円滑に進めるため、国連機関や主要な国際機関との対話も実施しています。2022年は、UNICEF、国際移住機関（IOM）、WFPなどとの定期的な政策対話を実施しました。（UNFPAで働く日本人職員について、152ページの「国際協力の現場から」を、国際機関で活躍する日本人職員については9ページを参照）。

ラッセルUNICEF事務局長の表敬を受ける岸田総理大臣（2022年11月）（写真：内閣広報室）

2 開発協力の発信に向けた取組

（1）情報公開、国民の理解と支持の促進に向けた取組

日本政府は、ODAに関する広報・情報発信について、次のとおり様々な取組を行っています。

ア　広報・情報発信の強化

グローバル化が進んだ現在、日本と開発途上国は共に支え合う関係にあります。日本のODAは、途上国を含む世界の平和と繁栄に貢献し、それにより日本の国益の確保を図る上で重要な取組であり、大きな意義を有しています。ODAが国民の税金を原資としている以上、こうした開発協力の意義や取組を分かりやすく発信し、国内の幅広い国民の理解と支持を得ることは不可欠です。また、海外においてもこうした日本の取組を正しく理解してもらうことは、友好な二国間関係や日本の国際社会における信頼を高める上でも重要です。こうした観点から、ODA広報の重要性はますます高まっています。

効果的なODA広報を行うために、外務省、JICAは共に連携し取組を進めています。外務省は、ODAホームページやSNS、YouTube動画、メールマガジン、コンテンツ制作、広報イベントの開催、国内教育機関向けの出前講座などを通じて、普段あまりODAに接点のない若者や地方の中小企業関係者などにも届くよう政策広報に取り組んでいます。具体的には、アニメーション動画で紹介する「ODAマン」シリーズや、最近では、又吉直樹氏をナビゲーターとした母子手帳の普及をテーマとするテレビドラマの制作、俳優の吉原光夫氏をレポーターとする海上交通の安全・保全、

質の高いインフラをテーマとするドキュメンタリー動画の配信を行うなど、知名度の高い出演者を活用し国民に分かりやすく紹介しています（詳細は149ページの「開発協力トピックス」を参照）。さらに途上国にある日本大使館などでは、現地プレスにODA事業の現場を取材してもらったり、供与した機材を建設した施設に日の丸を表示するなど、顔の見える支援に努めています。また、大使や総領事が自らツイッターやインスタグラムで積極的に発信しており、現地の人々の日本のODA事業への理解に努めています。

毎年公表する開発協力白書においては、写真や現場からのコラムなどを充実させることで分かりやすく親しみやすい内容を目指し、統計データを掲載することで実施状況に関する透明性の確保に努めています。

JICAも15か所の国内拠点を活用し、JICA海外協力隊のOB・OGが講師として経験を伝える出前講座や、地方公共団体関係者を招いたODA現場体験などにも力を入れています。

外務省、JICAのみならず日本の開発協力の関係者が一体となって広報発信する取組として、毎年、国際協力の日（10月6日）の前後に、外務省、JICAおよび国際協力NGOセンター（JANIC）の共催で、日本最大級の国際協力イベント「グローバルフェスタJAPAN」を開催しています。2022年10月1日（土）・2日（日）に、海外と日本各地からの参加に配慮し、対面（東京国際フォーラム）とオンライン配信の双方を組み合わせたハイブリッド形式で開催し、前年を上回る約22,000人の参加を得ました。

こうした取組の結果、新型コロナウイルス感染症の

外務省国際協力局や開発協力の現場を舞台にしたテレビドラマ「ファーストステップ　世界をつなぐ愛のしるし」

外務省ODA Twitter トップページ

開発協力トピックス ⑥

ODA広報
～ODAをもっと身近に感じてもらうために～

●開発協力の情報発信

2021年に実施した内閣府世論調査[注1]では、「今後の開発協力のあり方」について、回答者の87.4%が「積極的に進めるべきだ」または「現在程度でよい」と回答し、開発協力に対して前向きな評価を示しました。こうした前向きな日本国内の世論の背景には、持続可能な開発目標（SDGs）に対する意識の高まりのほか、新型コロナウイルス感染症の世界的拡大を通じ、「全ての人が安全になるまで誰も安全ではない」ことを再認識させられたこと、開発途上国の発展は回り回って日本の経済、国民生活の安定にも好影響を及ぼすという理解が広がったことなどが挙げられます。

本コラムでは、こうした開発協力の意義についての外務省による情報発信・政策広報の試みをいくつか紹介します。

●テレビドラマ・ドキュメンタリー

新たな試みとして、幅広い層に届くよう知名度の高い出演者を活用した広報コンテンツの制作に取り組んでいます。

その一つとして、吉本興業株式会社の協力を得てタレントで作家の又吉直樹氏をナビゲーターとし、外務省国際協力局や国際協力の現場を舞台としたテレビドラマ「ファーストステップ　世界をつなぐ愛のしるし」[注2]を制作し、ODAを通じて日本から世界に広まった母子健康手帳をテーマに親子の愛情や登場人物の成長を描いた、愛と希望と勇気の物語を発信しています。

また、俳優の吉原光夫氏をレポーターとして、「海」に関わるODAの現場に密着したドキュメンタリー動画「Efforts for a free and open ocean 自由で開かれた海洋のための取組」[注3]を制作し、外交的にも重要な「自由で開かれたインド太平洋（FOIP）」を念頭に、海上保安庁による海図作成、船舶通航支援サービス（VTS）や取締り・海難救助に係る能力向上支援など海上交通の安全・保安に対する協力や、連結性の実現に向けた湾岸整備にかかる質の高いインフラ支援を題材とし、躍動感のある動画を制作しています。

「海」に関わるODAの現場に密着したドキュメンタリー動画「Efforts for a free and open ocean 自由で開かれた海洋のための取組」

●鷹の爪団の　行け！ODAマン

外務省のODA広報キャラクターとして、5年目を迎えたODAマン（148ページの広報・情報公開・情報発信の強

化も参照）も、世界で役立つ日本のODAを知ってもらうために、様々な動画を発信[注4]し好評を博しています。2022年はTICAD 8開催の機会を捉え、アフリカに対する開発協力をテーマに、「アフリカの米作りにODAの巻」、「アフリカのICT発展にもODAの巻」、「大エジプト博物館にODAの巻」の3作品を公開しました。

鷹の爪団の 行け！ODAマン

●グローバルフェスタJAPAN2022

2022年10月に国際協力イベント「グローバルフェスタJAPAN2022」[注5]を開催しました。31回目となる今回は、「ここからつながる世界。ともにここから創る未来。みんなが参加する国際協力」をテーマに、国や地域のことをさらに多くの人に知ってもらうために、前年の倍以上に参加団体を増やし、特に駐日外国公館の出展スペースを確保するほか、物販を認めるなど充実した出展ブースを配置しました。

外務省では、普段あまりODAと接点のない中小企業の海外展開に向けたODAの活用をテーマとしたステージプログラムや、若者世代の未来の国際協力への参画をテーマとしたパネルディスカッションを実施しました。また、恒例となる外務省フォトコンテストの授賞式も行われました。2022年のコンテストでは、過去最多の256点の応募があり、プロカメラマンの青木弘氏やライカカメラジャパン株式会社の米山和久氏を審査員に迎えて、受賞作品を選びました。結果は、ODAホームページの開催報告[注6]をご覧ください。

注1 2021年9月から11月、内閣府が調査機関に委託し、日本全国の18歳以上の日本国籍を有する3,000名を対象に郵送法で令和3年度外交に関する世論調査が行われた（https://survey.gov-online.go.jp/r03/r03-gaiko/index.html）。

注2 https://www.mofa.go.jp/mofaj/gaiko/oda/sanka/page22_001443.html

注3 https://www.mofa.go.jp/mofaj/gaiko/oda/sanka/page22_001603.html

注4 https://www.mofa.go.jp/mofaj/gaiko/oda/press/event/page22_001008.html

注5 https://www.mofa.go.jp/mofaj/gaiko/oda/press/event/page24_000157.html

注6 https://www.mofa.go.jp/mofaj/gaiko/oda/press/event/page23_001348.html

吉川外務大臣政務官による挨拶の様子

影響にもかかわらず、グローバルフェスタへの参加者や出前講座の件数、動画再生回数など各種広報ツールへの国民の反応は着実に増しており、引き続き一層効果的な広報に努めていきます。

イ　ODAの実施・評価に関する情報公開

日本政府は、「ODA見える化サイト」 注17 をJICAホームページ上に設け、ODA事業の概要、成果および事前・事後評価などを随時掲載しています。また、外務省ホームページでは、新規ODA案件や統計資料などを掲載しているほか、政策・プログラムレベルのODA評価の結果なども公表 注18 しており、より効果的なODAの実施とODAに対する国民の理解および支持の促進に努めています。

ウ　開発教育の推進

外務省は、国内の教育機関やNGOなどで、ODAを始めとする国際協力について解説する「ODA出前講座」を開催し、過去7年間において合計190回の講座を開催し、約2万人の学生などの参加を得ました。JICAでもJICA海外協力隊経験者や教育委員会との連携を促進するほか、来日中のJICA研修員による出前講座を開催し、2021年度は前年度を上回る約1,800回、約15万人の参加を得ました。その他、国内拠点で学生の訪問を受け入れる「JICA訪問」、「JICA国際協力中学生・高校生エッセイコンテスト」を実施するほか、展示施設「地球ひろば」を提供するなど、国際協力の理解や参加の促進に努めています。

エ　議論や対話の促進

日本政府は、ODAを活用した支援について、NGOや企業、経済団体などに対する説明会を開催しています。また、国際協力をめぐる動きや日本の取組を紹介する講演など開催しており、外交やODAに関心を有する国民と対話する場を随時設けています。

(2) 開発協力人材・知的基盤の強化

日本政府は、国連関係機関で勤務する日本人職員数を2025年までに1,000人とする目標を掲げ、大学や国際機関駐日事務所などと連携しつつ、世界を舞台に活躍する人材の発掘・育成・キャリア構築を積極的に支援しています 注19 。「開発協力を担う人材の育成」（ODAに関する有識者懇談会提言）でも触れられているように、開発協力を担う人材を含めたグローバル人材の育成を喫緊の課題とし、高等教育機関の学生や既就職者などを対象に、国際機関の採用制度を説明するセミナーを国内外で開催しています。最近では主にオンラインで実施することにより、海外在住の現職の国際機関職員も登壇し、具体例を交えて紹介することが可能になっています。このほか、動画配信、国際機関の幹部や人事担当者によるセミナーの実施なども行っています。

また、日本政府は、ジュニア・プロフェッショナル・オフィサー（JPO）派遣制度を通じて（詳細は図表IV-3「日本人が国際機関職員になるための主な方法」を参照）、開発協力分野を含む国際機関で活躍する人材の育成に努めています（国際機関日本人職員の活躍については9ページを、JPOから国際機関職員となった方のキャリア紹介については152ページの「国際協力の現場から」も参照）。外務省はこれまでに

外務省職員によるODA出前講座の様子

注17 ODA見える化サイト：https://www.jica.go.jp/oda/
注18 ODA評価：https://www.mofa.go.jp/mofaj/gaiko/oda/kaikaku/hyoka.html
注19 外務省国際機関人事センター・ホームページ（https://www.mofa-irc.go.jp/）では、国際機関空席情報や国際機関で働くための様々な情報提供をしています。

ケニア・トゥルカナ郡の住民を対象とした干ばつに強い農作物を作る支援で、腐葉土詰め作業を行うIOMケニア事務所の山口香穂緊急支援・安定化担当官（JPO派遣制度を利用して、2020年からIOMケニア事務所に勤務）（写真：IOM）

累計1,900人以上、2021年度は56人のJPOを派遣しました。このほか、「平和構築・開発におけるグローバル人材育成事業」[注20] も実施しています（詳細は49ページの平和構築分野での人材育成を参照）。

JICAでは、国際協力キャリア総合情報サイト

「PARTNER」[注21] を通じ、省庁、JICAに加え、NGO、国際機関、企業および大学などの幅広い主体の国際協力に関する情報（求人および各種研修・セミナーなど）を一元的に発信しているほか、人材の登録、キャリア相談などを行っています。さらには、開発協力に関わりの深い研究を行い、将来同分野で活躍する意思を持っている大学院生などに対し、インターンシップを実施しています。また、JICAは、国際協力専門員制度により、高い専門的な能力と途上国での豊富な業務経験を持つ人材を確保するとともに、人材育成のため、ジュニア専門員の採用や、能力強化研修なども実施しています。

JICA緒方貞子平和開発研究所[注22] では、開発協力の現場で得られた知見を分析、総合してJICAの事業にフィードバックさせ、人間の安全保障の実現およびSDGsの達成に貢献するとともに、人材育成にも寄与しています。

図表IV-3	日本人が国際機関職員になるための主な方法		
	空席公募*	JPO派遣制度**	国際機関側の若手育成・採用制度
実施機関	各国際機関	外務省	国連事務局、世界銀行など
年齢制限	特になし	35歳以下	制度による
求められる学歴	修士号以上（※学士号＋追加的な職歴2年で応募可能なポストもある。）	修士号以上	制度による
求められる職歴	2年以上	2年以上	制度による
ポイント	毎日多くの国際機関から様々な空席公募が出るので、随時応募することができる。	正規の職員になるには、JPO任期後に空席公募を通じて採用される必要がある。	国連事務局、OECDや世界銀行グループが実施するヤング・プロフェッショナル・プログラム（YPP）を始め、国際機関が実施する若手育成・採用プログラムが存在する。

（注）
* 国際機関職員の任期満了などによって空きが生じた場合に国際的に公募されるポストのこと。ポストの条件に自身の経歴などを照らし合わせて応募する。
** 若手の日本人を原則2年間、国際機関に職員として派遣し、必要な知識・経験を積んでもらい、派遣後の正規採用を目指す制度。国連関係機関で働く専門職以上の日本人職員のうち、半数近くは外務省の実施するJPOの経験者であり、若手日本人が国際機関職員を目指すうえで非常に有効な手段。世界銀行グループのJPOのように、外務省以外が実施するJPOも存在する。

★それぞれの制度の詳細は下記ホームページをご覧ください。
空席公募：https://www.mofa-irc.go.jp/boshu/open-recruitment.html
JPO派遣制度：https://www.mofa-irc.go.jp/jpo/seido.html
国際機関側の若手育成・採用制度（YPP）：https://www.mofa-irc.go.jp/apply/ypp.html

[注20] 平和構築・開発におけるグローバル人材育成事業：https://www.mofa.go.jp/mofaj/gaiko/peace_b/j_ikusei_shokai.html
[注21] 国際協力キャリア総合情報サイト「PARTNER」：http://partner.jica.go.jp/
[注22] 2020年4月1日、JICA研究所は緒方貞子氏によるJICA研究所の設立趣旨を継承・発展させ、世界の平和と開発への知的貢献を強化するためにJICA緒方貞子平和開発研究所に名称を変更。

国際機関で活躍する日本人職員の声
～ベトナムの社会的弱者の支援～

「国をまたぐ仕事がしたい」「留学したい」。伝統的観念が強い日本の田舎町で、「女は大学に行かなくてもいい」と言われて育った中学生の頃、漠然とそう考えていました。

進学は両親の理解と支援もあり、横浜市立大学国際関係課程へ。「留学してもどうするのだ」という反対の声もある中、米国のインディアナ大学政治学部への留学を決行し、卒業しました。その後、アジア経済研究所開発スクールからの奨学金を得て、ロンドンスクールオブエコノミクスで人口学の修士号を取得。後にスキルアップのために英国のウォーリック大学でMBAを取得しました。

国連に初めて飛び込んだのは、ジュニア・プロフェッショナル・オフィサー（JPO）派遣制度[注1]で国連人口基金（UNFPA）ザンビア事務所への赴任がきっかけでした。当時は私も26歳と若く、「あなたは経験が無いですが、国連で何ができるのですか」と面接で聞かれ、「経験が無くフレッシュな私に価値があるのです」と返答したのを覚えています。生意気な口を利く若造だったと反省しています。その後、UNFPAの正規職員として採用され、ニューヨーク本部、南アフリカ事務所次長、モンゴル事務所所長を経て、現在はベトナム事務所の所長を務めています。また、これまでのキャリアパスとして、国連開発計画（UNDP）モザンビーク事務所およびマラウイ事務所への次長職としての出向、JICAでの平和構築およびコンゴ民主共和国の担当なども経験しました。

ベトナムでの仕事は、私にとって「幸福」以外の何ものでもありません。国連が掲げる持続可能な開発目標（SDGs）の下、「誰一人取り残さない」というスローガン

ベトナムの国連ビル前に設置された日本政府支援によるDV被害者ホットラインの開設案内

UNFPAが支援する少数民族地域の産婦人科にて赤ちゃんを抱く筆者

をモットーに、国の成長過程で忘れられがちな社会的弱者を守ることが私の仕事です。例えば、ベトナムの少数民族地域の妊婦は、病院から遠く出産前検診もままならず自宅で出産し、適切な医療ケアを受けられず命を落とすケースが多くあります。また、男性社会が根強いベトナムでの女性に対するDV被害は深刻です。高齢者も、社会保護制度が脆弱なため、貧困状態に陥りやすいです。そのような社会的弱者の「声」に耳を傾け、近年では日本政府からの支援も受けながら、社会的弱者に対して、資金面または技術面からの支援を行っています。また、ベトナム政府が適切な政策を取れるように、国連の中立的な立場をいかし、国際的見解とエビデンスに基づいた政策提言をし、国の決定プロセスに緊密に関与しています。

国連には、とても優秀で経験豊富な職員が数多く在籍しています。そういう先輩や仲間たちに支えられて今の自分があります。また、国連は福利厚生が充実しており、キャリアと子育ての両立に対する理解もあるため、ワーク・ライフ・バランスが取れた働き方ができます。

今日の不安定な世界情勢の中、アジア地域の先進国として、国際社会が日本に求める役割は日増しに高まっていると感じます。日本の若い世代には、世界との距離が近い今、海外への興味を持って世界に羽ばたいて欲しい、と切に願います。

国連人口基金（UNFPA）ベトナム事務所所長　北原直美

注1　詳細は151ページの図表IV-3を参照。

3 開発協力の適正性確保のための取組

ODAを中心とする開発協力は、開発途上国の開発、成長だけでなく、日本と途上国との間の友情と信頼関係の確かな絆（きずな）を築くとともに、国際社会における日本の地位の向上や、日本自身の平和と繁栄の確保に大いに貢献してきました。その一方で、ODA事業に関連して不正が行われたことや、不測の事態によって十分な援助効果が上げられなかったり、遅れが生じたりしたこともあります。

日本政府は、こうした経験を将来への教訓とするため、評価制度の整備、透明性の向上、事業管理プロセスの改善、受入国や市民社会を含む幅広い関係者との対話の実施など、様々な努力を続けてきました。日本政府は、今後もより効果的で適正な開発協力の実施に向けた不断の努力を行っていきます。

また、環境・社会面に配慮した案件の実施のため、JICAでは、開発協力の適正性を確保する取組の一環として、環境社会配慮ガイドラインを定めています。2022年、気候変動の脅威に対する国際社会の対応や環境社会配慮の質の向上に資する取組を踏まえ、同ガイドラインの改正を行いました。

（1）不正行為の防止

ODA事業に関連した不正行為は、適正かつ効果的な実施を阻害するのみならず、国民の税金を原資とするODAへの信頼を損なうものであり、絶対に許されるものではありません。

外務省およびJICAは、過去に発生した不正行為の教訓を踏まえつつ、これまで、監視体制の強化（不正腐敗情報に係る窓口の強化、第三者検査の拡大など）、ペナルティの強化（排除措置期間の上限引上げ、違約金の引上げ、重大な不正行為を繰り返した企業に対する減点評価の導入など）、および排除措置の対象拡大（措置対象者の企業グループや、措置期間中の者から事業譲渡などを受けた者も対象に加えるなど）を行い、不正行為を防止するための取組を強化してきました。

日本は、ODA事業に関連した不正行為は断じて許さないという強い決意の下、引き続き、不正行為の防止に向け、しっかりと取り組んでいきます。

（2）国際協力事業関係者の安全対策

ODA事業を中心とする開発協力の実施にあたっては、JICA関係者のみならず、ODAに携わる企業、NGOなど全ての国際協力事業関係者の安全確保が大前提です。2022年は、新型コロナウイルス感染症に対する水際措置や行動制限の緩和・撤廃が世界的に進みました。外務省およびJICAは、こうした状況においても油断することなく、海外渡航に伴う適正なリスク評価と適切な感染予防・感染拡大防止策を継続し、JICA海外協力隊を含む国際協力事業関係者の安全確保に努め、事業推進に尽力しました。

また、2016年7月のバングラデシュ・ダッカ襲撃テロ事件後、関係省庁、政府関係機関および有識者が参加した国際協力事業安全対策会議での再検証の結果公表された「最終報告」 注23 を受け、外務省およびJICAは、同報告書に記載された安全対策 注24 の実施に取り組むとともに、国際協力事業関係者の安全対策の実効性を確保するための対応を継続・強化しています。最終報告以降に常設化された2022年の同会議では、最近のテロ情勢および治安状況を含む世界情勢の変化を踏まえ、国際協力事業関係者の安全対策に関する取組などについて議論を行いました。

新型コロナの感染拡大下においてもテロのリスクは減っていないことから、2022年4月、外務省は、国際協力事業関係者を含む国民の海外での安全対策強化のために活用してきた「ゴルゴ13の中堅・中小企業向け海外安全対策マニュアル」に、感染症流行下での

©さいとう・たかを

注23 https://www.mofa.go.jp/mofaj/gaiko/oda/about/keitai/page22_000120.html
注24 （1）脅威情報の収集・分析・共有の強化、（2）事業関係者およびNGOの行動規範、（3）ハード・ソフト両面の防護措置、研修・訓練の強化、（4）危機発生後の対応、および（5）外務省・JICAの危機管理意識の向上・態勢の在り方の5点。

テロといった「複合化したリスク」への対策の必要性を訴えるエピソードと解説の動画を追加し、公開しました。また、2022年10月より、LINEサービス上で、「デューク東郷からの伝言」との形でゴルゴ13を交えた安全対策の啓発・マメ知識の配信も行っています。

(3) ODAの管理改善と説明責任

日本はこれまで、ODAの管理改善と説明責任を果たすために、(ⅰ) PDCAサイクル（案件形成（Plan）、実施（Do）、評価（Check）、フォローアップ活動（Act））の強化、(ⅱ) プログラム・アプローチの強化、(ⅲ)「見える化」の徹底を進めてきました。

PDCAサイクルの強化について、日本は、(ⅰ) 全ての被援助国における国別開発協力方針の策定、(ⅱ) 開発協力適正会議の開催、(ⅲ) 個別案件ごとの指標の設定、(ⅳ) 評価体制の強化といった取組を進めています。

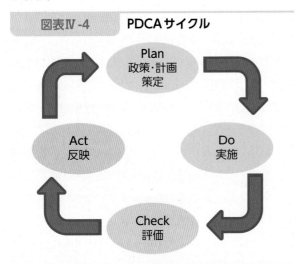

図表Ⅳ-4　PDCAサイクル

Plan
政策・計画
策定

Do
実施

Check
評価

Act
反映

より効果的・効率的なODAを行うためには、事業レベルだけではなく、政策レベルでPDCAサイクルを強化していくことが必要です。そのため、「行政機関が行う政策の評価に関する法律」に基づいて経済協力に係る施策などについて政策評価を実施 注25 するとともに、客観性や公平性を確保するため第三者によるODA評価を実施し、評価の結果から得られた提言

や教訓をODA政策にフィードバックすることで、ODAの管理改善を図っています 注26 。

第三者評価は、被援助国の開発に役立っているかという「開発の視点」に加え、日本の国益にとってどのような好ましい影響があるかという「外交の視点」から実施しています。

「開発の視点」では、ODA政策が日本の上位政策や国際的な優先課題、被援助国のニーズとの整合性（政策の妥当性）、実際にどのような効果が現れているか（結果の有効性）、政策の妥当性や結果の有効性が確保されるようなプロセスが取られていたか（プロセスの適切性）の3つの評価基準に基づいて評価を実施します。「外交の視点」では、日本の国益にどのように貢献することが期待されるか（外交的な重要性）、日本の国益の実現にどのように貢献したか（外交的な波及効果）の2つの基準に基づいて評価を実施しています。

2023年前半を目処に、新たな開発協力大綱の策定を予定していることに鑑み、2022年には、過去のODA評価案件を対象に開発協力大綱の主要項目に即してレビューを行い、今後のODA政策およびその実施に際して考慮すべき事項や新たに盛り込む視点などについて提言を示すことを目的として、「過去のODA評価案件（2015～2021年度）のレビュー」を実施しました。

評価結果は、外務省ホームページ 注27 で公表し、国民への説明責任を果たすとともに、ODAの透明性を高めてODAに対する国民の理解と支持を促進しています。

また、JICAも無償・有償資金協力および技術協力の各プロジェクトについての評価やテーマ別の評価を実施しています。JICAは、各プロジェクトの事前、実施中、事後まで一貫した評価を行うとともに、それぞれの援助手法に整合性のある評価の仕組みを確立しています。なお、一定金額以上の案件については、JICAは外部評価者による事後評価を実施しています。

注25 施策レベル以外にも、交換公文（E/N）供与限度額150億円以上の有償資金協力プロジェクト、およびE/N供与限度額10億円以上の無償資金協力プロジェクトについて事前評価を実施している。また、「未着手・未了案件（未着手案件とは、政策決定後、5年を経過した時点で貸付契約が締結されていない、あるいは貸付実行が開始されていない等の案件。未了案件とは、政策決定後10年を経過した時点で貸付実行が未了である等の案件を指す。）」の事後評価を行っている。

注26 政策レベルのODA評価（第三者評価）に加え、2017年度からは外務省が実施する無償資金協力についても、交換公文（E/N）供与限度額2億円以上の案件については内部評価を、10億円以上の案件については第三者評価を実施し、その結果を公表するとともに、これらの事後評価結果が次のODAの案件形成にいかされるよう努めている。

注27 http://www.mofa.go.jp/mofaj/gaiko/oda/kaikaku/hyoka.html

事業の効果を定量的に把握することも重要であり、インパクト評価 注28 の強化にも取り組んでいます。

外務省およびJICAが実施するODA評価は、主に経済協力開発機構（OECD）開発援助委員会（DAC）の評価基準 注29 を踏まえて実施しています。

（4）開発協力における性的搾取・虐待などに関する取組

近年、人道・開発支援における性的搾取・虐待およびセクシャルハラスメント（SEAH）への国際的な関心が高まっています。2018年10月に英国がSEAHに関する国際会議を主催し、日本を含む主要ドナーは取組の強化に関するコミットメントに署名しました。また、2019年7月には、OECD/DACにおいて、「開発協力と人道支援における性的搾取・虐待・セクシャルハラスメントの撲滅に関するDAC勧告」が採択されました。

こうした動きを踏まえ、外務省では、研修などを通じた職員の啓発に加え、国民の理解促進のため、日本の基本的な立場や勧告の概要を外務省ホームページ 注30 に掲載しています。

JICAにおいても、SEAH撲滅に向けての理事長メッセージをホームページ 注31 に掲載するとともに、就業規則やJICA関係者の倫理等ガイドラインにSEAH防止を記載し、JICA事業に関わる幅広い関係者にSEAH防止の重要性を周知しています。また、相談窓口や、万一事案が発生した際の対応およびモニタリング体制の整備にも取り組んでいます。

また、2021年8月、2022年1月に実施された、NGO・外務省定期協議会連携推進委員会においても、SEAH撲滅が議題の一つとなり、これを受けて令和4年度の日本NGO連携無償資金協力の実施要領にSEAHの予防について盛り込むなどの対応をとっており、引き続き、国内との関係者とも連携しつつ、具体的な取組を検討しています。

2021年12月には、国連諸機関におけるSEAHの予防や対応の一層の取組を求める国連事務総長宛の共同書簡が、英国を中心とする有志国により発出され、日本（林外務大臣）も署名に加わりました。

第IV部

3 開発協力の適正性確保のための取組

注28 開発事業の効果を、統計学や計量経済学の手法を用いて検証する評価方法のこと。
注29 DAC評価基準：1991年から活用されてきた妥当性（Relevance）、有効性（Effectiveness）、効率性（Efficiency）、インパクト（Impact）、持続性（Sustainability）に、2019年12月に整合性（Coherence）が追加された。
注30 https://www.mofa.go.jp/mofaj/gaiko/oda/about/doukou/page24_000019.html
注31 https://www.jica.go.jp/information/info/2019/20191120_01.html

資料編

参考統計

1 2022 年度政府開発援助予算（当初予算）................ 158

(1) 政府開発援助予算の内訳 158

(2) 政府開発援助一般会計予算（政府全体）................ 158

(3) 政府開発援助事業予算（区分ごと）内訳（政府全体）... 159

(4) 政府開発援助事業予算の財源と援助形態別歳出項目 ... 160

(5) 省庁別政府開発援助予算推移（一般会計予算）......... 161

(6) 省庁別政府開発援助予算推移（事業予算）................ 161

2 2021 年の日本の政府開発援助実績 162

(1) 政府開発援助の援助形態別・通貨別実績（2021 年）... 162

(2) 二国間政府開発援助分野別配分（2021 年）............... 163

巻末資料

日本のウクライナ関連支援一覧：2022年3月〜12月 164

用語集 166

索引 170

1 2022年度政府開発援助予算 （当初予算）

（1）政府開発援助予算の内訳

（単位：億円、%）

区　　　分	2021年度			2022年度		
	予算額	増減額	伸び率	予算額	増減額	伸び率
一般会計予算	5,680	69	1.2	5,612	-68	-1.2
事業予算（純額）	17,357	1,670	10.6	15,736	-1,621	-9.3
事業規模（総額）	24,124	1,424	6.3	22,890	-1,234	-5.1
（参考）円／ドル・レート	108円			108円		

（注）
・本図表において「増減額」および「伸び率」は、1億円未満の単位で計算しているため、表中の数字での計算結果と合致しない場合がある。

（2）政府開発援助一般会計予算 （政府全体）

（単位：億円、%）

区　　　分	2021年度			2022年度		
	予算額	増減額	伸び率	予算額	増減額	伸び率
Ⅰ　贈　　与	5,209	65	1.3	5,141	-69	-1.3
1.二国間贈与	4,192	-3	-0.1	4,124	-68	-1.6
（1）経済開発等援助	1,632	—	—	1,633	1	0.1
（2）技術協力	2,550	-1	-0.0	2,481	-69	-2.7
（3）その他	10	-2	-16.7	10	—	—
2.国際機関への出資・拠出	1,017	68	7.2	1,017	-1	-0.1
（1）国連等諸機関	711	67	10.4	713	2	0.3
（2）国際開発金融機関	306	1	0.4	303	-3	-0.9
Ⅱ　借　　款	470	4	0.9	471	1	0.1
JICA（有償資金協力部門）	470	4	0.9	471	1	0.1
Ⅲ　計	5,680	69	1.2	5,612	-68	-1.2

（注）
・本図表において「増減額」および「伸び率」は、1億円未満の単位で計算しているため、表中の数字での計算結果と合致しない場合がある。
・四捨五入の関係上、合計が一致しないことがある。

（3）政府開発援助事業予算（区分ごと）内訳（政府全体）

（単位：億円、%）

区　　分	2021年度			2022年度		
	予算額	増減額	伸び率	予算額	増減額	伸び率
Ⅰ　贈　与	9,053	449	5.2	8,623	-430	-4.7
1．二国間贈与	4,860	-30	-0.6	4,777	-83	-1.7
（1）経済開発等援助	1,632	—	—	1,633	1	0.1
（2）技術協力	3,218	-28	-0.9	3,134	-84	-2.6
（3）その他	10	-2	-16.7	10	—	—
2．国際機関への出資・拠出	4,192	478	12.9	3,846	-347	-8.3
（1）国連等諸機関	1,160	98	9.2	1,163	2	0.2
（2）国際開発金融機関	3,032	381	14.4	2,683	-349	-11.5
Ⅱ　借　款	15,071	975	6.9	14,268	-804	-5.3
（1）JICA（有償資金協力部門）	15,000	1,000	7.1	14,200	-800	-5.3
（2）その他	71	-25	-25.8	68	-4	-5.2
Ⅲ　計（事業規模）	24,124	1,424	6.3	22,890	-1,234	-5.1
（参考）回収金	-6,767	—	—	-7,154	—	—
純　額	17,357	1,670	10.6	15,736	-1,621	-9.3

（注）
・本図表において「増減額」および「伸び率」は、1億円未満の単位で計算しているため、表中の数字での計算結果と合致しない場合がある。
・四捨五入の関係上、合計が一致しないことがある。

（4）政府開発援助事業予算の財源と援助形態別歳出項目

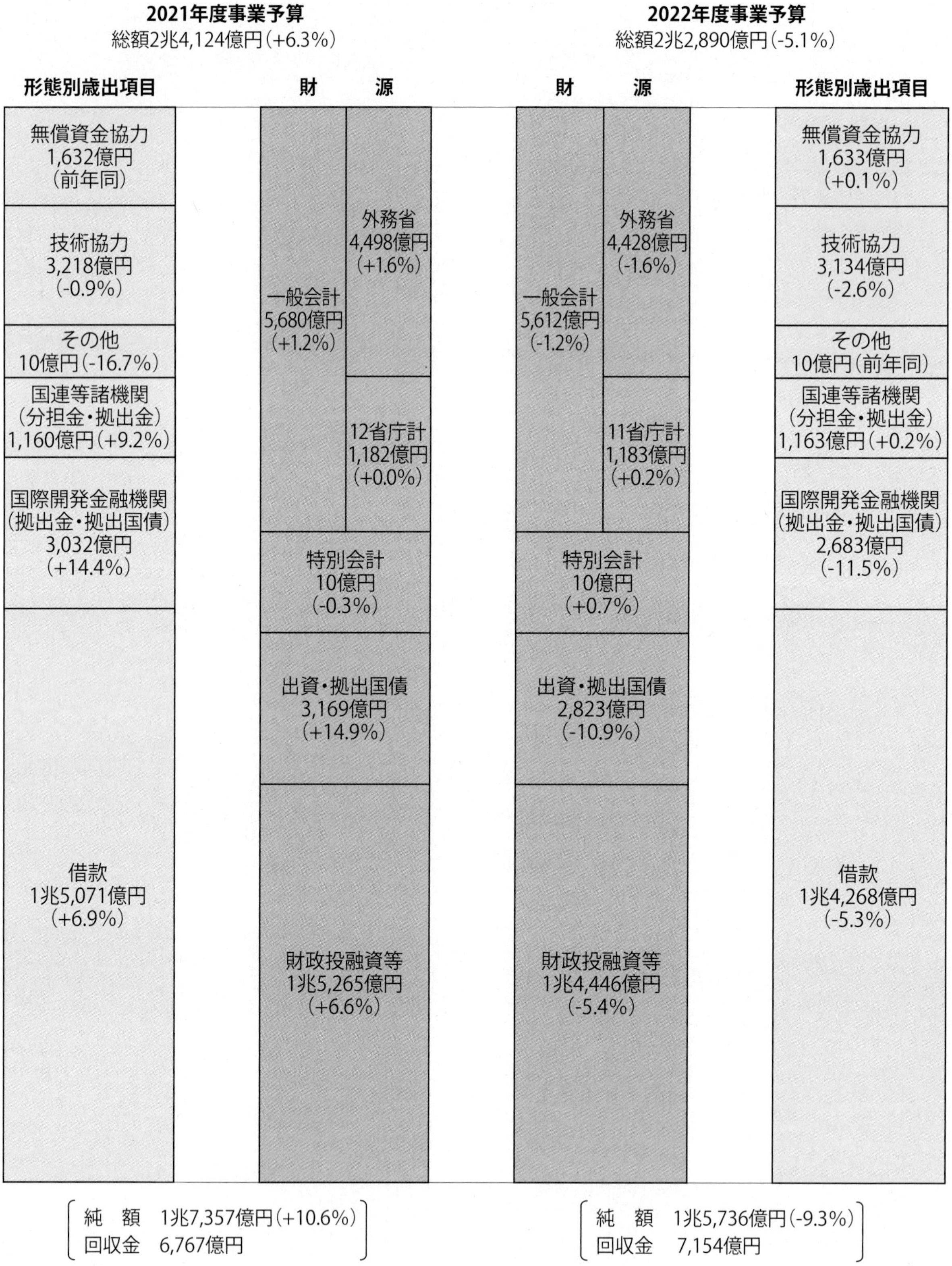

2021年度事業予算
総額2兆4,124億円（+6.3%）

2022年度事業予算
総額2兆2,890億円（-5.1%）

形態別歳出項目（2021年度）

無償資金協力	1,632億円（前年同）
技術協力	3,218億円（-0.9%）
その他	10億円（-16.7%）
国連等諸機関（分担金・拠出金）	1,160億円（+9.2%）
国際開発金融機関（拠出金・拠出国債）	3,032億円（+14.4%）
借款	1兆5,071億円（+6.9%）

財源（2021年度）

一般会計 5,680億円（+1.2%）	外務省 4,498億円（+1.6%）
	12省庁計 1,182億円（+0.0%）
特別会計	10億円（-0.3%）
出資・拠出国債	3,169億円（+14.9%）
財政投融資等	1兆5,265億円（+6.6%）

財源（2022年度）

一般会計 5,612億円（-1.2%）	外務省 4,428億円（-1.6%）
	11省庁計 1,183億円（+0.2%）
特別会計	10億円（+0.7%）
出資・拠出国債	2,823億円（-10.9%）
財政投融資等	1兆4,446億円（-5.4%）

形態別歳出項目（2022年度）

無償資金協力	1,633億円（+0.1%）
技術協力	3,134億円（-2.6%）
その他	10億円（前年同）
国連等諸機関（分担金・拠出金）	1,163億円（+0.2%）
国際開発金融機関（拠出金・拠出国債）	2,683億円（-11.5%）
借款	1兆4,268億円（-5.3%）

純　額　1兆7,357億円（+10.6%）
回収金　6,767億円

純　額　1兆5,736億円（-9.3%）
回収金　7,154億円

（注）各々の計数において億円未満を四捨五入している。

（5）省庁別政府開発援助予算推移（一般会計予算）

（単位：百万円、%）

区分	2021年度	2022年度		
	予算額	予算額	増減額	伸び率
内閣本府	19	―	―	―
警察庁	19	18	-0	-1.5
金融庁	189	191	3	1.5
総務省	819	842	23	2.8
法務省	357	368	11	3.1
外務省	449,798	442,821	-6,977	-1.6
財務省	78,023	77,814	-209	-0.3
文部科学省	17,119	17,561	442	2.6
厚生労働省	6,229	6,292	63	1.0
農林水産省	2,599	2,554	-45	-1.7
経済産業省	11,978	11,902	-76	-0.6
国土交通省	315	310	-5	-1.6
環境省	492	492	-0	-0.0
計	567,955	561,164	-6,790	-1.2

（注）
・本図表において「増減額」および「伸び率」は、百万円未満の単位で計算しているため、表中の数字での計算結果と合致しない場合がある。
・四捨五入の関係上、合計が一致しないことがある。

（6）省庁別政府開発援助予算推移（事業予算）

（単位：百万円、%）

区分	2021年度	2022年度		
	予算額	予算額	増減額	伸び率
内閣本府	19	―	―	―
警察庁	19	18	-0	-1.5
金融庁	189	191	3	1.5
総務省	819	842	23	2.8
法務省	357	368	11	3.1
外務省	494,058	487,081	-6,977	-1.4
財務省	1,870,030	1,753,624	-116,406	-6.2
文部科学省	17,119	17,561	442	2.6
厚生労働省	6,620	6,661	41	0.6
農林水産省	9,736	9,319	-417	-4.3
経済産業省	12,621	12,573	-48	-0.4
国土交通省	315	310	-5	-1.6
環境省	492	492	-0	-0.0
計（事業規模）	2,412,393	2,289,040	-123,352	-5.1
（参考）回収金	-676,715	-715,438	―	―
純　額	1,735,678	1,573,602	-162,075	-9.3

（注）
・本図表において「増減額」および「伸び率」は、百万円未満の単位で計算しているため、表中の数字での計算結果と合致しない場合がある。
・四捨五入の関係上、合計が一致しないことがある。

2 2021年の日本の政府開発援助実績

（1）政府開発援助の援助形態別・通貨別実績（2021年）

2021年（暦年） 援助形態	ドル・ベース（百万ドル）			円ベース（億円）		
	実　績	前年実績	増減率 （%）	実　績	前年実績	増減率 （%）
無償資金協力	1,164.70	1,290.78	-9.8	1,278.44	1,378.07	-7.2
債務救済	—	—	—	—	—	—
国際機関等経由	2,095.70	1,793.62	16.8	2,300.35	1,914.92	20.1
技術協力	2,425.63	2,405.31	0.8	2,662.50	2,567.97	3.7
贈与計	5,686.03	5,489.72	3.6	6,241.29	5,860.96	6.5
政府貸付等（貸付実行額：総額）	12,126.28	11,417.36	6.2	13,310.45	12,189.44	9.2
（回収額）	6,186.94	6,643.84	-6.9	6,791.11	7,093.12	-4.3
（債務救済を除く回収額）	6,186.94	6,643.84	-6.9	6,791.11	7,093.12	-4.3
（純額）	5,939.34	4,773.52	24.4	6,519.33	5,096.32	27.9
（債務救済を除く純額）	5,939.34	4,773.52	24.4	6,519.33	5,096.32	27.9
二国間政府開発援助計（総額ベース）	17,812.31	16,907.08	5.4	19,551.74	18,050.40	8.3
二国間政府開発援助計（純額ベース）	11,625.37	10,263.24	13.3	12,760.62	10,957.28	16.5
国際機関向け贈与	3,474.15	2,503.71	38.8	3,813.41	2,673.03	42.7
国際機関向け政府貸付等（貸付実行額）	670.53	913.24	-26.6	736.01	975.00	-24.5
国際機関向け拠出・出資等計	4,144.68	3,416.96	21.3	4,549.42	3,648.03	24.7
政府開発援助計（支出総額）	21,956.99	20,324.03	8.0	24,101.16	21,698.43	11.1
政府開発援助計（支出純額）	15,770.05	13,680.19	15.3	17,310.05	14,605.30	18.5
名目GNI値（単位：10億ドル、10億円）	5,127.65	5,223.48	-1.8	562,838.40	557,671.60	0.9
対GNI比（%）（純額ベース）	0.31	0.26		0.31	0.26	

（注）
・換算率：2020年＝106.7624円/ドル、2021年＝109.7653円/ドル(OECD-DAC指定レート)。
・ここでいう「無償資金協力」は、日本が実施している援助形態としての無償資金協力ではない。
・「開発途上地域」指定国向け援助を含む。

（2）二国間政府開発援助分野別配分（2021年）

2021年（暦年）

（約束額ベース、単位：百万ドル）

分野＼形態	無償資金協力	技術協力	贈与計	政府貸付等	二国間ODA	構成比(%)
Ⅰ．社会インフラおよびサービス	1,730.55	573.27	2,303.82	1,981.93	4,285.76	27.81
1．教育	199.11	299.47	498.58	－	498.58	3.24
2．保健	942.63	99.40	1,042.04	722.08	1,764.12	11.45
3．人口政策およびリプロダクティブ・ヘルス	16.52	14.96	31.48	－	31.48	0.20
4．水と衛生（上下水道等）	161.20	64.54	225.74	986.54	1,212.29	7.87
5．政府と市民社会	270.79	39.72	310.51	－	310.51	2.02
6．その他社会インフラおよびサービス	140.30	55.19	195.48	273.31	468.79	3.04
Ⅱ．経済インフラおよびサービス	375.94	206.50	582.44	4,929.54	5,511.98	35.77
1．輸送および貯蔵	317.19	135.18	452.37	2,877.13	3,329.50	21.61
2．通信	3.33	18.44	21.77		21.77	0.14
3．エネルギー	49.64	26.87	76.51	2,004.24	2,080.74	13.50
4．銀行および金融サービス	4.14	7.65	11.79	48.17	59.96	0.39
5．ビジネス支援	1.64	18.37	20.01	－	20.01	0.13
Ⅲ．生産セクター	112.12	275.35	387.47	911.79	1,299.26	8.43
1．農林水産業	87.56	146.65	234.21	168.28	402.49	2.61
1）農業	57.46	111.42	168.88	168.28	337.16	2.19
2）林業	2.74	24.53	27.28	－	27.28	0.18
3）漁業	27.36	10.70	38.06		38.06	0.25
2．工業・鉱業・建設業	17.90	87.54	105.44	743.51	848.95	5.51
1）工業	15.62	85.25	100.88	743.51	844.39	5.48
2）鉱物資源および鉱業	－	2.28	2.28	－	2.28	0.01
3）建設業	2.28	－	2.28		2.28	0.01
3．貿易および観光	6.66	41.16	47.82	－	47.82	0.31
1）貿易	6.10	34.81	40.91	－	40.91	0.27
2）観光	0.56	6.35	6.91	－	6.91	0.04
Ⅳ．マルチセクター援助	539.31	587.43	1,126.74	158.95	1,285.70	8.34
1．環境保護（環境政策、生物多様性等）	27.34	17.99	45.34	－	45.34	0.29
2．その他マルチセクター（都市・地方開発等）	511.97	569.43	1,081.41	158.95	1,240.36	8.05
Ⅴ．商品援助／一般プログラム援助	76.07	－	76.07	1,199.12	1,275.19	8.28
1．一般財政支援	9.11	－	9.11	1,199.12	1,208.23	7.84
2．食糧援助	66.37	－	66.37	－	66.37	0.43
3．輸入支援	0.59	－	0.59	－	0.59	0.00
Ⅵ．債務救済*1	－	－	－	－	－	－
Ⅶ．人道支援（緊急食糧援助、復興、防災等）	487.48	7.50	494.98	455.52	950.50	6.17
Ⅷ．行政経費等	10.36	790.92	801.28	－	801.28	5.20
総　合　計	3,331.83	2,440.98	5,772.81	9,636.85	15,409.66	100.00

	無償資金協力	技術協力	贈与計	政府貸付等	二国間ODA	構成比(%)
人間の基礎生活分野（BHN）	2,371.96	727.43	3,099.39	2,605.73	5,705.12	37.02

（注）
・四捨五入の関係上、合計が一致しないことがある。
・人間の基礎生活分野（BHN）は上記の項目のうちⅠ.社会インフラ、Ⅲ.1農林水産業、Ⅴ.2食糧援助、Ⅶ.人道支援を加えたもの
　BHN：Basic Human Needs　人間の基礎生活分野（衣食住や教育など人間としての基本的な生活を営む上で最低限必要なもの）。
・本データはDACの基準に基づく。

＊1 「Ⅵ．債務救済」は、既に供与した政府貸付等の返済条件等を変更するものであって新規に資金を供与するものではない。

3月		
11日	緊急人道支援　国連難民高等弁務官事務所（UNHCR）：2,560万ドル シェルター、生活必需品、避難民等の保護	
	緊急人道支援　赤十字国際委員会（ICRC）：1,510万ドル 保健・医療、生活必需品、水・住宅、避難民等の保護	
	緊急人道支援　国連児童基金（UNICEF）：1,420万ドル こどもの保護、保健・医療、水・衛生、教育	
	緊急人道支援　国連世界食糧計画（WFP）：1,400万ドル 食料、ロジスティクス	
	緊急人道支援　国際移住機関（IOM）：1,200万ドル シェルター、生活必需品、保健・医療	
	緊急人道支援　国連人道問題調整事務所（OCHA）：500万ドル 機関間調整、ウクライナ人道基金（UHF）	
	緊急人道支援　ジャパン・プラットフォーム（JPF）（日本のNGO）：1,410万ドル 保健・医療、食料、生活必需品、水・衛生、シェルター、避難民等の保護	
19日	ウクライナ避難民に係る緊急人道支援・保健医療分野協力ニーズ調査団のモルドバへの派遣（JICA）	
8日～	ウクライナへの自衛隊の装備品および物品の贈与　＊自衛隊法に基づく支援	
4月		
1日	ウクライナ被災民に係る物資協力　＊国際平和協力法に基づく支援	
5日	緊急人道支援　UNHCR：1,450万ドル 生活必需品、一時的避難施設、保護（避難民の安全な移動、女性とこどものニーズに配慮した保護態勢の強化）	
	緊急人道支援　WFP：1,400万ドル 食料	
	緊急人道支援　UNICEF：1,000万ドル こどもの保護、保健・医療、栄養、教育	
	緊急人道支援　ICRC：1,000万ドル 保健・医療、生活必需品、水・住宅、避難民等の保護、地雷・不発弾の処理・対応	
	緊急人道支援　世界保健機関（WHO）：950万ドル 保健・医療（医薬品、医療用個人防護具（PPE）、医療機器等供与）	
	緊急人道支援　国際赤十字・赤新月社連盟（IFRC）：800万ドル 保健・医療、水・衛生、住民の避難支援	
	緊急人道支援　IOM：800万ドル 保健・医療、保護（人身取引対策、国内避難民データ調査、人道的国境管理、性的搾取と虐待からの保護等）、水・衛生	
	緊急人道支援　国連開発計画（UNDP）：450万ドル 保護（緊急的がれき除去、地雷・不発弾の処理・対応等）	
	緊急人道支援　JPF（日本のNGO）：1,850万ドル 保健・医療、食料、生活必需品、水・衛生、一時的避難施設、保護（心理・社会的支援）、教育	
	緊急人道支援　国連食糧農業機関（FAO）：300万ドル 農業生産の回復（農地への作付け等）	
	ウクライナ避難民に係る緊急人道支援・保健医療分野協力ニーズ調査団（第二次調査団）のモルドバへの派遣（JICA）	
28日	有償資金協力「緊急経済復興開発政策借款」（世界銀行との協調融資）：130億円（1億ドル）	
	無償資金協力「経済社会開発計画」：3億円 内視鏡等の保健・医療関連機材の供与、保健・医療体制の強化	

28日	ウクライナ被災民救援国際平和協力業務 ＊国際平和協力法に基づく支援
5月	
12日	ウクライナ政府の要請を受けた食料品などの支援：農林水産省
16日	ウクライナ避難民に係る緊急人道支援・保健医療分野協力ニーズ調査団（第三次調査団）のモルドバへの派遣（JICA）
26日	モルドバへの簡易超音波診断装置供与（JICA技術協力）
27日	ウクライナへの支援物資輸送のための緊急無償資金協力 国連プロジェクト・サービス機関（UNOPS）：166万ドル 日本国内の消防本部、民間団体・企業からの協力による消防・救助関連資機材、通信機器（総務省）
6月	
7日	有償資金協力「緊急経済復興開発政策借款」：650億円（5億ドル） ウクライナに対する緊急経済復興のための追加支援（政策借款）
29日～	「廃棄物管理向上」日本の廃棄物処理の知見・経験を共有するオンラインセミナーの開催（JICA技術協力）
7月	
5日	食料不足に直面する国々への食料支援および生産能力強化支援：50.87億円（約4,710万ドル） 二国間食糧援助・食料生産能力強化
	食料不足に直面する国々への食料支援および生産能力強化支援 WFP：39.03億円（約3,614万ドル） 食糧援助・食料生産能力強化
	食料不足に直面する国々への食料支援および生産能力強化支援 FAO：21.30億円（約1,972万ドル） 食料生産能力強化
	緊急食料支援およびウクライナからの穀物輸出促進支援 WFP：6,800万ドル 緊急食料・栄養支援
	緊急食料支援およびウクライナからの穀物輸出促進支援 国連パレスチナ難民救済事業機関（UNRWA）：500万ドル 緊急食料支援
	緊急食料支援およびウクライナからの穀物輸出促進支援 FAO：1,700万ドル ウクライナ国内の簡易的な穀物貯蔵能力の拡大を通じた穀物輸出促進支援
	緊急食料支援およびウクライナからの穀物輸出促進支援 JPF（日本のNGO）：1,000万ドル 緊急食料支援
9月	
16日	モルドバへのポータブル型超音波診断装置供与（JICA技術協力）
30日	モルドバへの新生児用人工呼吸器供与（JICA技術協力）
30日	ウクライナ地雷・不発弾対策支援に向けた情報収集・確認調査（JICA）
11月	
11日	緊急無償資金協力 WFP：1,400万ドル ソマリアにおけるウクライナ産小麦を活用した食料支援
22日	ウクライナにおける越冬支援のための緊急無償資金協力 UNHCR：257万ドル 発電機およびソーラー・ランタンの供与
12月	
2日	外務省令和4年度補正予算：ウクライナおよび周辺国支援：600億円
2日	外務省令和4年度補正予算：アジア、島嶼国、中東、アフリカ等の途上国向け支援：1,022億円

用語集 (2022年版)

アンタイド／タイド援助	アンタイド援助とは、経済協力開発機構（OECD）の開発援助委員会（DAC）の定義によれば、「OECD全加盟国および実質的にあらゆる援助受取国からの自由かつ十分な調達が可能であるような贈与または借款」とされている。タイド援助は、これらの調達先が援助供与国に限定されるなどの条件が付くものを指し、日本語では「ひもつき」援助と訳されることがある。2001年にDACで後発開発途上国（LDCs）向け援助のアンタイド化勧告が合意され（技術協力と食糧援助を除く、有償資金協力と無償資金協力が対象）、DACメンバー国に適用されている。同勧告の対象国は、2008年にLDCs以外の重債務貧困国（HIPCs）に、2018年にその他低所得国（OLICs）および世界銀行IDA融資のみの適格国（IDA-only countries and territories）にも拡大された。
援助協調	開発途上国の開発目標の達成のため、様々な援助主体が情報共有を行い、援助の戦略策定やプロジェクト計画・実施などにおいて活動を協調させ、途上国と共に効果的・効率的な開発協力を進めていくこと。案件ごとのドナー同士の連携・調整だけではなく、被援助国の開発政策に沿って、ドナーが共通の戦略や手続で支援を行う総合的な援助協調が世界各国で進められている。なお、近年、新興国や民間セクターなど、開発に関わるアクター（主体）が多様化していることから、主に先進国ドナー間の協調を指す「援助協調」に加え、「開発協力のためのパートナーシップ」や「開発協力のアクター（主体）間の連携」などの言葉も使われる。
ODAを活用した官民連携	民間企業の意見をODAの案件形成の段階から取り入れて、例えば、基礎インフラはODAで整備し、投資や運営・維持管理は民間で行うといったように、官民で役割分担し、より効率的・効果的な事業の実施を目指すもの。上下水道、空港、高速道路、鉄道などの分野での連携事例がある。JICAが行う企業提案型の民間連携事業としては、「海外投融資」の活用を前提とした事業の計画策定を支援する「協力準備調査（海外投融資）」、途上国の課題解決に貢献する日本の民間企業などのビジネスづくりを支援する「中小企業・SDGsビジネス支援事業」などがある。
開発協力大綱	日本が実施する開発協力の最上位の政策文書として、開発協力の理念、重点政策、実施の在り方などを定めたもの。1992年6月に策定後、2003年8月に改定された政府開発援助大綱（ODA大綱）を再度改定し、名称を「開発協力大綱」に変え、2015年2月に閣議決定された。2023年前半を目処に、新たな大綱の策定を予定している（xvページおよび23ページも参照）。
「開発途上地域」指定国	ODA対象国・地域に関するDACリスト（22ページ図表 I -10を参照）から卒業した国の中で、JICA法第3条（機構の目的）を踏まえ、「開発途上地域」に当たると整理を行い、日本として支援を継続している国。2022年12月現在、「開発途上地域」指定国には、アラブ首長国連邦、アンティグア・バーブーダ、ウルグアイ、オマーン、クウェート、クック諸島、サウジアラビア、セーシェル、セントクリストファー・ネービス、チリ、トリニダード・トバゴ、バハマ、バルバドス、バーレーン、ブルネイが該当する。
技術協力	日本の知識・技術・経験をいかし、途上国・地域の社会・経済の開発の担い手となる人材の育成を行う協力。
技術協力プロジェクト	専門家派遣、研修員受入、機材供与などを最適な形で組み合わせて途上国の関係機関と事業計画の立案、実施を一貫して計画的かつ総合的に実施する技術協力。
専門家派遣	日本から途上国へ専門家を派遣し、相手国の行政官や技術者に必要な技術や知識を伝えるとともに、これらの人々と協働して現地に適合した技術や制度の開発、啓発や普及などを行う事業。
	第三国専門家派遣 技術協力を効果的に実施するため、協力対象の途上国に他の途上国から専門家を派遣する事業。
研修員受入	途上国において指導的役割を担うことが期待されている行政官や技術者などに対して、各分野の技術研修、新知識の習得支援あるいは訓練を行うことを目的とする事業。
	第三国研修 途上国が日本の支援の下、優れた開発経験や知識・技術の移転・普及・定着などを目的に、他の途上国から人員を受け入れて実施する研修。

機材供与	技術協力プロジェクトや専門家の業務に係る技術協力などのために機材を供与すること。
開発計画調査型技術協力	途上国の政策立案や公共事業計画策定を支援することを目的に、調査の実施過程を通じ、相手国担当機関に調査・分析手法や計画の策定手法などの技術移転を図るもの。都市開発や運輸交通、主要インフラ分野における開発計画の策定などが主要な例。
地球規模課題対応国際科学技術協力プログラム（SATREPS）	41ページの用語解説を参照。
コストシェア技術協力	「開発途上地域」指定国のうち、引き続き日本の支援を必要とする開発課題を有する国を対象に行う技術協力。JICAを通じた開発協力によって日本がこれまで蓄積してきた経験も活用しながら、日本の質の高い技術・知識・経験を提供し、相手国政府に必要な経費を原則負担させる形で実施することにより、相手国の経済社会開発に寄与し、それらの国と日本との良好な二国間関係の維持および増進を図るとともに、日本のエネルギーの安定確保、日本企業に有利なビジネス環境の構築・インフラ輸出促進にも貢献することを目的としている技術協力。
基礎生活分野／人間の基本的ニーズ（BHN：Basic Human Needs）	食料、住居、衣服など、人間としての基本的な生活を営む上で必要最低限のもの。保健や教育なども含む。
国別開発協力方針（旧国別援助方針）	ODAの戦略性・効率性・透明性の向上に向けた取組の一環として、被援助国の政治・経済・社会情勢を踏まえ、当該国の開発計画や開発上の課題などを総合的に勘案して策定する日本のODA方針。
事業展開計画	国別開発協力方針の別紙として、実施決定から完了までの段階にある個別のODA案件を、国ごとに設定したODAの重点分野・開発課題・協力プログラムに分類して、一覧できるようにとりまとめたもの。被援助国および日本の関係者間で共有され、援助の予見可能性を高めることに役立つ資料として、毎年1回更新している。
グラント・エレメント	援助条件の緩やかさを示す指標。借款の利率、返済期間・回数、返済据置期間を反映し、パーセントで表示される。贈与はグラント・エレメント＝100％となる。数字が高いほど、緩やかさの程度が大きい。
経済協力開発機構（OECD）開発援助委員会（DAC）	OECDにおいて、開発援助に関する事柄を取り扱う委員会。2023年3月時点において、OECD加盟38か国のうち、30か国および欧州連合（EU）からなる。なお、2022年版開発協力白書におけるDAC諸国の各種支援実績は2021年のものであり、2021年においては29か国およびEU、2022年11月に新たにDACメンバー国となったリトアニアの支援実績は含まれない。
現地ODAタスクフォース	2003年度から、途上国における日本の開発協力を効果的・効率的に実施するため、大使館およびJICAを中心に、JETRO（日本貿易振興機構）、JBIC（国際協力銀行）などの現地事務所を主要な構成メンバーとして立ち上げられたタスクフォース。途上国の開発政策と日本の開発協力政策の調和を図り、相手国政府との政策協議や、他ドナーとの援助協調、要望調査を通じた案件形成、実施監理などを行っている。
国際開発金融機関（MDBs：Multilateral Development Banks）	途上国の貧困削減や持続的な経済・社会的発展を、金融支援や技術支援、知的貢献を通じて総合的に支援する国際機関の総称。一般的にMDBsと言えば、全世界を支援対象とする世界銀行グループ（World Bank Group）と、各所轄地域を支援するアジア開発銀行（ADB）、米州開発銀行（IDB）、アフリカ開発銀行（AfDB）、欧州復興開発銀行（EBRD）の4つの地域開発金融機関を指す。
国際協力機構（JICA）	国際協力事業団を前身とし、2003年10月1日に発足した独立行政法人。日本のODAの主な実施機関。2008年10月、これまで実施してきた技術協力に加え、国際協力銀行（当時）の海外経済協力部門が担当してきた有償資金協力（円借款など）、外務省が実施してきた無償資金協力に係る業務の一部が統合された。これによって、3つの援助手法を一元的に実施する総合的な援助実施機関となった。

国際協力銀行（JBIC）	2012年4月1日に日本政策金融公庫から分離して設立された、日本政府が全株式を保有する政策金融機関。一般の金融機関が行う金融を補完することを旨としつつ、（1）日本にとって重要な資源の海外における開発および取得の促進、（2）日本の産業の国際競争力の維持および向上、（3）地球温暖化の防止などの地球環境の保全を目的とする海外における事業の促進、（4）国際金融秩序の混乱の防止またはその被害への対処、の4つの分野について業務を行い、日本および国際経済社会への健全な発展に寄与することを目的としている。
国際緊急援助隊	国際緊急援助隊の派遣に関する法律に基づき、海外の地域、特に開発途上にある地域における大規模な自然災害や人為的災害（紛争起因の災害を除く）に対し、被災国政府などの要請に応じ、緊急援助活動を行う人員を派遣する事業。救助チーム、医療チーム、感染症対策チーム、専門家チームおよび自衛隊部隊の5種類がある（P50ページも参照）。
国際貧困ライン	世界銀行が定めている、貧困を定義するためのボーダーライン。全ての国の貧困層を同じ基準で測定するため、世界の最貧国数か国の国別貧困ライン（各国において、最低限必要な衣食住が確保できなくなる収入レベル）を共通の通貨価値に換算し、平均したもの。2015年に改定された最新の国際貧困ラインは、1日1.90ドルに設定されている。
債務救済	途上国の国際収支が悪化し、既存の債務の支払いが困難になった場合、支払期限が到来したか、または将来到来する債務の支払いを猶予し、一定期間にわたる分割返済を認めたり（債務繰延：リスケジュール）、これを免除（債務免除または債務削減）したりすること。
持続可能な開発のための2030アジェンダ（2030アジェンダ）／持続可能な開発目標（SDGs）	2015年9月に国連サミットで採択された、2030年までに持続可能でより良い世界を目指す国際目標。ミレニアム開発目標（MDGs：Millennium Development Goals）の後継として、保健や教育などのMDGsの残された課題や、環境問題や格差拡大などの新たに顕在化した課題に対応すべく策定された。17のゴールと169のターゲットからなる持続可能な開発目標（SDGs：Sustainable Development Goals）を掲げている。先進国を含むユニバーサル（普遍的）な目標であり、誰一人取り残さない社会の実現を目指し、経済・社会・環境をめぐる広範な課題に統合的に取り組むこととされている。
JICA海外協力隊	139ページの（2）JICA海外協力隊（JICAボランティア事業）を参照。
贈与相当額計上方式（GE：Grant Equivalent方式）	12ページ脚注10を参照。
BOP（Base of the Pyramid）ビジネス	途上国の貧困層を対象にした、社会的な課題解決に役立つことが期待されるビジネス。低所得層は約50億人、世界人口の約7割を占めるとも言われ、潜在的な成長市場として注目されている。低所得層を消費、生産、販売などのバリューチェーンに巻き込むことで、現地における様々な社会的課題の持続可能な解決に役立つことが期待される。
無償資金協力	途上地域の開発を主たる目的として同地域の政府などに対して行われる無償の資金供与による協力。国際社会のニーズに迅速かつ機動的に対応するための有効な手段であり、国際社会の安定確保や日本のリーダーシップ向上に資する大きな政策的効果がある。
経済社会開発計画	外務省が実施のために必要な業務を行う無償資金協力のうち、事業実施への資金供与ではなく物資輸入のための外貨支援を行うもの。調達代理機関を通じて調達を行う。
食糧援助	貧困削減を含む経済社会開発努力を実施している途上国に対し、食糧援助規約に関連して行われる食糧援助を実施するため、必要な生産物および役務の調達のための資金を贈与する無償資金協力。
草の根・人間の安全保障無償資金協力	人間の安全保障の理念を踏まえ、途上国における経済社会開発を目的とし、草の根レベルの住民に直接貢献する、比較的小規模な事業のために必要な資金を供与する無償資金協力（供与限度額は原則1,000万円以下）。NGOや地方公共団体などを対象としている。
日本NGO連携無償資金協力	日本の国際協力NGOが途上国・地域で実施する経済社会開発プロジェクトや、災害等復旧・復興支援プロジェクトなどに対する無償資金協力。
緊急無償資金協力	海外における自然災害や紛争の被災者・難民・避難民などを救援することを目的として、被災地で緊急援助活動を行う国際機関・赤十字や被災国政府に対し、緊急に実施される無償資金協力。

一般文化無償資金協力	74ページの用語解説を参照。
草の根文化無償資金協力	74ページの用語解説を参照。
有償勘定技術支援	円借款または海外投融資による有償資金協力の迅速・円滑な実施もしくは達成、またはその開発効果向上を目的として研修、専門家派遣、調査などをJICA有償資金協力勘定から実施するもの。
有償資金協力	開発途上地域の開発を主たる目的として、資金の供与の条件が開発途上地域にとって重い負担にならないよう、金利、償還期間などについて緩やかな条件が付された有償の資金供与による協力。開発途上地域の政府などに対して開発事業の実施に必要な資金、または当該開発途上地域の経済の安定に関する計画の達成に必要な資金を貸し付ける「円借款」と、日本国内または開発途上地域の法人などに対して開発事業に必要な資金を融資・出資する「海外投融資」がある。有償資金協力は、無償資金協力と比較して大規模な支援を行いやすく、途上国の経済社会開発に不可欠なインフラ建設などの支援に効果的である。また、途上国に返済義務を課すことで自助努力を促す効果を持つ。さらに、途上国と長期にわたる貸借関係を設定することにより、中長期にわたる安定的な関係の基礎が構築できる。
海外投融資	JICAが行う有償資金協力の一つで、途上国での事業実施を担う民間セクターの法人などに対して、必要な資金を出資・融資するもの。民間企業の途上国での事業は、雇用を創出し、経済の活性化につながるが、様々なリスクがあり、高い収益が望めないことも多いため、民間の金融機関から十分な資金が得られないことがある。海外投融資は、そのような事業に出資・融資することにより、途上国の開発を支援している。支援対象分野は、（1）インフラ・成長加速化、（2）SDGs・貧困削減、（3）気候変動対策を含む（詳細は136ページおよび137ページを参照）。

索引（2022年版）

あ

愛知目標 ……………………………………………… 79
アジア海賊対策地域協力協定 (ReCAAP：Regional Cooperation Agreement on Combating Piracy and Armed Robbery against Ships in Asia) ….. 53
アジア開発銀行 (ADB：Asian Development Bank) …………………… 29, 32, 60, 78, 80, 134, 167
アジア太平洋地域教育2030会合 (APMED2030) …. 67
アジア・太平洋電気通信共同体 (APT：Asia-Pacific Telecommunity) ……………………………… 38
アジア・太平洋水サミット ………………… 64, 65, 115
アジェンダ2063 ……………………………… 122, 123, 126
アセアン工学系高等教育ネットワーク (AUN/SEED-Net：ASEAN University Network/Southeast Asia Engineering Education Development Network) ……………………………………………… 144, 145
アフリカ稲作振興のための共同体 (CARD：Coalition for African Rice Development) ….. 8, 84, 86, 87, 127
アフリカ開発会議 (TICAD：Tokyo International Conference on African Development) …. 3, 8, 21, 24, 29, 36, 37, 41, 54, 58, 60, 67, 78, 80, 84, 86, 87, 88, 94, 119, 120, 122, 123, 124, 125, 127, 139, 145, 149
アフリカ開発銀行 (AfDB：African Development Bank) ………………………… 8, 37, 86, 123, 127, 167
アフリカのきれいな街プラットフォーム (ACCP：African Clean Cities Platform) ……………… 80, 124
アフリカの平和と安定に向けた新たなアプローチ (NAPSA：New Approach for Peace and Stability in Africa) ……………………………… 124, 125, 126
アフリカの民間セクター開発のための共同イニシアティブ (EPSA) ………………………… 36, 37, 127
アフリカ連合 (AU：African Union) ….. 122, 125, 127
アンタイド／タイド援助 ………………………… 166
アフリカの若者のための産業人材育成イニシアティブ (ABEイニシアティブ：African Business Education Initiative for Youth) …………… 41, 122, 127, 137

い

一村一品キャンペーン …………………………… 32, 33
一般特恵関税制度 (GSP：Generalized System of Preferences) ……………………………… 29
イノベーティブ・アジア ………………………… 40, 94
違法・無報告・無規制 (IUU：Illegal, Unreported, Unregulated) 漁業 ………………………… 75

インド太平洋に関するASEANアウトルック (AOIP：ASEAN Outlook on the Indo-Pacific) ……… 92, 96
インフラシステム輸出 ………………………… 110

う

宇宙航空研究開発機構 (JAXA：Japan Aerospace Exploration Agency) ……………………… 54, 124

え

栄養改善拡充のための日本信託基金 ……………… 85, 87
エビアン・アプローチ ………………………… 36
円借款 ……… 6, 18, 19, 31, 34, 36, 56, 88, 92, 98, 99, 100, 103, 107, 118, 120, 134, 135, 136, 137, 144
援助協調 ……………………………………… 166
エンパワーメント ……… 43, 48, 69, 70, 71, 125, 139, 145

お

欧州復興開発銀行 (EBRD：European Bank for Reconstruction and Development) ………… 6, 167
大阪ブルー・オーシャン・ビジョン …………………… 74
温室効果ガス …………… 75, 77, 78, 80, 88, 107, 136

か

海外交通・都市開発事業支援機構 (JOIN：Japan Overseas Infrastructure Investment Corporation for Transport & Urban Development) ……… 137
海外通信・放送・郵便事業支援機構 (JICT：Fund Corporation for the Overseas Development of Japan's ICT and Postal Services) ……………… 137
海外投融資 ………… 57, 93, 107, 134, 135, 136, 137
カイゼン ………………………………… 41, 94, 119, 120
開発協力大綱 ………………… 23, 28, 63, 154, 166
「開発途上地域」指定国 …12, 13, 110, 121, 131, 162, 166
開発計画調査型技術協力 ……………………… 167
海洋プラスチックごみ …………………… 74, 75, 93
顧みられない熱帯病 (NTDs：Neglected Tropical Diseases) ……………………………… 62
顔の見える開発協力／支援／援助 … 11, 106, 134, 139, 140, 148

科学技術イノベーション (STI：Science, Technology, and Innovation) ················ 37, 38, 88

科学技術振興機構 (JST：Japan Science and Technology Agency) ················ 41, 144

拡大HIPCイニシアティブ ················ 36, 37

カーボンニュートラル ················ 75, 78

カリブ共同体 (CARICOM：Caribbean Community) ················ 108

感染症対策 ···· 25, 42, 50, 56, 57, 58, 59, 60, 61, 62, 94, 98, 103, 114, 123, 141, 145

官民連携 (PPP：Public-Private Partnership) ／官民パートナーシップ ········ 43, 58, 60, 62, 107, 123, 134, 135, 137, 139, 166

緩和作業計画 ················ 77

き

気候変動 ········ 23, 25, 31, 46, 50, 54, 63, 65, 74, 75, 77, 78, 79, 80, 87, 88, 97, 98, 101, 103, 104, 105, 106, 110, 124, 136, 146, 153

気候変動枠組条約 (国際連合気候変動枠組条約) ········ 74, 75, 80

技術協力 ···· 6, 10, 12, 13, 18, 25, 29, 31, 32, 34, 35, 38, 39, 41, 42, 51, 52, 54, 55, 62, 64, 66, 68, 71, 76, 77, 79, 85, 86, 88, 89, 92, 93, 94, 95, 99, 100, 107, 108, 109, 112, 115, 117, 118, 119, 120, 121, 122, 123, 128, 137, 141, 142, 143, 144, 154, 158, 159, 160, 162, 163, 165

基礎教育 ················ 66, 72, 73, 120, 127

基礎生活分野 (BHN：Basic Human Needs) ··· 163, 167

教育のためのグローバル・パートナーシップ (GPE：Global Partnership for Education) (旧称：FTI (ファスト・トラック・イニシアティブ)) ········ 66, 67, 69

教育2030行動枠組 ················ 66, 69

協力準備調査 ················ 135, 136, 137

京都コングレス ≫ 第14回国際連合犯罪防止刑事司法会議 ················ 43

京都宣言 ················ 43

緊急対応基金 (CFE：Contingency Fund for Emergencies) ················ 58, 62

緊急無償資金協力 ···· 4, 5, 8, 10, 48, 50, 99, 100, 108, 120, 165

金融活動作業部会 (FATF：Financial Action Task Force) ················ 52

く

草の根技術協力 ········· 95, 117, 141, 142, 143, 144

草の根・人間の安全保障無償資金協力 ····· 6, 24, 72, 91, 106, 135

草の根・メコンSDGsイニシアティブ ················ 95

グッド・ガバナンス ················ 35, 43, 45

国が決定する貢献 (NDC：Nationally Determined Contribution) ················ 75, 80

国別開発協力方針 ················ 154, 167

熊本水イニシアティブ ················ 64, 65, 115

グラント・エレメント ················ 167

グリーン・メコン ················ 97

グローバル・インフラ投資パートナーシップ (PGII：Partnership for Global Infrastructure and Investment) ················ 28, 145

グローバル・ゲートウェイ戦略 ················ 28

グローバル・サウス ················ 3, 7

グローバル・ファイナンシング・ファシリティ (GFF：Global Financing Facility) ················ 85, 87

グローバルファンド ················ 60, 61, 123, 146

グローバルフェスタJAPAN ················ 148, 149, 150

グローバルヘルス・アーキテクチャー (国際保健の枠組み) ················ 56, 58, 60

グローバルヘルス戦略 ················ 58

け

経済協力開発機構 (OECD：Organisation for Economic Co-operation and Development) ········ 12, 13, 15, 17, 18, 19, 20, 21, 22, 28, 29, 32, 33, 146, 151, 155

経済協力開発機構開発援助委員会 (OECD/DAC) ／DAC：Development Assistance Committee ········ 12, 13, 15, 16, 17, 18, 19, 20, 21, 22, 146, 155, 167

経済協力開発機構 (OECD) 開発センター ················ 21

経済社会開発計画 (旧ノン・プロジェクト無償資金協力) ················ 164, 168

経済連携協定 (EPA：Economic Partnership Agreement) ················ 29, 33

結核 ················ 60, 61, 108

健康危機プログラム ················ 58, 62

現職参加 ················ 139, 140

現地ODAタスクフォース ················ 167

こ

公衆衛生危機 ················ 58, 59, 123

公正なエネルギー移行パートナーシップ (JETP：Just Energy Transition Partnership) ················ 77

後発開発途上国 (LDCs：Least Developed Countries) ················ 22, 29, 33, 92

コールド・チェーン ········ 57, 58, 103, 108, 120, 123

国際移住機関 (IOM：International Organization for Migration) …2, 3, 48, 52, 99, 108, 147, 151, 164

国際海事機関 (IMO：International Maritime Organization) ………………………………… 53

国際開発協会 (IDA：International Development Association) ………………………… 85, 166

国際開発金融機関 (MDBs：Multilateral Development Banks) …………… 78, 80, 85, 158, 159, 160, 167

国際家族計画連盟 (IPPF：International Planned Parenthood Federation) …………………………… 60

国際協力機構 (JICA：Japan International Cooperation Agency) ……3, 4, 6, 7, 10, 12, 13, 24, 25, 29, 32, 34, 35, 36, 37, 38, 39, 40, 41, 42, 43, 46, 48, 49, 50, 51, 53, 54, 55, 57, 59, 60, 62, 64, 66, 67, 71, 72, 73, 74, 75, 76, 77, 78, 79, 80, 84, 85, 86, 87, 92, 93, 94, 95, 98, 99, 100, 101, 102, 103, 104, 107, 108, 111, 112, 115, 117, 118, 119, 122, 123, 124, 127, 134, 135, 136, 137, 138, 139, 140, 141, 142, 143, 144, 145, 148, 150, 151, 152, 153, 154, 155, 158, 159, 164, 165

国際協力銀行 (JBIC：Japan Bank for International Cooperation) ……………………………… 134, 137

国際協力の日 ……………………………………… 148

国際緊急援助隊 ……………………………… 50, 104

国際獣疫事務局 (OIE：World Organisation for Animal Health) ……………………………… 86, 87

国際女性会議 WAW！ (WAW!：World Assembly for Women) ……………………………………… 70

国際水路機関 (IHO：International Hydrographic Organization) ……………………………… 54

国際赤十字・赤新月社連盟 (IFRC：International Federation of Red Cross and Red Crescent Societies) ……………………………… 108, 164

国際通貨基金 (IMF：International Monetary Fund) ……………………………… 32, 37, 47, 78

国際電気通信連合 (ITU：International Telecommunication Union) ……………… 37, 38

国際熱帯木材機関 (ITTO：International Tropical Timber Organization) ……………………… 79

国際農業開発基金 (IFAD：International Fund for Agricultural Development) ……………… 83, 86

国際農業研究協議グループ (CGIAR：Consultative Group on International Agricultural Research) ………………………………………… 86, 87

国際貧困ライン ………………………………… 168

国際貿易センター (ITC：International Trade Centre) ………………………………………… 29

国際連合アジア極東犯罪防止研修所 (UNAFEI：United Nations Asia and Far East Institute for the Prevention of Crime and the Treatment of Offenders) ……………………………… 45

国際連合開発計画 (UNDP：United Nations Development Programme) …3, 7, 24, 34, 46, 51, 63, 80, 81, 89, 106, 119, 125, 127, 137, 146, 152, 164

国際連合環境計画 (UNEP：United Nations Environment Programme) …………… 74, 79, 80

国際連合教育科学文化機関 (UNESCO：United Nations Educational, Scientific and Cultural Organization) ………………………………… 66, 67, 69, 73

国際連合児童基金 (UNICEF：United Nations Children's Fund) ……3, 9, 38, 48, 49, 56, 57, 62, 64, 71, 83, 85, 108, 109, 120, 123, 137, 146, 147, 164

国際連合食料システムサミット ……………… 83

国際連合食糧農業機関 (FAO：Food and Agriculture Organization) ………3, 7, 8, 83, 86, 87, 164, 165

国際連合女性機関 (UN Women：United Nations Entity for Gender Equality and the Empowerment of Women) ……………… 48, 70, 125

国際連合地雷対策サービス部 (UNMAS：United Nations Mine Action Service) ……………………… 49

国際連合人口基金 (UNFPA：United Nations Population Fund) …………… 59, 60, 99, 147, 152

国際連合人道問題調整事務所 (OCHA：United Nations Office for the Coordination of Humanitarian Affairs) ……………………………… 164

国際連合世界食糧計画 (WFP：World Food Programme) ……3, 7, 8, 9, 10, 47, 48, 59, 72, 83, 85, 86, 99, 108, 120, 146, 147, 164, 165

国際連合難民高等弁務官事務所 (UNHCR：The Office of the United Nations High Commissioner for Refugees) ……2, 3, 4, 5, 6, 9, 10, 11, 44, 48, 99, 109, 164, 165

国際連合人間居住計画 (UN-Habitat：United Nations Human Settlements Programme) …………… 80, 83

国際連合パレスチナ難民救済事業機関 (UNRWA：United Nations Relief and Works Agency for Palestine Refugees in the Near East) …… 48, 120, 147, 165

国際連合プロジェクト・サービス機関 (UNOPS：United Nations Office for Project Services) ……… 5, 165

国際連合平和維持活動 (PKO：United Nations Peacekeeping Operations) ………………… 47, 125

国際連合平和構築委員会 (PBC：Peacebuilding Commission) ……………………………… 47, 50

国際連合平和構築基金 (PBF：Peacebuilding Fund) ………………………………………… 47, 50

国際連合防災世界会議 …………………………… 81

国際連合南スーダン共和国ミッション (UNMISS：United Nations Mission in the Republic of South Sudan) ………………………………………………… 125

国際連合薬物・犯罪事務所 (UNODC：United Nations Office on Drugs and Crime) ……… 43, 45, 51, 52

国際労働機関 (ILO：International Labour Organization) ………………………………………………… 41

国内資金動員 …………………………………… 32

国民総所得 (GNI：Gross National Income) … 13, 16, 17, 22, 23, 33, 162

コストシェア技術協力 …………………… 121, 167

さ

採取産業透明性イニシアティブ (EITI：Extractive Industries Transparency Initiative) ……………… 88

再生可能エネルギー ……76, 77, 78, 87, 88, 110, 136

サイバー ……………… 23, 38, 45, 52, 55, 93, 95, 97

債務救済 ………………… 13, 18, 36, 37, 162, 163

債務持続可能性 ………………… 21, 28, 33, 36, 145

債務支払猶予イニシアティブ (DSSI：Debt Service Suspension Initiative) ………………………… 36, 37

三角協力 ………25, 94, 108, 109, 110, 119, 120, 146

産業人材育成協力イニシアティブ2.0 …………… 40, 94

し

ジェンダー …………………… 47, 66, 69, 70, 145

ジェンダー主流化 ……………………………… 69, 70

資金洗浄 (マネーローンダリング) …………………… 52

持続可能な開発のための教育 (ESD：Education for Sustainable Development) …………………… 67, 69

持続可能な開発のための2030アジェンダ (2030アジェンダ) …………………………33, 69, 88, 122, 146

持続可能な開発目標 (SDGs：Sustainable Development Goals) …… 21, 23, 24, 25, 31, 32, 33, 40, 56, 58, 60, 63, 64, 66, 67, 69, 71, 74, 80, 83, 88, 89, 92, 95, 99, 123, 126, 134, 135, 136, 137, 138, 140, 142, 149, 151, 152

質の高いインフラ …… 21, 28, 29, 33, 35, 36, 37, 38, 65, 92, 93, 95, 97, 98, 106, 122, 126, 134, 145, 146, 148, 149

質の高いインフラ投資に関するG20原則 …21, 28, 29, 33, 36, 93, 145

質の高い教育 ………………… 66, 67, 99, 123

質の高い成長 ….28, 29, 32, 33, 40, 43, 69, 122, 145

市民社会／市民社会組織 (CSO：Civil Society Organization) … 23, 25, 31, 62, 69, 88, 142, 146, 153, 163

シャルム・エル・シェイク実施計画 ……………… 77

ジャパン・プラットフォーム (JPF：Japan Platform) ……… 4, 5, 48, 49, 51, 64, 96, 99, 124, 141, 145, 164, 165

重債務貧困国 (HIPC：Heavily Indebted Poor Countries) ……………………………………………… 36, 37

自由で開かれたインド太平洋 (FOIP：Free and Open Indo-Pacific) …. 23, 34, 35, 38, 52, 53, 92, 96, 98, 99, 100, 146, 149

自由貿易協定 (FTA：Free Trade Agreement) ……… 33

ジュニア・プロフェッショナル・オフィサー (JPO：Junior Professional Officer) ……… 9, 83, 150, 151, 152

障害者 ……………………11, 40, 48, 71, 72, 93, 141

情報通信技術 (ICT：Information and Communication Technology) …… 37, 38, 39, 51, 83, 88, 93, 122, 149

小規模農家向け市場志向型農業振興 (SHEP) アプローチ ……………………………………… 8, 86, 87, 127

職業技術教育訓練 (TVET：Technical and Vocational Education and Training) …………………… 40

食料安全保障 …… 3, 7, 59, 83, 84, 86, 120, 122, 123, 127, 146

食糧援助 …………………… 18, 83, 123, 125, 163, 165

女性起業家資金イニシアティブ (We-Fi：Women Entrepreneurs Finance Initiative) …………… 69, 70

女性の活躍推進のための開発戦略 …………………… 69

女性・平和・安全保障 (WPS：Women, Peace and Security) …………………………………………… 71

新型コロナウイルス感染症 (新型コロナ／COVID-19) …… 2, 6, 9, 23, 25, 30, 31, 36, 37, 38, 41, 42, 43, 46, 51, 53, 55, 56, 57, 58, 59, 60, 61, 62, 63, 65, 66, 70, 71, 81, 83, 92, 94, 95, 96, 98, 99, 100, 102, 103, 104, 105, 106, 107, 108, 111, 114, 120, 122, 123, 124, 126, 136, 140, 141, 142, 146, 148, 149, 153

新型コロナ危機対応緊急支援円借款 ………56, 92, 103, 108

新興ドナー ………………………………………… 21

人材育成 …… 25, 35, 37, 38, 39, 40, 41, 42, 43, 45, 47, 49, 51, 53, 54, 55, 59, 60, 67, 72, 73, 75, 76, 77, 78, 80, 81, 83, 86, 93, 94, 97, 98, 99, 100, 103, 105, 108, 110, 114, 117, 118, 121, 122, 123, 124, 125, 126, 127, 139, 142, 144, 151

人身取引 ………………………… 52, 69, 95, 164

人道支援 …… 3, 4, 5, 6, 7, 9, 10, 11, 18, 35, 44, 46, 47, 48, 50, 51, 71, 93, 96, 100, 118, 119, 120, 140, 141, 145, 155, 163, 164, 165

人道と開発と平和の連携 ……………………… 46, 48

人道と開発の連携 …………………………… 46, 121

す

水銀に関する水俣条約 ························· 79, 80
ストップ結核ジャパンアクションプラン ················ 60
スポーツ・フォー・トゥモロー (SPORT FOR
　TOMORROW) ······························· 73
3R (Reduce＝廃棄物の発生抑制、Reuse＝再利用、
　Recycle＝再資源化) ······················· 111

せ

税源浸食と利益移転 (BEPS：Base Erosion and Profit
　Shifting) ································· 32, 33
性的搾取・虐待およびセクシャルハラスメント (SEAH：
　Sexual Exploitation, Abuse, and Harassment)
　··· 155
性的暴力 ····························· 48, 70, 74
生物多様性 ·············· 74, 78, 79, 80, 107, 163
生物多様性条約 (CBD：Convention on Biological
　Diversity) ···················· 74, 78, 79, 80
世界観光機関 (UNWTO：World Tourism
　Organization) ······························ 42
世界銀行 ····6, 10, 29, 36, 37, 47, 55, 58, 60, 67, 69,
　70, 78, 80, 85, 87, 89, 98, 106, 125, 127, 137,
　151, 164, 166
世界税関機構 (WCO：World Customs Organization)
　······························· 31, 32, 123
世界津波の日 ···························· 81, 82
世界貿易機関 (WTO：World Trade Organization)
　······································· 29 33
世界保健機関 (WHO：World Health Organization)
　········4, 10, 56, 58, 59, 60, 62, 83, 94, 146, 164
赤十字国際委員会 (ICRC：International Committee of
　the Red Cross) ················· 3, 48, 49, 164
仙台防災協力イニシアティブ・フェーズ2 ········ 81
仙台防災枠組 2015-2030 ··················· 81

そ

贈与相当額計上方式 (Grant Equivalent System：GE方式)
　································· 12, 15, 17
その他の公的資金 (OOF：Other Official Flows) ···· 29,
　33, 136, 137

た

第14回国際連合犯罪防止刑事司法会議 (京都コングレス)
　··· 43
対人地雷 ···································· 48
太平洋・島サミット (PALM：Pacific Islands Leaders
　Meeting) ····················· 103, 104, 105

太平洋諸島フォーラム (PIF：Pacific Islands Forum)
　·· 103
太平洋島嶼国協力推進会議 ················· 103
太平洋のキズナ ··························· 103
対ASEAN海外投融資イニシアティブ ·········· 93, 136
脱炭素 ······························ 78, 80, 88

ち

地球環境ファシリティ (GEF：Global Environmental
　Facility) ···························· 74, 80
地球規模課題対応国際科学技術協力プログラム
　(SATREPS：Science and Technology Research
　Partnership for Sustainable Development) ·····38,
　41, 76, 82, 89, 144
地上デジタル放送日本方式 (ISDB-T：Integrated
　Services Digital Broadcasting-Terrestrial) ·······37,
　107
「中央アジア＋日本」対話 ("Central Asia plus Japan"
　Dialogue) ······························ 114
中小企業・SDGsビジネス支援事業 ········ 64, 134, 135,
　136, 137, 138
中東和平 ······················· 118, 120, 121
中米統合機構 (SICA：Sistema de la Integracion
　Centroamericana) ····················· 108
チュニス宣言 ······················· 58, 127

て

低所得国 (LICs：Low Income Countries) ······· 22, 36,
　37
ディーセント・ワーク ····················· 40, 41
低中所得国 (LMICs：Lower Middle Income Countries)
　··· 22
締約国会議 (COP：Conference of Parties) ····· 75, 77,
　78, 79, 80
適応分野 ···································· 75
デジタル・トランスフォーメーション (DX) ···· 37, 106,
　123
テロ対策 ······················· 51, 97, 121

と

東京オリンピック・パラリンピック競技大会 ·········· 73
東京栄養サミット 2021 ····················· 85
東南アジア諸国連合 (ASEAN：Association of
　Southeast Asian Nations) ······· 29, 31, 32, 34, 38,
　40, 45, 51, 55, 67, 75, 78, 92, 93, 94, 95, 96, 97,
　128, 131, 136, 144, 145

な

南南協力 ……………………………… 49, 108, 109, 146
難民・避難民 ……………… 31, 46, 47, 48, 50, 51, 121

に

二国間クレジット制度 (JCM：Joint Crediting
　Mechanism) ……………………… 78, 80, 120
2030年に向けた日メコンSDGsイニシアティブ …… 95
日ASEAN気候変動アクション・アジェンダ2.0 ……… 78
日ASEANサイバーセキュリティ能力構築センター
　(AJCCBC) ……………………………… 38, 55
日・ASEAN統合基金 (JAIF：Japan-ASEAN Integration
　Fund) ………………………… 38, 55, 75, 93, 94
日ASEAN連結性イニシアティブ ……………… 29, 93
日本医療研究開発機構 (AMED：Japan Agency for
　Medical Research and Development) …… 41, 144
日本貿易保険 (NEXI：Nippon Export and Investment
　Insurance) …………………………………… 137
日本NGO連携無償資金協力 …… 49, 59, 99, 107, 141,
　155
人間の安全保障 ……6, 23, 24, 25, 31, 48, 49, 56, 58,
　63, 71, 72, 91, 106, 119, 126, 135, 151

ね

ネリカ (NERICA) ……………………………… 86, 87

の

農業市場情報システム (AMIS) ……………………… 86

は

ハイスペック借款 ……………………………… 134
パリ協定 ………………………………… 23, 75, 78
パリ協定に基づく成長戦略としての長期戦略 ……… 75
パリクラブ ………………………………… 36, 37

ひ

非営利団体 (NPO：Nonprofit Organization) ／特定非
　営利活動法人 …… 4, 49, 59, 69, 95, 107, 124, 140,
　141
非政府組織 (NGO：Non-Governmental
　Organization) …… 4, 5, 8, 9, 11, 21, 25, 44, 48, 51,
　52, 59, 71, 74, 84, 87, 88, 96, 99, 107, 119, 120,
　124, 140, 141, 142, 143, 145, 148, 150, 151,
　153, 155, 164, 165

ふ

フィージビリティ調査 ………………………… 135, 136
フードバリューチェーン ……………………… 83, 86, 87
ブルー・ドット・ネットワーク認証枠組 …………… 28
ブロードバンドネットワーク ……………………… 38
プログラム・アプローチ ……………………… 154
文化無償資金協力 ……………………………… 73, 74
紛争関連の性的暴力生存者のためのグローバル基金 (GSF)
　……………………………………………… 70, 74

へ

米州開発銀行 (IDB：Inter-American Development
　Bank) ……………………………………… 167
平和構築 …… 6, 46, 47, 49, 50, 69, 71, 93, 118, 121,
　151, 152
平和構築・開発におけるグローバル人材育成事業 …… 49,
　151
平和と繁栄の回廊 ……………………… 120, 121
ベンガル湾産業成長地帯 (BIG-B：Bay of Bengal
　Industrial Growth Belt) 構想 ……………… 98

ほ

貿易のための援助 (AfT：Aid for Trade) ……… 29, 33
防災 …… 37, 41, 51, 54, 65, 81, 82, 83, 88, 93, 97,
　100, 101, 103, 104, 105, 106, 107, 108, 110,
　111, 141, 163
防災ICTシステム ……………………………… 83, 93
防災の主流化 …………………………………… 81
法制度整備支援 …………………………… 35, 43, 45
包摂的ビジネス (Inclusive Business) …………… 137
保健システム ……………… 56, 57, 58, 59, 60, 122, 123
母子保健 ………………………… 59, 60, 87, 126
ポリオ …………………………………… 62, 100

ま

マラリア ………………………………… 60, 61
マリーン (MARINE)・イニシアティブ …………… 74, 80

み

緑の気候基金 (GCF：Green Climate Fund) …… 77, 78,
　80
ミレニアム開発目標 (MDGs：Millennium
　Development Goals) ……………………… 33
みんなの学校プロジェクト …………………… 67, 124

む

無税無枠措置 …………………………………… 29, 33
無償資金協力 … 4, 5, 6, 8, 10, 24, 27, 30, 31, 34, 46,
　48, 49, 50, 54, 59, 72, 73, 74, 82, 85, 89, 91, 93,
　95, 98, 99, 100, 101, 102, 104, 106, 107, 108,
　112, 114, 115, 120, 125, 128, 134, 135, 136,
　137, 141, 154, 155, 160, 162, 163, 164, 165

も

元兵士の武装解除、動員解除および社会復帰 (DDR：
　Disarmament, Demobilization and Reintegration)
　…………………………………………………… 47

や

薬剤耐性 (AMR：anti-microbial resistance) … 61, 62

ゆ

有償勘定技術支援 ……………………………… 169
ユニバーサル・ヘルス・カバレッジ (UHC：Universal
　Health Coverage) …………… 56, 59, 60, 123, 126

よ

より良い復興 (Build Back Better) ……… 81, 83, 100

ら

ラスト・ワン・マイル支援 ……………… 57, 58, 123

り

リプロダクティブ・ヘルス ……………………… 163

わ

ワクチン ……9, 25, 29, 56, 57, 58, 60, 62, 70, 92, 94,
　100, 103, 114, 120, 123, 145, 147
ワンストップ・ボーダーポスト (OSBP) ……29, 32, 35,
　123, 126

A

ABEイニシアティブ ≫ アフリカの若者のための産業人材
　育成イニシアティブ
ADB ≫ アジア開発銀行
AfDB ≫ アフリカ開発銀行
AfT ≫ 貿易のための援助

AJCCBC ≫ 日ASEANサイバーセキュリティ能力構築セ
　ンター
AMED ≫ 日本医療研究開発機構
AMR ≫ 薬剤耐性
AOIP ≫ インド太平洋に関するASEANアウトルック
APMED2030 ≫ アジア太平洋地域教育2030会合
APT ≫ アジア・太平洋電気通信共同体
ASEAN ≫ 東南アジア諸国連合
ASEAN感染症対策センター …………………………… 94
ASEAN共同体 ………………………… 92, 93, 96, 97
ASEAN連結性マスタープラン2025 …………… 93, 96
AU ≫ アフリカ連合
AUN/SEED-Net ≫ アセアン工学系高等教育ネットワーク

B

BEPS ≫ 税源浸食と利益移転
BHN ≫ 基礎生活分野
BIG-B構想 ≫ ベンガル湾産業成長地帯 (BIG-B) 構想
BOPビジネス (開発途上国・地域の低所得者層 (Base of
　the Economic Pyramid) ビジネス) ……………… 137
Build Back Better ≫ より良い復興

C

CARD ≫ アフリカ稲作振興のための共同体
CARICOM ≫ カリブ共同体
CFE ≫ 緊急対応基金
CGIAR ≫ 国際農業研究協議グループ
Connect2Recover (C2R) …………………………… 38
COP ≫ 締約国会議
CounterMEASURE II ………………………………… 74
COVID-19 ≫ 新型コロナウイルス感染症
COVAXファシリティ (COVID-19 Vaccine Global
　Access Facility) …… 56, 57, 58, 62, 92, 103, 114,
　120, 123
COVAXワクチン・サミット …………………………… 58
CSO ≫ 市民社会組織

D

DAC ≫ 経済協力開発機構開発援助委員会
DDR ≫ 元兵士の武装解除、動員解除および社会復帰
DSSI ≫ 債務支払猶予イニシアティブ
DSSI後の債務措置に係る共通枠組 ………………… 36, 37
DX ≫ デジタル・トランスフォーメーション

E

EBRD ≫ 欧州復興開発銀行

EITI ≫ 採取産業透明性イニシアティブ
EPA ≫ 経済連携協定
EPSA ≫ アフリカの民間セクター開発のための共同イニシアティブ
ESD ≫ 持続可能な開発のための教育

F

FAO ≫ 国際連合食糧農業機関
FATF ≫ 金融活動作業部会
FOIP ≫ 自由で開かれたインド太平洋
FTA ≫ 自由貿易協定

G

Gaviワクチンアライアンス (Gavi、the Vaccine Alliance) ………………………………… 60, 62, 147
GCF ≫ 緑の気候基金
GE方式 ≫ 贈与相当額計上方式
GEF ≫ 地球環境ファシリティ
GFF ≫ グローバル・ファイナンシング・ファシリティ
GNI ≫ 国民総所得
GPE ≫ 教育のためのグローバル・パートナーシップ
GSP ≫ 一般特恵関税制度
G7 ……2, 3, 4, 5, 6, 7, 8, 17, 21, 28, 52, 56, 58, 60, 70, 71, 75, 77, 134, 135, 145, 146
G7伊勢志摩サミット ………………………… 134, 135
G7エルマウ・サミット ……… 7, 8, 28, 56, 70, 77, 145
G8九州・沖縄サミット ………………………………… 60
G20 …… 3, 8, 21, 28, 29, 32, 33, 36, 37, 56, 61, 66, 69, 74, 86, 93, 102, 145, 146
G20大阪サミット ……………………… 28, 33, 61, 66, 74
G20バリ・サミット ……………………… 21, 28, 56, 146

H

HIPC ≫ 重債務貧困国
HIV/エイズ …………………………………… 57, 60, 69, 108

I

ICRC ≫ 赤十字国際委員会
ICT ≫ 情報通信技術
IDA ≫ 国際開発協会
IDB ≫ 米州開発銀行
IFAD ≫ 国際農業開発基金
IFRC ≫ 国際赤十字・赤新月社連盟
IHO ≫ 国際水路機関
ILO ≫ 国際労働機関
IMF ≫ 国際通貨基金

IMO ≫ 国際海事機関
IOM ≫ 国際移住機関
IPPF ≫ 国際家族計画連盟
ISDB-T ≫ 地上デジタル放送日本方式
ITC ≫ 国際貿易センター
ITTO ≫ 国際熱帯木材機関
ITU ≫ 国際電気通信連合

J

JAIF ≫ 日・ASEAN統合基金
JAXA ≫ 宇宙航空研究開発機構
JBIC ≫ 国際協力銀行
JCM ≫ 二国間クレジット制度
JETP ≫ 公正なエネルギー移行パートナーシップ
JICA ≫ 国際協力機構
JICA海外協力隊 (JICAボランティア) … 42, 60, 67, 71, 74, 87, 93, 108, 133, 136, 137, 139, 140, 148, 150, 153
JICA専門家／日本人専門家 ……31, 32, 34, 43, 46, 49, 51, 60, 62, 64, 71, 73, 77, 79, 100, 111, 115
JICT ≫ 海外通信・放送・郵便事業支援機構
JOIN ≫ 海外交通・都市開発事業支援機構
JPF ≫ ジャパン・プラットフォーム
JPO ≫ ジュニア・プロフェッショナル・オフィサー
JST ≫ 科学技術振興機構

L

LDCs ≫ 後発開発途上国
LICs ≫ 低所得国
LMICs ≫ 低中所得国

M

MDBs ≫ 国際開発金融機関
MDGs ≫ ミレニアム開発目標

N

NAPSA ≫ アフリカの平和と安定に向けた新たなアプローチ
NDC ≫ 国が決定する貢献
NERICA ≫ ネリカ
NEXI ≫ 日本貿易保険
NGO ≫ 非政府組織
NGOインターン・プログラム ………………………… 142
NGO・外務省定期協議会 ……………… 142, 145, 155
NGO研究会 …………………………………………… 142
NGO事業補助金 …………………………………… 142

NGOスタディ・プログラム ……………………… 142
NGO相談員制度 …………………………………… 142
NGO-JICA協議会 ………………………… 142, 144
NPO ≫ 非営利団体／特定非営利活動法人
NTDs ≫ 顧みられない熱帯病

| **O** |

ODA対象国・地域に関するDACリスト ····· 12, 13, 22
OCHA ≫ 国際連合人道問題調整事務所
ODA出前講座 …………………………………… 150
ODAに関する有識者懇談会 …………………… 150
ODA評価 ………………………… 150, 154, 155
ODAマン ………………………………… 148, 149
ODA見える化サイト …………………………… 150
OECD ≫ 経済協力開発機構
OECD／G20 BEPSプロジェクト ……………… 32, 33
OIE ≫ 国際獣疫事務局
OOF ≫ その他の公的資金
OSBP ≫ ワンストップ・ボーダーポスト

| **P** |

PALM ≫ 太平洋・島サミット
PBC ≫ 国際連合平和構築委員会
PBF ≫ 国際連合平和構築基金
PDCAサイクル (PDCA cycle : plan-do-check-act
　cycle) ……………………………………… 154
PGII ≫ グローバル・インフラ投資パートナーシップ
PIF ≫ 太平洋諸島フォーラム
PKO ≫ 国際連合平和維持活動
PPP ≫ 官民連携
Project NINJA ………………………… 41, 122

| **R** |

ReCAAP ≫ アジア海賊対策地域協力協定
RICEアプローチ ………………………………… 86, 87

| **S** |

SATREPS ≫ 地球規模課題対応国際科学技術協力プログ
　ラム
SDGs ≫ 持続可能な開発目標
SDGs実施指針 …………………………………… 31
SDGs推進本部 …………………………………… 31
SDGs達成のための科学技術イノベーション (STI for
　SDGs) ……………………………………… 88

SEAH ≫ 開発協力における性的搾取・虐待およびセクシャ
　ルハラスメント
SHEPアプローチ ≫ 小規模農家向け市場志向型農業振興
　(SHEP) アプローチ
SICA ≫ 中米統合機構
SPORT FOR TOMORROW ≫ スポーツ・フォー・トゥ
　モロー
STEM教育 …………………………………… 66, 67, 123
STI ≫ 科学技術イノベーション
STI for SDGs ≫ SDGs達成のための科学技術イノベー
　ション

| **T** |

TICAD ≫ アフリカ開発会議
TVET ≫ 職業技術教育訓練

| **U** |

UHC ≫ ユニバーサル・ヘルス・カバレッジ
UNAFEI ≫ 国際連合アジア極東犯罪防止研修所
UNDP ≫ 国際連合開発計画
UNEP ≫ 国際連合環境計画
UNESCO ≫ 国際連合教育科学文化機関
UNFPA ≫ 国際連合人口基金
UN-Habitat ≫ 国際連合人間居住計画
UNHCR ≫ 国際連合難民高等弁務官事務所
UNICEF ≫ 国際連合児童基金
UNMAS ≫ 国際連合地雷対策サービス部
UNMISS ≫ 国際連合南スーダン共和国ミッション
UNODC ≫ 国際連合薬物・犯罪事務所
UNOPS ≫ 国際連合プロジェクト・サービス機関
UNRWA ≫ 国際連合パレスチナ難民救済事業機関
UN Women ≫ 国際連合女性機関
UNWTO ≫ 世界観光機関

| **W** |

WAW! ≫ 国際女性会議WAW！
WCO ≫ 世界税関機構
We-Fi ≫ 女性起業家資金イニシアティブ
WFP ≫ 国際連合世界食糧計画
WHO ≫ 世界保健機関
WPS ≫ 女性・平和・安全保障
WTO ≫ 世界貿易機関

2022年版開発協力白書　日本の国際協力

令和5年4月7日 発行　　　　　定価は表紙に表示してあります。

編　集　　外　務　省
　　　　　〒100-8919
　　　　　東京都千代田区霞が関2-2-1
　　　　　電　話　(03) 3580-3311 (代表)
　　　　　http://www.mofa.go.jp/mofaj/

発　行　　日経印刷株式会社
　　　　　〒102-0072
　　　　　東京都千代田区飯田橋2-15-5
　　　　　電　話　(03) 6758-1011

発　売　　全国官報販売協同組合
　　　　　〒100-0013
　　　　　東京都千代田区霞が関1-4-1
　　　　　電　話　(03) 5512-7400

ISBN978-4-86579-358-1